缩小数字鸿沟与反贫困实践研究

罗廷锦 ◎ 著

人民出版社

序

在硕果累累的金秋时节获悉罗廷锦博士的专著《缩小数字鸿沟与反贫困实践研究》将由人民出版社出版。我作为罗廷锦的博士生导师，欣然接受了为本书写序的邀请，旨在借此机会与读者交流论文背后的故事以及我对本书的一些认识评价，也许会更有助于读者对本书的理解。

消除贫困是全人类共同的使命，也是世界性难题。中国作为世界上最大的发展中国家，一直是全球减贫事业的积极倡导者和有力推动者，不仅致力于消除自身贫困，还积极支持和帮助广大发展中国家特别是最不发达国家消除贫困，为世界的减贫事业做出了重大贡献。2015年我国扶贫开发进入脱贫攻坚新阶段，罗廷锦的博士论文选题在即。我作为国际发展经济学奠基人张培刚教授的弟子，出于发展经济学的"贫困情结"，加之罗廷锦生于斯、长于斯，亲身体验过西部欠发达地区的贫困，于是建议其博士学位论文选题定位在中国欠发达地区反贫困问题研究。罗廷锦毫不犹豫地接受了我的建议，着手对相关领域里的前人研究成果进行系统梳理，积极追踪学术前沿，广泛吸收国内外学者研究的最新成果，通过几次交流，把博士学位论文选题确定为：《数字鸿沟与中国欠发达地区反贫困问题研究》。

在信息社会，数字鸿沟不仅仅是一个单纯的技术层面的数字问题，它已渗透到人们的经济、政治、文化和生活当中，关系社会的贫富悬殊、信息资源、劳动就业、生活质量等，已经成为一个信息时代凸显出来的社会问题。随着信息社会的快速发展，日益加深的数字鸿沟呈现出进一步加深贫富差距之势，这已成为国际社会高度关注的热点问题。《数字鸿沟与中国欠发达地区反贫困问题研究》的选题无疑是具有重要的理论价值和实际意义，但这样的选题研究，如果没有扎实的理论功底和相关领域的知识储备，是很难驾驭的。

罗廷锦满怀激情地面对选题的挑战，凝心聚力进入了博士学位论文的撰写工作，一步一个脚印不断前行。随着时间的推移，论文的写作并没有像他预期的那样轻松，面对多重困难压力，他不仅对自己写出的部分内容感到不满意，而且怀疑自己是否能够完成，出现了徘徊不前之态。我当即与他促膝交流，开导他："你在研究过程中能够发现问题和总结出不足，已经是一个很大的进步；一篇合格的博士学位论文的写作过程必须是苦乐参半的过程，不可能一帆风顺。科学研究上没有捷径可走，攻坚克难需要坚持不懈、一步一步实现"，鼓励他继续前行。有幸的是他能在困惑中走出来，坚持"十年磨一剑"的精神，通过经年累月的努力，三易其稿，用五年的时间完成了博士学位论文的撰写，并顺利通过答辩，呼应了苦辣酸甜交织错落的博士生涯，足见完成这篇博士学位论文经历的艰辛过程。由此我十分感叹马克思"在科学上没有平坦的大道，只有不畏辛苦沿着陡峭的山路攀登的人，才有希望达到光辉的顶点"这句科研励志名言的真谛，正是这句科研励志名言激励着一代代致力科研的学子在科学研究的道路上不畏艰辛、砥砺前行。

需要说明的是，虽然作者把博士学位论文的题目《数字鸿沟与中国欠发达地区反贫困问题研究》改为《缩小数字鸿沟与反贫困实践研究》出版，但本书的内容结构、主要学术观点、选择的研究案例都没有变化，切忌文过饰非。纵观全书，既有实践，又有理论；既有历史，又有现实。作者做出了一些富有启发意义的探索，主要体现在以下几方面。

贫困是一种复杂的社会现象，是多种原因造成的。解决贫困问题，必须从多方面入手。不同时期导致贫困的原因和解决方式不同，面对信息时代，本书大胆探索、严谨求证，着力从数字鸿沟视角来研究反贫困问题。为了保证事实的真实性和数据的准确性，作者多次到云南各州、市、县深度调研扶贫攻坚现实实践。基于收集整理的数据，进行实证研究。实证结果发现：随着信息社会的快速发展，数字鸿沟与贫困有着必然的因果联系，即贫富差距导致数字鸿沟，数字鸿沟进一步拉大贫富差距。这一研究结论不仅丰富了反贫困理论中的"循环累积因果理论"，而且在实践中具有重大的现实意义，为把消除数字鸿沟作为扶贫攻坚的重要抓手提供了依据。

理论联系实际，用中国的实践讲好中国故事。作者坚持问题导向，以集老、少、边、穷为一体，且贫困面广、贫困程度最深、脱贫难度最大的边疆民族地区云南作为典型案例进行研究，选择的案例鲜活且针对性强，力求小中见大，用鲜活的事实有力佐证了中国扶贫攻坚的艰巨性和中国政府矢志不移消除绝对贫困的坚强决心和信心。用第一手鲜活资料讲好少数民族地区精准扶贫的中国故事，用成功的扶贫实践诠释了中国道路创造中国扶贫奇迹，增强了传播效果，可以让世界更好读懂中国，提高国际社会对中国脱贫攻坚的认识。向世界分享"中国智慧"，助力全球减贫事业发展。

我们知道，经济学研究成果的影响力和生命力在于其对真实世界的经济学研究的穿透力、说服力和解释力。尽管罗廷锦博士的学位论文在这方面还存在不足，但瑕不掩瑜，它毕竟是一部研究真实世界的经济学——中国反贫困实践的经济学著作，通过真实世界里发生的故事来研究理论。在当下学界，尤其是对一个年轻学人来说，这一点是值得称赞和鼓励的。因为任何经济学理论都来自经济学家对其所在国家经济发展实践经验、现象的观察与总结。

贫困问题一直是历届中国政府关注和努力解决的民生问题。经过几代人的不懈努力，终于在2020底完成了消除绝对贫困的艰巨任务，创造了又一个彪炳史册的人间奇迹。但中国作为一个发展中大国，脱贫户收入整体水平仍然不高，脱贫地区防止返贫的任务还很重，尚需及时总结脱贫攻坚实践经验，巩固拓展脱贫攻坚成果，坚决守住不发生规模性返贫底线。脱贫摘帽不是终点而是新的起点。为此,我希望罗廷锦博士在巩固拓展脱贫攻坚成果,接续推动脱贫地区发展和乡村全面振兴这个新奋斗的起点,以本研究为基础,瞄准学术前沿,聚焦研究方向,积极探索脱贫后的新问题与返贫风险,力争做出更多的高质量研究成果。

茶洪旺
2022 年金秋时节于北京

前　言

贫困治理是一个世界性难题。无论过去、现在还是将来；无论贫穷的发展中国家还是富裕的发达国家，贫困都是各国政府首要解决的问题，也是学术界关注和研究的热点问题，更是经济学特别是发展经济学着重探索和努力解决的重要问题。为消除贫困，经济学界的先贤们不断探索致贫原因，提出了诸多反贫困对策，形成了众多反贫困理论。早期多数反贫困理论和贫困治理对策主要是基于经济学视角来研究贫困，把贫困看作一种经济现象，仅从单一的收入维度来探讨贫困形成的原因。随着研究的不断深入，人们发现贫困不是一个单一维度的概念，而是一个复杂的复合型概念，形成贫困的原因是多维度的，尤其是随着时代的发展，致贫原因不断发展变化，具有显著的动态性。因此，进入21世纪，学术界掀起了从多维视角研究贫困问题的热潮，不仅丰富和发展了反贫困理论，还对反贫困实践产生了积极的影响。

贫困问题一直是历届中国政府关注和努力解决的民生问题。百年奋斗之路，多维攻坚，经过几代人的不懈努力，终于在2020年底消除了绝对贫困和区域性整体贫困。启航新征程，再战乡村振兴，急需总结脱贫攻坚实践经验，切实巩固脱贫攻坚成果，丰富和提升中国特色反贫困理论，砥砺前行，最终解决相对贫困，缩小贫富差距，实现第二个百年奋斗目标。同时，讲好脱贫攻坚"中国故事",向世界分享中国脱贫攻坚的成功经验,为解决人类贫困顽疾贡献一份中国力量。

纵观中国扶贫开发历程,从以工代赈到大规模改善农村基础设施,从粗放式扶贫到精准扶贫,从大规模扶贫开发到一对一精准帮扶,从解决基本温饱问题到完全建成小康社会,无不诠释着中国人民努力奋发向上、不屈不挠的奋斗精神;坚持实事求是地解决问题,在不同历史时期,不同社会发展阶段,精确研判致贫原因,采取科学有效的脱贫策略。自2015年底中共中央政治局审议通过《关于打赢脱贫攻坚战的决定》开始到2020年,不仅是中国农村经济社会快速发展的五年,也是农村贫困人口快速脱贫致富的五年,更是中国农村信息化高速发展、新一代信息技术广泛应用的重要阶段。农村信息化的快速发展,信息技术的广泛应用,不仅提高了劳动生产率,而且通过信息的充分共享和利用,使信息资源变成重要的生产要素,信息成为生产力增长的重要来源,促进经济社会快速发展,改善人民生活状况,成为脱贫攻坚的重要力量。

然而,由于地区间信息化的发展并不均衡,信息技术和信息资源的利用效率存在差异。不同群体、不同社会阶层、不同行业以及不同区域间人们对信息技术和信息利用的差异形成数字鸿沟,信息贫困者不仅缺少信息共享与交流的技术,也缺少利用信息资源的意识,无法分享信息技术革命带来的数字红利,促进生产和提高生活质量,改善本来贫穷落后的生活局面,以至于各地区减贫速度不同,减贫质量存在差异。

"让一部分人先富起来"后,改善处于生活底层居民的生活状况,缩小贫富差距,实现共同富裕,是当下中国社会的热点难点问题。在新时期,我们只有厚植发展优势,举非常之力、下非常之功、行非常之策,才能破解这一世界性发展难题。

本书结合扶贫开发转型时期的需要,着力于数字鸿沟视角,应用解剖麻雀的研究方法,以点带面,以问题为导向,以贫困面较广、贫困程度较深的边疆民族地区云南为例，采用定性分析和定量研究相结合的方法，合理测度不同地区多维（相对）贫困和数字鸿沟，深入研究数字鸿沟与贫困之间的相互作用机理，科学全面地分析数字鸿沟与贫困之间存在的静态、动态和空间相互作用关系，以及缩小数字鸿沟的减贫效应，从理论和实践层面，探究数字鸿沟对贫困的作用与影响。本书研究成果主要体现在以下几个方面。

（1）数字鸿沟和贫困的测度。数字鸿沟和贫困的测度一直是一个世界性难题。对于贫困的测度，无论是采用贫困线，还是贫困发生率，它们都只是反映贫困的一个侧面，很难全面完整测度贫困，也无法准确描述贫困所具有的全部特征。众所周知，贫困是一个多维度概念，应该从多维视角来定义和测度贫困；贫困还是一个相对的、不断发展变化的动态概念，不同区域、不同国家、不同时期的贫困表征也不尽相同。从群体结构、贫困程度、收入贫困和社会贫困四个维度来测度贫困，每个维度分别使用若干个指标，通过主成分分析确定各指标的权重，计算出贫困的综合指数，从而从较为全面、科学的角度来审视贫困问题。为体现数字鸿沟的多维度、发展性和科学性，以及地方特色，从信息基础设施、信息应用、信息意识和信息环境四个维度来测度数字鸿沟，每个维度由若干个指标构成，指标加权后计算出数字鸿沟的综合指数。通过数字鸿沟和贫困综合指数来表示各地区的数字鸿沟和贫困状况，避免采用单一指标和局部实际数据带来的局限性。

（2）数字鸿沟与贫困的静态关系分析。广义最小二乘（FGLS）实证结果显示，数字鸿沟与贫困存在显著性正相关关系。数字鸿沟是影响贫困的重要因素，对贫困产生正向影响，贫困随着数字鸿沟增大而加深，随着数字鸿沟减小而减轻。因此，在信息化社会，信息技术革命不仅带来数字红利助力反贫困，也带来数字鸿沟，拉大贫富差距，要消除贫困、实现共同富裕就必须消除横亘于前的数字鸿沟。

（3）数字鸿沟与贫困的动态关系分析。数字鸿沟与贫困不仅对各自当期产生影响，还会对滞后期产生作用。数字鸿沟与贫困的面板向量自回归

(PAVR)检验结果显示,数字鸿沟与贫困不仅对自身滞后期产生正向冲击,贫困加深贫困,数字鸿沟加大数字鸿沟;数字鸿沟与贫困相互间也产生冲击,数字鸿沟直接作用于滞后期贫困,加深贫困;贫困也同样作用于滞后期数字鸿沟,加大数字鸿沟。预测方差分解(FEVD)检验结果显示,贫困对自身产生较大影响,并持续较长时间,说明治理贫困是一个长期而缓慢的过程;数字鸿沟也会对自身产生较大作用,在没有外界干预的情况下,影响会持续较长时间。同时,贫困对数字鸿沟产生重要影响,数字鸿沟也对贫困产生重要作用,因此,贫困和数字鸿沟不仅产生代际传递,且贫困加大数字鸿沟,数字鸿沟进一步加深贫困,形成循环积累因果关系。

(4)数字鸿沟与贫困的空间自相关关系分析。数字鸿沟与贫困的全局空间自相关检验结果显示,数字鸿沟与贫困具有较强的空间自相关性,与空间聚集度成正比,贫困地区趋于聚集,富裕地区也同样趋于聚集;数字鸿沟大的地区或数字鸿沟小的地区也分别形成聚集,随着时间的推移,数字鸿沟与贫困的空间聚集度逐渐减弱,不过贫困聚集度减小的速度慢于数字鸿沟,说明贫困的治理难度大于缩小数字鸿沟。数字鸿沟与贫困局部空间自相关性结果显示,数字鸿沟与贫困的空间分布状况基本相同,由于存在空间聚集效应,较为贫困的地区贫困会得到进一步固化,较为富裕的地区贫困会得到进一步减缓;信息化发展程度较低的地区数字鸿沟会进一步扩大,而信息化发展程度较高的地区数字鸿沟会得到进一步缩小,因此,与区域经济发展一样,区域间会形成"回波效应",中心地带的发展会弱化属于从属地位的边缘地带和边远农村落后地区的发展,强化处于支配地位的中心城市的发展,拉大二者间的信息差距和贫富差距。

(5)数字鸿沟与贫困的空间关系分析。空间杜宾模型(SDM)检验结果显示,数字鸿沟与贫困呈显著性正相关关系,数字鸿沟不仅显著性影响本地区的贫困,还通过溢出效应显著性影响邻近地区的贫困,贫困程度越深的地区,数字鸿沟的影响越大。其中,信息基础设施、信息应用和信息环境对贫困具有显著性影响，而信息意识对贫困的影响不显著。因此，需要加快贫困地区教育发展，提高贫困地区居民信息意识和信息素养能力，缩小数字鸿沟，加速农村地区数字经济、电子商务等现代经济发展，让身处中心地带的发达地区的发展红利通过"扩散效应"惠及广大边远农村地区，缩小城乡收入差距，阻滞贫困地区数字鸿沟和贫困的外溢。

(6)缩小数字鸿沟的减贫效应分析。双重差分（DID）实证结果显示，缩小数字鸿沟能明显降低贫困程度，数字鸿沟变得越小，贫困程度也会相应变得越轻；随着时间的推移，缩小数字鸿沟的减贫效应逐渐增大；同时，基础设施条件好、相对越富裕的地区，减贫效应越大。因此，缩小贫困地区的数字鸿沟，也是一条非常重要的减贫措施。

消除绝对贫困和解决区域性整体贫困问题并不意味着扶贫开发工作的结束，而是新生活、新奋斗的起点。目前，我国的扶贫开发工作正处于巩固脱贫攻坚成果、实现乡村振兴的重要时期，为推动农村地区快速发展和全面振兴，不得不面对一个重要的现实问题，农村人口薄弱的信息意识，农村地区相对落后的信息基础设施、较低的农业现代化和农村信息化水平以及城乡间逐渐扩大的数字鸿沟，它不仅是巩固脱贫攻坚成果，实现乡村振兴最大的障碍，也是解决相对贫困实现共同富裕面临的巨大挑战。从研究结果来看，我们构建数字鸿沟和贫困的综合指标体系，实证分析二者间存在的静态、动态和空间关系，以及数字鸿沟与贫困间相互作用机理，不仅警醒人们重视缩小数字鸿沟对解决贫困问题的促进作用，也期待这些研究成果在巩固脱贫攻坚成果、解决相对贫困问题、实现共同富裕的道路上发挥效用。

虽然本书在上述几方面做出了积极有益的探讨，但由于水平有限，一定会有不少地方留下使读者质疑或值得讨论的空间，权当引玉之砖，抛给同行评说。为此，诚请学界同仁不吝赐教，促使我在学术研究的道路上继续前行。

目　录

导　论 ·· 1
　一、问题的提出 ··· 2
　二、研究的主要内容和方法 ·· 11

第一章　反贫困理论及文献综述 ·· 19
　一、核心概念界定 ·· 19
　二、反贫困理论的阐释 ··· 36
　三、国内外研究现状 ··· 52

第二章　中国反贫困实践及国际组织反贫困计划 ············· 74
　一、新中国成立以来中国反贫困实践概述 ····················· 74
　二、国际组织反贫困计划：传统扶贫向数字扶贫转变 ············ 111

第三章　欠发达地区贫困与数字鸿沟关联度分析 ············ 120
　一、云南的反贫困历程 ··· 120
　二、贫困现状分析 ·· 123
　三、致贫原因统计分析 ··· 133
　四、贫困地区数字鸿沟现状分析 ··································· 139

五、数字红利与数字鸿沟对贫困的影响 …………………………… 151

第四章　数字鸿沟与贫困的静态和动态关系实证分析 ………… 157
　　一、贫困的测度与指标构建 ………………………………………… 157
　　二、数字鸿沟的测度与指标构建 …………………………………… 177
　　三、贫困与数字鸿沟指数计算与结果 ……………………………… 183
　　四、数字鸿沟与贫困静态关系实证分析 …………………………… 193
　　五、数字鸿沟与贫困动态关系实证分析 …………………………… 199
　　六、缩小数字鸿沟减贫效应实证分析 ……………………………… 211

第五章　数字鸿沟与贫困的空间关系实证分析 …………………… 215
　　一、数字鸿沟与贫困的空间计量研究 ……………………………… 215
　　二、模型的选择 ……………………………………………………… 220
　　三、数据来源与变量选择 …………………………………………… 226
　　四、数字鸿沟与贫困的 SDM 检验与分析 ………………………… 228

第六章　脱贫固效：缩小数字鸿沟的对策建议 …………………… 241
　　一、从意识和行动上重视数字鸿沟 ………………………………… 241
　　二、补齐信息技术教育短板，提高农村居民信息素养能力 ……… 242
　　三、完善农村信息基础设施建设，缩小接入鸿沟 ………………… 245
　　四、强化信息应用与隐私保护，减小使用鸿沟 …………………… 247
　　五、加快智慧农村数字乡村建设，发展农村数字经济 …………… 248
　　六、强化信息扶贫与其他扶贫措施融合，巩固脱贫成效 ………… 250

参考文献 ………………………………………………………………… 253
后　　记 ………………………………………………………………… 278

导　论

　　贫困不是某个历史时期特有的社会现象，也不是某一国独有的社会特征，即使最为先进的国家和最繁荣的国度，贫困也是一个需要重视的社会问题。回顾反贫困历程，自阶级社会建立开始，贫困就一直伴随着人类社会。由于致贫原因复杂多变以及贫困表象的多样性，在不同历史时期、不同社会、不同群体和不同地区，贫困的表象不同，致贫原因各异，以至于经济学家、政治学家、社会学家、教育学家等分别从各自学科领域出发，探索贫困形成的原因，提出诸多反贫困理论、措施和方法。这些理论、措施和方法对减少特定时期的贫困曾作出过重大贡献，对今天的反贫困工作也同样具有重要的借鉴意义和指导作用。时代在发展，人类社会在进步，在信息技术高速发展、信息知识呈几何倍数增长的信息化社会，贫困的形成机理、内容与表象也在发生改变，反贫困的措施和方法同样也需要创新，需要探究在新时期贫困产生的内在机理，挖掘信息社会贫困产生的深层次原因，采取适合的反贫困措施，巩固脱贫成果，缩小贫富差距，减轻相对贫困，实现21世纪人类共同富裕的目标。

一、问题的提出

（一）选题背景

1. 消除贫困是人类社会的历史使命和终极目标

贫困是一个既古老又现实、既简单又复杂的社会问题，过去存在，现在存在，将来也还会存在。只要存在资源和收入分配不均，就会存在贫困，它是一个人类必须面对的最为严峻的挑战和治理代价最为高昂的社会问题。贫困不仅意味着收入低，还与其他诸如犯罪、身体和精神疾病、失业等问题交织在一起，形成一系列复杂的社会问题，如较低的生活水准和健康水平、较高的婴儿死亡率、较短的预期寿命等，它甚至还带来严重的身体和心灵创伤，没有尊严的生活等。著名经济学家马哈布·尤尔·哈克（Mahbub ul Haq）在《贫穷幕布：第三世界的选择》一书中写道：当贫穷的幕布徐徐降落，把人们从物质和精神上分为两个不同的世界，相互隔绝的两个星球，以及不平等的两个人类集团，一个社会同时存在令人尴尬的富裕和令人绝望的贫穷。[①] 从社会结构来看，农村贫困人口处于社会底层，从区域纵向来看，贫困地区处于纵向分类的边，边和底共同构成贫困面，贫困区间贯穿整个人类社会。

消除贫困，实现共同富裕的人类社会发展终极目标，是国际社会和各国政府需要解决的首要问题。联合国、世界银行、世界卫生组织等国际组织每年都会跟踪世界范围内的贫困发展现状以及脱贫进展情况，并召开相应的国际会议，研究反贫困措施，制定反贫困战略，如世界银行发布的《世界发展报告2000/2001：全力应对贫困》和《世界发展报告1990：贫困》，联合国的"千年发展目标"、四个"发展的十年"以及两个"消除贫困十年"等都是以贫困为主题的报告或者规划。为了让人们关注和重视贫困问题，联合国在

[①] Mahbub ul Haq, *The Poverty Curtain: Choices for the Third World*, New York: Columbia University Press, 1976, p. XV.

1992年12月22日第47届联合国大会会议上把每年的10月17日定为"国际消除贫困日"。

纵观人类社会发展和反贫困的历史，从认识贫困到研究贫困，从解决温饱到减少贫困，从减少贫困到最终消除贫困，人们从未停止研究和探索减少贫困、消除贫困的步伐。学术界也从不同社会层面和学科研究领域研究贫困，力图寻找各种消除贫困的办法和措施。从已有的研究成果来看，贫困直接与一个国家和社会采取何种福利政策以及分配制度紧密相关，它既是一个国家发展道路上实现共同富裕必须解决的首要问题，也是学术界探讨和研究的重要问题。著名经济学家西奥多·W. 舒尔茨（Theodore W. Schultz）提出，作为经济学家，在构筑自己理论时，不能只考虑经济问题，还应考虑贫困问题。虽然1974年诺贝尔经济学奖获得者卡尔·冈纳·缪尔达尔（Karl Gunnar Myrdal）、1998年诺贝尔经济学奖获得者阿玛蒂亚·森（Amartya Sen）、2015年诺贝尔经济学奖获得者安格斯·迪顿（Angus Deaton）、2019年诺贝尔经济学奖获得者阿比吉特·巴纳吉（Abhijit Banerjee）、埃丝特·迪弗洛（Esther Duflo）以及迈克尔·克雷默（Michael Kremer）等都对贫困的研究和减轻全球性贫困作出了突出的贡献，但由于贫困的多态性和复杂性，增大了贫困治理的难度，消除贫困不能一蹴而就，需要在前人研究的基础上，考虑时代和国情的差异，以及社会发展的不同，综合考虑不同时期、不同国家、不同区域贫困的不同表现和特征，不断创新扶贫措施和方法，采取适合、有效的方式，才能实现较好的贫困治理，缩小贫富差距，消灭贫困，完成人类社会共同富裕的历史使命。

2. 反贫困形势依然严峻

通过人们的不懈努力，世界各国的扶贫开发工作成绩斐然，贫困状况得到了极大的改善，然而，反贫困形势依然严峻。时至21世纪的今天，尽管科学技术高速发展，信息全球化使世界每个角落都能共享信息，许多人在高速飞驰的信息列车上享受着美味佳肴和对未来美好憧憬的同时，地球上还生活着数以亿计的贫困人口，贫困问题依然是今天人类社会面临的最为严峻的问题之一。据联合国粮食与农业组织《2019年世界粮食安全及营养状态：防范经济减速和衰退》报告的数据显示，2018年全球还有8.2亿人（约9个人中就有1人）缺少充足的食物，处于营养不良的饥饿状态①，这一数值甚至高于2017年的8.11亿，饥饿人口总数已连续三年持续增长，几乎所有非洲分区域贫困率都在缓慢、持续上升。营养不良的人口主要分布在东亚及太平洋、南亚和撒哈拉以南非洲等第三世界国家和地区，其中亚洲最多，有5.139亿人，非洲2.561亿人，中南美洲和加勒比海地区4250万人，贫困状况最为严重的东非还有近三分之一（30.8%）的人口处于饥饿之中。发达国家虽然不存在类似于第三世界发展中国家一样的农村贫困问题，但城市郊区同样存在着众多失业和生活贫困的居民。联合国2015年在《改变我们的世界：2030年可持续发展议程》中指出，需要在2030年前彻底消除全球极端贫困②，不过，2018年至2030年的22年间需要消除8.2亿极端贫困人口，实现"零饥饿"的目标仍是一项艰巨的挑战，不仅需要非常之举，还需要非常之手段。

自1978年改革开放以来，中国先后出台和实施了《国家八七扶贫攻坚计划（1994—2000年）》③《中国农村扶贫开发纲要（2001—2010年）》④《中国农村扶贫开发纲要（2011—2020年）》⑤等扶贫开发计划和纲要，解决了数以亿计的农村绝对贫困人口的基本生活问题，中国为世界的扶贫开发工作作出了巨大的贡献，中国减贫人口占世界减少贫困人口的比例超过70%。

---

① 联合国粮食与农业组织：《2019年世界粮食安全及营养状态：防范经济减速和衰退》，罗马，2019年，第6—8页。
② UN, "Transforming Our World by 2030: A New Agenda for Global Action", 2015, http://food-for-thoughts.ch/wp-content/uploads/2015/06/SDGs-Declaration-Zero-Draft.pdf.
③ 《国家八七扶贫攻坚计划（1994—2000年）》，1994年12月30日，见http://www.cpad.gov.cn/art/1994/12/30/art_46_51505.html。
④ 《中国农村扶贫开发纲要（2001—2010年）》，2001年6月30日，见http://www.gov.cn/zhengce/content/2016-09/23/content_5111138.htm。
⑤ 《中国农村扶贫开发纲要（2011—2020年）》，2011年12月6日，见http://www.gov.cn/gongbao/content/2011/content_2020905.htm。

截至2020年底，现行标准下，全国9899万农村贫困人口全部脱贫，832个贫困县全部摘帽，12.8万个贫困村全部出列，区域性整体贫困和绝对贫困得到了历史性解决。28个人口较少民族全部整族脱贫，一些新中国成立后"一步跨千年"进入社会主义社会的"直过民族"，又实现了从贫穷落后到全面小康的第二次历史性跨越。然而，"贫困之冰，非一日之寒；破冰之功，非一春之暖"，脱贫摘帽不是终点，而是新生活、新奋斗的起点。自2021年起，中国的扶贫开发工作从解决绝对贫困问题，实现农村贫困人口"两不愁三保障"（不愁吃、不愁穿，住房安全、义务教育、基本医疗有保障）转入巩固拓展脱贫攻坚成果，缩小贫富差距，全面推进乡村振兴，解决相对贫困，建设生态文明，实现共同富裕的新阶段。

目前，虽然依靠国家巨额资金投入，在社会各界鼎立帮扶和国家精准施策下，绝对贫困问题已得到历史性解决，但脱贫攻坚成果存在较大的脆弱性，部分地区特别是原深度贫困地区如"三区三州"① 返贫风险依然较高，农村已脱贫人口和边缘易致贫户人均纯收入依然不高，仍然处于较低收入行列，一旦现有脱贫攻坚政策不能持续，帮扶措施得不到延续，或者突发自然灾害等，他们又会急速返贫。同时，财政兜底人口较多，财政负担过重，截至2020年底，全国城乡低保人口高达4425.9万人次，纳入城乡特困人员供养人口477.4万人次，仅2020年实施临时救助的人口就达1380.6万人次。

3. 传统扶贫方式亟待创新

不可否认，援助对减缓贫困具有积极的促进作用，但仅仅依靠物质和资金的援助，并不能一劳永逸地解决贫困问题。

对于贫困家庭来说，直接向贫困户提供物质和资金的传统扶贫方式，只

---

① 三区三州的"三区"是指西藏自治区和青海、四川、甘肃、云南四省藏区及南疆的和田地区、阿克苏地区、喀什地区、克孜勒苏柯尔克孜自治州四地区；"三州"是指四川凉山州、云南怒江州、甘肃临夏州。三区三州是国家层面的深度贫困地区，是国家全面建成小康社会最难啃的"硬骨头"。

能解决一时生活救急需求和暂时性贫困，若不能提高自身能力水平，没有属于自己的工作，就无法获得稳定收入，当援助减少或者无法获得援助时，已经通过援助实现脱贫的人群，极易再次返贫。

对于贫穷国家来说，来自发达国家的援助并不是免费的，也不是可持续的。杰弗里·萨克斯（Jeffrey Sachs）认为，如果富裕国家在2005年至2025年间每年对贫穷国家援助1950亿美元，到2025年就会解决所有贫穷问题。[①] 事实上，即使富裕国家愿意拿出国民收入的一小部分，完成每年1950亿美元的援助，也不可能在2025年解决全球的所有贫困问题，并且在没有利益驱使的情况下，富裕国家也不会自愿拿出自己财富的一小部分捐献给他人。联合国曾号召富裕国家每年捐献出0.7%的收入以援助贫穷国家，因为无利可图，只有少数几个欧洲小国积极响应，而发达的资本主义大国却不愿为之，如英国只愿拿出0.32%的收入，美国更低，只愿意拿出0.1%的收入，在政府需要减少预算赤字时，哪怕仅有的这点援助也会被取消。

无论是对于个人还是对于国家，通过援助解决贫困问题并非是最完美的办法。罗伯特·延森（Robert Jensen）和诺兰·米勒（Nolan Miller）2008年在中国两个地区（一个地区以面条为主食，一个地区以大米为主食）的调研结果表明，对于非常贫困的家庭来说，当他们得到援助时，优先选择的不是获取更多食物，而是选择味道更好的食物。威廉·埃斯特利（William Easterly）和丹比萨·莫约（Dambisa Moyo）认为，援助还会阻止人们寻找解决问题的办法。对于贫穷国家来说，解决贫困问题较好的方法是运用恰当而合适的激励机制，再加上自由市场，使人们能够通过自己的努力找到解决问题的办法，而不是接受政府的援助和他人的施舍。[②] 并且，通过政府转移支付给予的经济补偿，或者他人的物质和资金帮助，还会对个人的自由、生活的主动性

[①] J. Sachs, *The End of Poverty: Economic Possibilities for Our Time*, London: Penguin Press, 2005, p.4.
[②] ［印］阿比吉特·班纳吉、［法］埃斯特·迪弗洛：《贫穷的本质：我们为什么摆脱不了贫穷》，景芳译，中信出版社2013年版，第3页。

以及生活技能的提高产生负面影响，导致对生活失去信心、产生心理健康疾病等问题。①

随着"减贫效应"②的逐年递减，即使采取相同的方法进行同等投入，也难以取得和过去一样的产出和效果，扶贫开发工作越往后深入，脱贫攻坚难度越大，脱贫成本越高，巩固拓展脱贫成果难度越大。因此，急需改革、创新传统的扶贫开发工作，改变过去通过援助物质和资金进行短期、快速提高生活质量的扶贫方式，变更为增强人们的财富创造能力，通过自身的努力解决贫困问题。贫穷不仅仅表现为缺钱或者收入低，还表现为丧失自我挖掘潜力的基本可行能力。了解基本可行能力与收入之间的关系，对于消除绝对贫困、解决相对贫困有着重要的意义。提高基本可行能力通常也会提高人们的生产能力、挣钱能力③，以及财富创造能力，如在信息社会，增强贫困人口自身的信息技术能力，提高信息素养，可进一步提高生产率，增加收入，进而依靠自身能力解决贫困问题。总结过去的脱贫攻坚经验，我们发现，凡是信息化程度越高、信息技术越发达、信息运用越广泛的地区，脱贫速度越快。

4. 信息社会带来信息红利，也带来数字鸿沟

原始人类走向世界靠双脚，罗马帝国征服世界靠马车，资本主义世界扩张靠工业革命。④ 在信息化社会，人们走向世界不是靠双脚，也不是靠马车和工业化，而是靠以计算机和网络为核心的信息技术。在快速发展的信息化社会，信息已经成为和物质、能源一样重要的生产要素，并渗透到每一个行业、产业和业务职能领域；信息已成为社会财富的代表，谁掌握了信息，谁就拥有了财富。当人们能够挖掘和运用海量数据信息时，预示着新的一波生产率

---

① ［印］阿玛蒂亚·森：《以自由看待发展》，任赜、于真译，中国人民大学出版社2002年版，第15页。

② 减贫效应即每投入一元的扶贫资金所带来的扶贫效果。

③ ［印］阿玛蒂亚·森：《以自由看待发展》，任赜、于真译，中国人民大学出版社2002年版，第88页。

④ 谈世中、赵丽红：《数字鸿沟与最不发达国家的贫困化、边缘化》，《求是》2003年第11期。

提高和消费者盈余浪潮的到来。

然而,由于人们使用信息和信息技术差异所形成的数字鸿沟,已成为新的贫富差距,不仅进一步阻碍了贫困人群走向世界,也进一步拉大了穷人与富人间的财富差距,恶化了穷人的生存状况。由于历史原因,城市的富裕人口占有信息资源,变得越来越富裕,身处边远农村贫困地区的居民,由于缺少必要的信息技术基础设施,无法提高信息技术应用水平以及缺少利用信息技术解决问题的能力,特别是缺乏扩大再生产和创造财富的信息检索、加工、处理、共享等信息素养能力,导致较低的生产率,低产出低收入,进一步固化贫困。《2018年最不发达国家报告:创业促进结构转型》中指出,贫困国家的联网普及率远低于发展中国家和发达国家,截至2017年全球互联网普及率只有54.4%,还有近一半的人口无法接入互联网,多数居住在不发达国家和发展中国家。其中发达国家互联网普及率已达81%,发展中国家为41.3%,而不发达国家只有17.5%。2018年互联网普及率超过90%的国家有17个,基本都为发达经济体,如丹麦为98%、瑞典为96%、美国为95%等,而发展中国家如埃及仅为33%,不少非洲的欠发达国家甚至不到30%,差距异常明显。全球3.64亿没有使用过互联网的用户主要集中在贫穷的非洲和亚洲,在欧洲仅有4%的青年没有使用过互联网,而非洲没有使用过互联网的青年比例高达60%。① 世界银行2016年的数据显示,在全球最底层的40%的低收入家庭中,还有21%的家庭没有手机,71%的家庭没有接入互联网。②

数字鸿沟拉大贫富差距。2016年中国居民人均收入为23821元,而美国居民人均收入的中位数高达59039美元,约为中国居民人均收入的16倍;同样,美国的数字化程度也远高于中国,约为中国的3.7倍。据中国互联网络信

---

① UNCF (United Nations Children's Fund), *The State of the World's Children* 2017: *Children in A Digital World*, New York: UNICEF Division of Communication, 2017, pp.6-9.

② World Bank, *World Development Report* 2016: *Digital Dividends*, Washington DC: The World Bank, 2016, pp.5-11.

息中心发布的《中国互联网络发展状况统计报告》的数据显示，2018年中国互联网普及率为59.6%，而农村互联网普及率仅为38.4%，远低于城镇。不同的地区互联网普及率也不相同，互联网普及率较高的省份居民收入较高，普及率较低的省份基本也是贫困发生率较高或者贫困人口较多的省份，如云南不仅是全国贫困人口和贫困发生率最高的省份之一，也是互联网普及率最低的省份。从网民人数来看，富裕的华东地区占网民总数的30.7%；城镇网民占73.3%，而农村网民仅占26.7%。2020年中国互联网普及率上升至71.6%，其中，城镇互联网普及率为78.3%，农村互联网普及率为59.2%，在2018年的基础上快速上升了20.8个百分点。

不过，贫困地区由于信息基础设施建设相对落后，人们缺少使用信息技术的意识和能力，导致信息闭塞，与富裕地区间在信息检索、使用等方面的差距在持续扩大，致使数字鸿沟越来越大，进而拉大城乡贫富差距，出现"富者愈富，穷者愈穷"的马太效应。数字鸿沟不仅表现为信息基础设施建设方面的差距，更表现为人们使用信息技术、应用信息解决问题的能力差距。因此，在信息化时代，加快贫困地区信息化发展，提高贫困人口的信息素养能力，消除横亘于前的数字鸿沟已势在必行。

本书主要是探讨数字鸿沟与贫困存在的静态、动态和空间关系，力图探究数字鸿沟对贫困的作用及影响，尝试从缩小数字鸿沟入手，通过提高贫困地区人们的信息化水平和获取信息、使用信息的信息素养能力，进而提升基本"可行能力"，增加获得收入的机会，改善贫困状况，使贫困人口也有机会去创造财富，通过自己的努力解决自身的贫困问题。

（二）研究意义

在信息化快速发展、数字鸿沟扩大导致贫富差距日益扩大的社会转型时期，研究数字鸿沟与反贫困问题具有十分重要的理论与现实意义。

理论意义。研究数字鸿沟与贫困的相互作用关系与作用机理，实施信息扶贫，进一步完善了信息化社会和数字经济时代的反贫困理论。信息化社会，由于贫困人口缺少基本的信息检索、获取、应用、分析、综合、评价能力，导致与富裕人口之间存在较大的数字鸿沟，数字鸿沟阻碍信息共享，进一步加深贫困，形成恶性循环。研究信息化社会如何通过缩小数字鸿沟，实现信息共享，缩小贫富差距，进而减少贫困，为防止脱贫人口返贫、巩固脱贫成果、解决相对贫困问题制定更为科学的扶贫长效机制和措施提供参考。拓展反贫困研究的视角和内容，把数字鸿沟与贫困的关系研究从以往的平面研究拓展到空间层面，较为全面、科学地分析数字鸿沟与贫困之间存在的静态、动态和空间相互作用关系，探讨构成数字鸿沟的要素是如何影响和作用于贫困，为今后进一步深入研究贫困、探究贫困与其他影响因素间的关系提供借鉴；也为信息化社会如何实现共同富裕提供研究参考。

现实意义。贫困问题一直是历届中国政府关注和努力解决的民生问题。经过几代人的不懈努力，百年奋斗之路，启航新征程，终于在 2020 年底消除了绝对贫困和区域性整体贫困，再战乡村振兴，急需总结脱贫攻坚实践经验，切实巩固脱贫攻坚成果，提升中国特色反贫困理论，砥砺前行，解决相对贫困，缩小贫富差距，实现第二个百年奋斗目标。云南不仅是历史上贫困面最大、贫困程度最深的地区，集中连片特困、重点扶贫县位居全国第一，而且还是一个发展极不均衡的边疆民族省份，在贫困人口集中的广大中西部地区具有很强的代表性。以云南为例，以 2010 年至 2019 年全省 16 个州市的面板数据为主，分别从静态、动态和空间研究数字鸿沟与贫困的相互关系和作用机理，加速贫困地区信息化发展，缩小区域数字鸿沟，提高贫困人口的信息技术应用能力，有助于后脱贫攻坚时代，防止脱贫人口返贫，巩固脱贫成果，缩小贫富差距，解决相对贫困，实现共同富裕的目标。在党的卓越领导下，自 1994 年《国家八七扶贫攻坚计划（1994—2000 年）》颁布实施，到 2020 年底解决了 7 亿多农村贫困人口的温饱问题，消除了绝对贫困和区域性整体贫困，全面建成小康社会，彰显了中国改革开放 40 多年以来，扶贫开发所取得的伟大成就,创造了世界奇迹,通过讲好脱贫攻坚"中国故事",向世界分享中国脱贫攻坚成功经验,为解决人类贫困顽疾贡献力量。

二、研究的主要内容和方法

(一)研究内容及框架

以欠发达地区云南为例,研究数字鸿沟与贫困之间的相互作用机理,为后脱贫攻坚时期制定科学的巩固脱贫攻坚成果长效机制和对策提供依据,也为舒缓相对贫困,实现共同富裕提供参考。收入低并不是贫困的全部,能力的缺乏才是核心。因此,在信息社会,提高贫困人口的信息素养能力,增强基本可行能力,是一条脱贫固效、解决相对贫困的重要措施。

1. 研究内容

着力于数字鸿沟视角,应用解剖麻雀的研究方法,以点带面,以问题为导向,以贫困面广、贫困程度最深的边疆少数民族地区云南为例,理论联系实践,深入研究数字鸿沟与贫困之间的相互作用机理,科学全面地分析数字鸿沟与贫困之间存在的静态、动态和空间相互作用关系,以及缩小数字鸿沟措施的减贫效应,探讨数字鸿沟对贫困的作用与影响,基于缩小数字鸿沟,提出相应的反贫困对策建议。本书由七个部分组成,主要内容如下。

导论。从选题背景出发,阐明选题的缘由、研究意义,所采取的研究方法,阐述研究的主要内容和框架。

第一章,主要反贫困理论及文献综述。贫困最早是经济学领域关注和研究的主要问题,随着研究的不断深入和研究领域的拓展,贫困的研究从经济学领域扩展到其他领域,并形成了一系列反贫困理论。本章主要阐释资本形成的反贫困理论、促使结构转换的反贫困理论、促进人力资本形成的反贫困理论,以及综合的反贫困理论,以期借鉴前人的反贫困研究成果,指导当今的反贫困实践。通过文献研究发现,虽然已有不少学者就数字鸿沟与反贫困这一命题进行了研究，并取得了突出的研究成果。然而，由于致贫原因的复杂性和贫困本身具有的动态性、区域性，以及数字鸿沟的时代性、特殊性、地域性，以至于数字鸿沟与反贫困领域还有许多问题尚待深入研究。一是针对局部或典型地区数字鸿沟与反贫困问题的特殊性、时代性和区域性，研究需要更微观、更基础、更具体，对策的制定才更具有针对性和适用性；二是针对数字鸿沟与贫困的动态性，需要在时代的大背景下，研究二者的变化关系，才能正确判断其偏离正常发展趋势的原因，预测其未来的发展趋势，采取更合适的对策措施；三是针对数字鸿沟与贫困的复杂性，需从多维视角研究数字鸿沟与反贫困问题，科学测度数字鸿沟与贫困，分析二者间存在的复杂关系；四是从广度和深度来看，虽然已有部分学者对金融、产业、异地搬迁、教育等扶贫政策的减贫效应进行了研究，但对于缩小数字鸿沟的减贫效应研究还处于起步阶段，需要进行深入研究和探讨。

第二章，中国反贫困实践与国际组织反贫困计划。自新中国成立以来，通过6个阶段的扶贫开发工作，中国的反贫困工作取得了举世瞩目的成绩，不但解决了7亿多农村贫困人口的温饱问题，而且消除了绝对贫困，全面建成小康社会，实现了第一个百年目标。然而，脱贫攻坚工作的结束并不是扶贫的终点，而是一个新征程的开始，是实现全民共同富裕的起点。特别是面对"三区三州"等深度贫困地区，如何防止已脱贫人口不返贫，巩固脱贫成果，缓减相对贫困，急需拓展扶贫新思路，探索扶贫开发新途径。在信息化社会，随着信息技术的不断应用和发展，不同人群在使用信息技术和利用信息的过程中形成数字鸿沟，拉大贫富差距，特别是拉大城乡间、区域间的差距。因此，要完全消除贫困，缩小贫富差距，必须消除横亘于前的数字鸿沟，让所有人充分享受信息技术带来的数字红利，消除信息障碍，实现更为高效、创新和包容的发展。

第三章，欠发达地区数字鸿沟与贫困现状分析。以集老、少、边、穷为一体的欠发达地区云南为例，通过统计数据和问卷调查分析贫困和数字鸿沟的发展状况。统计数据显示，由于水利、交通等基础设施落后导致贫困的人口比例已大幅度下降，但缺少资金和技术致贫的人口比例却在上升。深入研究发现，虽然缺少资金仍是致贫的主要因素之一，不过综合考虑前期扶贫资金的投入与产出，提高扶贫资金的使用效率和贡献率是一个急需考虑的问题；另外，信息技术能力的匮乏已成为信息社会居民致贫的主要因素之一。入户调查数据显示，农村贫困户与非贫困户手机拥有率差别比不大，但电脑拥有率、互联网接入和使用率等方面二者存在较大差异，越贫困的地区互联网普及率越低，信息技术使用和信息利用效率也越低，信息共享支撑平台和信息技术培训越少。信息革命带来数字红利，助力反贫困工作，但贫困地区缺少必要的信息设备、相对落后的信息基础设施，以及匮乏的信息素养能力，又会进一步拉大与发达地区的贫富差距。

第四章，数字鸿沟与贫困的静态与动态关系实证分析。从多维视角出发，构建数字鸿沟与贫困的综合指标体系，通过主成分分析，确定各指标的权重，计算出二者的综合指数。综合指数的描述性结果显示，数字鸿沟与贫困指数随着时间的变化逐渐缩小，说明数字鸿沟与贫困随着社会的发展得到逐步改善，不过不同区域数字鸿沟与贫困指数下降速度不同，相对贫困的地区下降慢，相对富裕的地区下降快。广义最小二乘（FGLS）实证结果显示，数字鸿沟与贫困存在显著性正相关关系，贫困随着数字鸿沟的增大而加深，随着数字鸿沟的缩小而减轻。面板向量回归模型（PAVR）脉冲响应结果显示，贫困不仅对当期数字鸿沟产生影响，也对滞后期数字鸿沟产生作用，贫困程度加深，数字鸿沟随之增大；同样，数字鸿沟不仅对当期贫困产生影响，也对滞后期贫困产生作用，数字鸿沟增大，贫困也随之加深，形成恶性循环。预测方差分解（FEVD）结果显示，贫困对自身产生较大影响，并持续较长时间，说明治理贫困是一个长期而缓慢的过程，贫困还对数字鸿沟产生较大影响。数字鸿沟是影响贫困的重要因素，并对贫困产生较长时间的影响。因此，在没有外界干预的情况下，贫困加大数字鸿沟，数字鸿沟进一步加深贫困，形成循环积累因果关系。双重差分（DID）检验结果显示，数字鸿沟对贫困产生显著性影响，缩小数字鸿沟能明显降低贫困程度，数字鸿沟越小，贫困程度越低，缩小数字鸿沟的减贫效应随时间变化而逐渐增大。

第五章，数字鸿沟与贫困的空间关系实证分析。数字鸿沟与贫困全局自相关检验结果显示，数字鸿沟与贫困都具有较强的空间自相关性，与空间聚集度成正比，形成显著的高—高、低—低空间聚集性，随着时间的推移，数字鸿沟与贫困的空间聚集度逐步减弱，不过贫困聚集度减弱的速度慢于数字鸿沟，说明贫困的治理难度大于数字鸿沟。数字鸿沟与贫困局部空间自相关检验结果显示，不同地区与邻近地区间的数字鸿沟与贫困存在空间关系，导致本地区与邻近地区数字鸿沟和贫困相互影响，地区间集聚度不同，产生的结果也不同，深度贫困地区的贫困状况会得到进一步强化，富裕地区会得到减缓。空间杜宾（SDM）检验结果显示，数字鸿沟与贫困存在显著性空间正相关关系，数字鸿沟不仅显著影响本地区的贫困，还通过溢出效应影响邻近地区。因此，数字鸿沟与贫困同经济发展一样，区域间会形成"回波效应"，中心地带的发展会弱化属于从属地位的边远农村落后地区的发展，强化处于支配地位的中心城市的发展，拉大二者间的信息差距和贫富差距。所以，需要进一步提高欠发达地区农村居民的信息素养能力，缩小数字鸿沟，促进农村地区数字经济、电子商务等现代经济的发展，让处于中心地带的发达地区通过"扩散效应"，带动广大边远农村地区的发展，缩小二者间的差距，减少贫困地区数字鸿沟和贫困的外溢作用。

第六章，缩小数字鸿沟的反贫困对策建议。结合理论、现状和实证分析结果，要巩固脱贫攻坚成果，实现共同富裕的目标，应采取切实有效的措施，重视数字鸿沟的减贫效应、强化信息应用、加强贫困地区信息基础设施建设、改善信息应用环境、加速发展农村数字经济等。

2. 研究框架

根据现实背景，提出研究问题；通过文献梳理，确定本书的视角和内容

导　论

重点；阐述主要反贫困理论，为本书提供理论指导；对国内反贫困实践进行回顾，明确研究具有的现实意义和实践意义；通过静态、动态、空间实证分析，证明数字鸿沟与贫困之间存在显著性关系，数字鸿沟加深贫困，贫困加大数字鸿沟，形成恶性循环，而缩小数字鸿沟能进一步舒缓贫困，打破恶性循环链；最后提出减小数字鸿沟的反贫困对策建议。研究框架如图0-1所示。

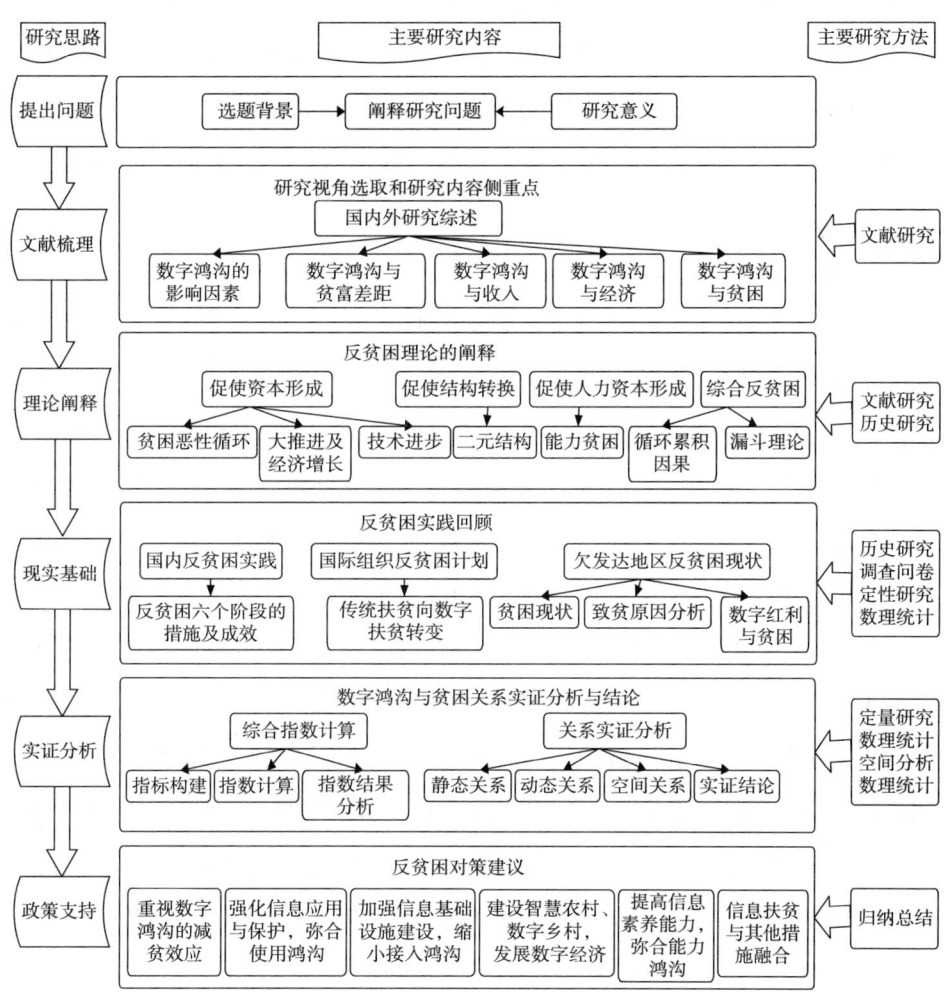

图0-1　研究框架

(二)研究方法

1. 历史研究法

历史研究又称纵向研究，是比较研究的一种，是按照历史发展的先后顺序对已发生的事件进行研究的方法。只有了解历史，才能更好地把握未来。本章按时间先后顺序，对新中国成立以来的扶贫开发历程和云南的反贫困进程进行回眸，不仅仅是简单回顾扶贫开发的历史，更是对现实的一种鞭策。在不同的历史时期，由于现实情况不同，贫困的表象不同，所采取的反贫困措施也不一样。从过去的反贫困历程来看，数字鸿沟是影响贫困的一个重要因素。

2. 定性研究与定量研究法

定性研究和定量研究都属于社会学研究方法，但二者存在差异。定性研究主要是根据特定事物的特性或者某一社会现象具有的特征，以历史事实为依据，不追求精确的结论，而是从事物的矛盾出发，描述和阐述所研究的事物和社会现象，并对它们作出特定的解释，定性研究具有预测性、探索性、诊断性等特点，多以文字描述为主。定量研究也称量化研究，主要是使用数学工具对特定研究对象的客观信息、属性、问题等进行数字量化处理、统计和分析，归纳总结得出研究对象的一般规律，主要使用数据、图形、模式、模型等方式来表示和说明问题。

本书以数字鸿沟和反贫困为研究对象，通过定性研究综述现有数字鸿沟和贫困研究的文献，并对贫困、数字鸿沟和反贫困的概念、特点等进行归纳、总结。创建综合评价指标体系，对数字鸿沟和贫困进行综合量化，使用 SPSS、Stata 和 Matlab 等工具进行定量研究，分析数字鸿沟与贫困存在的静态和动态以及空间关系，完整展现出数字鸿沟对贫困的影响和作用机理，为制定科学、合理的反贫困对策提供依据。

3. 空间分析法

空间分析是对地理空间现象进行研究的一种定量研究法，主要是通过空间数据和空间模型对空间目标的位置、分布、距离、拓扑结构，以及空间关系等进行联合分析，以此来研究目标的空间特征，为决策和设计提供依据。本书在研究中加入空间权重，通过莫兰（Moran）指数研究数字鸿沟和贫困的空间自相关性。通过空间杜宾（SDM）模型研究数字鸿沟与贫困的空间依存和溢出效应。

4. 数理统计法

数理统计是定量研究的基础，它以概率论为基础，使用统计学中的平均值、误差、均方、相关、回归、主成分、正交等方法对实验数据进行测量、分析和研究，以获得某种现象或事物间关系、发展规律的一种科学研究方法。通过入户调查数据，分析贫困户与非贫困户在信息设备拥有、使用、信息需求等方面存在的差异；通过主成分分析、单位根计算出数字鸿沟和贫困的综合指数，分析数字鸿沟与贫困间存在的关系，包括格兰杰因果检验、广义最小二乘法、固定效应、时间效应等。

5. 问卷调查法

问卷调查是社会调查研究中常用的方法，是通过对所研究问题进行度量，进而收集可靠资料的一种科学方法。通过调查问卷，收集贫困地区农村居民互联网以及信息使用情况，分析农村居民在信息技能、信息获取与使用中存在的问题。

6. 文献研究法

文献研究是一种古老而又富有时代生命力的研究方法，无论在任何时代，在任何研究中都占据着重要的位置。它是一种通过对有关文献进行收集、整理、鉴别、分析的研究方法。本书对学者有关数字鸿沟与反贫困研究的文献进行综述，借鉴前人的研究成果，明确本书的视角、研究的主要问题和内容，并对已有的反贫困理论进行阐述，以指导研究的实施。

7. 归纳总结法

归纳总结是对实践活动中的具体情况进行归纳、分析，使之系统化、理论化和合理化，并上升到经验的一种研究方法。本书通过现状分析、实践研究，总结归纳出数字鸿沟与贫困之间存在的一般关系，针对如何缩小数字鸿沟，提高减贫效应，提出相应的反贫困对策建议。

（三）研究不足

（1）微观研究深入程度不足。由于统计数据缺失，较难收集县、乡镇统计基础数据，深入探讨县、乡镇数字鸿沟与贫困的相互作用关系。今后将深入基层，调研欠发达地区县、乡镇贫困与数字鸿沟的现状，进行更为微观和深入的研究。

（2）目前数字鸿沟和贫困测度指标体系的设定还没有一个统一的标准，评价指标体系的科学设定是今后研究的一个重点，通过深入的调研和研究，咨询相关专家的意见，考虑时代发展的要求，设定更为合理、科学、适用的数字鸿沟和贫困测度指标体系，为科学的决策提供更为有力的依据。

（3）本书研究的主要对象为农村地区，然而数字鸿沟与贫困不仅存在于农村，城市的贫困问题和数字鸿沟也同样存在，因此，城市的数字鸿沟与反贫困问题以及城乡间收入差距和数字鸿沟将是下一步的努力方向。

第一章 反贫困理论及文献综述

综述前人的研究，站在巨人的肩膀上，可以看得更高更远。通过梳理前人的研究成果，借鉴前人的研究经验，避免研究中走弯路。本章通过介绍四类反贫困理论，为本研究提供有意义的指导；梳理国内外数字鸿沟与反贫困研究的文献资料，明晰本研究的视角、主要问题、内容和研究方法，为下一步的研究做好铺垫。

一、核心概念界定

（一）贫困

食不果腹、衣不蔽体、居无定所、病无所医、无法享受基本的教育、卫生、医疗、保健等公共服务体系都属于贫困的表现。它涉及经济、社会、政治、教育等学科领域，在不同时期、不同国家、不同地区、不同领域的不同群体，对贫困的解读和界定各不相同。由于无法完全整合经济福利、个人能力和社会排斥等因素的内涵[1]，这给贫困下一个准确、规范的定义，确立统一的测度标准带来困难。不过，保罗·A. 萨缪尔森（Paul A. Samuelson）指出，

---

[1] ［美］乌德亚·瓦格尔、刘亚秋：《贫困再思考：定义和衡量》，《国际社会科学杂志》2003年第1期。

虽然各种理论表述不同，但理论主要特征之间存在相似性，它是各种特殊理论的基础，即一般理论。① 因此，要对贫困的概念进行界定，就需要对各种典型贫困定义进行梳理，找出各种贫困定义的共性特征。

人类历史就是一部为吃饭而斗争的历史。② 由各种发展障碍以及制约因素所导致的生活困境和生存危机是一种恶性循环，是不易被改善的社会状态，它始终贯穿于人类发展的历史长河③，无论全球食物匮乏，还是局部饥荒；无论是缺乏热量卡路里的绝对饥饿，还是缺少蛋白质、维生素的相对饥饿，都与人类如影随形。④ 无论是发达的资本主义国家，还是欠发达的发展中国家，都或多或少存在这种状况。因此，贫困是一个既古老而又现代、简单而又复杂、理想而又现实的问题，是一个一直困扰人类社会发展的世界难题。它是一个动态发展变化的概念，其内涵和外延随着人类社会的发展、人民生活水平的提高，以及人们认知的进步和研究的深入不断发展变化。目前，国际上被人们普遍接受的贫困有收入贫困、绝对贫困、相对贫困等。

1. 收入贫困

最初，贫困是一个经济学领域的概念，主要从收入的角度来定义贫困，通过收入水平的高低来衡量和确定贫困。

亚当·斯密（Adam Smith）曾在18世纪指出，一个人的贫穷与富裕主要体现在他所能享受到的生活必需品、奢侈品的程度。自劳动分工完全确立之后，贫富状况主要是通过所能支配的或所能负担的他人劳动的数量来确定。当货币产生之后，货币成为商品的媒介，人们使用货币的多少来衡量财富的多少，富人即为拥有更多货币的人，而穷人即为只能获得极少数货币的人。⑤

---

① ［美］保罗·萨缪尔森：《经济分析基础》，甘华鸣译，北京经济学院出版社1990年版，第1页。
② ［巴西］约绪·德·卡斯特罗：《饥饿地理》，黄秉铺译，生活·读书·新知三联书店1995年版，第6页。
③ 屈锡华、左齐：《贫困与反贫困——定义、度量与目标》，《社会学研究》1997年第3期。
④ 原华荣：《人口与贫困》，《社会学研究》1992年第5期。
⑤ ［美］亚当·斯密：《国富论》，胡长明译，人民日报出版社2009年版，第21—23页。

第一章 反贫困理论及文献综述

20世纪初,西博姆·朗特里(Seebohm Rowntree)对贫困作了开创性的研究,为后来贫困的研究奠定了坚实的基础。他在《贫困:城镇生活研究》一书中首次给出贫困的完整定义,即"总收入不足以获得维持身体所需的最低数量的生活必需品"①,包括衣食住行等以及其他必需项目。②③ 之后,很多国际组织和国内外学者对这一定义进行了补充、完善和拓展。代表性的定义主要有以下几种。

美国收入补贴总统委员会在1969年《富裕中的贫困:美国悖论》的报告中指出,如果认为人们不应该死于饥荒或者没有住所的话,贫困就是缺少维持必需的最低数量的食品和住房。因此,社会不仅有责任为人们提供生存的手段,作为必需品,还需提供预防和治疗疾病所需的物质资源。④

世界银行认为,贫困是由于人们缺少足够收入来满足基本消费需求,获得的生活水平没有达到社会要求的最低生活水准,包括支持居民消费能力的家庭收入和人均支出,以及与最低生活水准密切相关的基础设施供给。⑤ 简单来说,贫困就是人们没有足够的收入保证起码的生活水平。⑥⑦

欧共体在《向贫困开战的共同体特别行动计划的中期报告》中指出,贫困就是收入低导致个人、家庭和群体获得的有限资源(包括物质资源、文化资源和社会资源)无法保障其享受所在国最低限度的生活水平。⑧ 如果一个家

---

① 按斯密的说法,必需品不仅仅是指维持生命所需的不可或缺的物品,还指一个国家风俗决定的作为一个体面的人,包括社会最底层的人,不可或缺的物品,如一件亚麻布衣服,严格来说它并不属于生活必需品。
② S. Rowntree, *Poverty: A Study of Town Life*, London: Macmillan, 1901, p. 103.
③ A. Smith, *Wealth of Nations* (Volume 2), Oxford: Clarendon Press, 1976, pp. 469-471.
④ Benjamin W. Heineman, *Poverty Amid Plenty, the American Paradox: the Report of the President's Commission on Income Maintenance Programs*, Berkeley: University of California Libraries, 1969, pp. 43-45.
⑤ World Bank, *World Development Report 1990: Poverty*, Oxford: Oxford University Press, 1990, pp. 39-51.
⑥ [美]劳埃德·雷诺兹:《微观经济学——分析和政策》,马宾译,商务印书馆1982年版,第430页。
⑦ [美]保罗·A. 萨缪尔森、威廉·D. 诺德豪:《经济学》第16版,萧琛等译,华夏出版社1999年版,第256—257页。
⑧ 青连斌:《贫困的概念与类型》,《人民日报》2006年6月8日。

庭、个人缺少获得生活必需品和服务的经济来源或者经济能力，进而导致其无法维持家庭的基本生活需要，那么他就会陷入贫困之中。①② 国家统计局农调总队在《中国农村贫困标准研究报告》中也使用类似的定义，由于收入低，无法购买必要的生活资料和服务导致个人或家庭的生活水平没有达到社会可接受的最低标准，不能维持正常的生活水平。③

江亮演认为，贫困就是由于收入低和资源匮乏，导致缺少必要的适应所属社会需要的生活资源，以致无法维持其肉体或精神生活的需要。④ 而汪三贵认为贫困就是缺少基本的生活资料，缺少劳动力等物质条件和基础以实施再生产，以致收入低不能维持正常的生活水平。⑤

类似的收入贫困定义还有很多，在此不一一赘述。通过以上收入贫困的定义可以看出，它们都有一个共性的特征，即收入贫困是一个关于营养学的概念，是从生物学的角度来定义贫困。简而言之，若收入不足以获得满足人体需求的最低营养标准的生活必需品即为贫困。虽然最低营养标准是一个模糊的概念，但是营养不良的确是贫困的一个重要特征，特别是对许多发展中国家来说，营养不良处于贫困概念的中心位置。⑥ 发达的社会或发达的资本主义国家同样也存在贫困，但性质却与此不同。因此，对于从收入和最低生活水平的角度来定义贫困受到很多学者的质疑。人们的需求与身体条件、气候、工作和生活习惯等有很大关系，营养标准也会随着人们富裕程度的不同而有所变化，即使对于特定区域内的特定群体，如何确定最低营养标准也是比较困难的；同时，把最低营养标准转换为最低食物标准，还取决于商品组合选择，这是一个优化组合问题，它是满足最低营养标准的最低成本的商品组合；

---

① 王长银：《英国反贫困政策和落后地区开发》，《经济开发论坛》1988年第7期。
② 吴忠：《贫困与反贫困的理论探讨》（上），《开发研究》1991年第4期。
③ 国家统计局农调总队：《中国农村贫困标准研究报告》，中国统计出版社1989年版，第6页。
④ 江亮演：《社会救助的理论与实务》，台北桂冠图书公司1990年版，第8页。
⑤ 汪三贵：《贫困问题与经济发展政策》，农村读物出版社1994年版，第98页。
⑥ ［印］阿玛蒂亚·森：《贫困与饥荒——论权利与剥夺》，王宇、王文玉译，商务印书馆2001年版，第18页。

需求包括非食物商品，但不易量化，因此，要确定最低非食物商品的需求量也是比较困难的。① 况且，人不像动物，不仅有生理需要，还有其他方面的需求，贫困不仅是生活需求得不到满足，还包括精神需求以及社会其他方面的需求得不到满足。② 所以，收入低并不是贫困的全部，仅仅使用收入来衡量贫困存在局限性，它忽视了家庭和个人的脆弱性和贫困的长期性③，以及其他方面的问题。因而，有的学者指出，使用最低生活水平来定义贫困的每一个过程几乎都存在缺陷。

2. 绝对贫困

绝对贫困是基于生计维持和基本需求的角度来定义贫困。④ 从生计维持和基本需求的角度出发，人们常用的收入贫困实质上属于绝对贫困。它又称为生存性贫困，是指在一定的社会生活和生产方式下，个人和家庭依靠自身劳动所得的合法收入无法维持其基本生存需求，或达到生存所需的基本临界点，包括亟待解决的温饱问题，如食不果腹、难以维持或者不能维持简单的再生产活动等。

绝对贫困存在于人类社会历史发展特定阶段⑤⑥，它是贫困的一种特殊形式，如1919年最富裕的发达资本主义国家银行倒闭，导致很多人出现食不果腹、衣不蔽体的生活状态⑦，以及目前存在于许多欠发达国家的贫困，都属于绝对贫困。联合国、世界银行、国际劳动组织等国际性组织更多是采用这一

---

① 原华荣：《生产性贫困和社会性贫困》，《社会学研究》1990年第6期。
② 董辅礽：《中国经济纵横谈》，经济科学出版社1996年版，第128页。
③ 张全红、周强：《转型时期中国贫困的动态多维度测量》，《中南财经政法大学学报》2014年第1期。
④ 郭君平等：《绝对贫困和主观贫困抑制还是激发农民政治参与?》，《西北农林科技大学学报》（社会科学版）2018年第1期。
⑤ 童星、林闽钢：《我国的农村贫困标准线研究》，《中国社会科学》1994年第3期。
⑥ 何承金、赵学董：《论我国的贫困状况与发展农业区域经济》，《四川大学学报》1991年第1期。
⑦ Paul A. Samuelson, William D. Nordhaus, *Economics* (*Nineteenth Edition*), Douglas: Douglas Reiner, 2010, p. 20.

定义，并使用绝对贫困标准来衡量人们的收入水平或消费水平是否满足基本生活需要，如每天1.9美元的国际贫困线标准，以及我国在不同历史时期所使用的贫困标准，都属于绝对贫困线标准。

3. 相对贫困

收入高并不一定代表生活境况得到改善，而收入低也并不一定代表生活糟糕透顶、不堪入目，贫困存在相对性。

贫困是相对于他人或者某个地区人们生活水平而言，有部分人处于社会基本水平以下。[①] 随着区域贫富差距的进一步拉大，在一个国家或者一个地区内部，一部分人的收入相对于另一部分人来说处于较低水平，使其生活水平低于社会平均水平，或者低于社会公认的基本生活水平状况称为相对贫困。[②] 它不仅指经济意义上人们解决温饱问题之后，财富与收入多寡的差异，还指人们心里的感受，穷人被剥夺了与社会其他人一样共同享受的权利。[③] 因此，贫困还是一种相对的剥夺。[④]

国家不同，贫困的表现也不尽相同。由于较低的生产率和较低的生活水平形成供给和需求失衡，导致发展中国家存在"稀缺中贫困"，这种贫困是一种绝对贫困，而发达国家主要存在"丰裕中贫困"[⑤]，这是一种相对贫困，如2012年美国许多市区和郊区出现的贫困[⑥]，以及美国把贫困线定义为全国人口收入中位数的50%[⑦]，它是建立在生存性贫困基础之上，由于人们现有的自身

---

① 李强：《绝对贫困与相对贫困》，《社会工作》1996年第5期。
② 何承金、赵学童：《论我国的贫困状况与发展农业区域经济》，《四川大学学报》1991年第1期。
③ 郭来喜、姜德华：《中国贫困地区环境类型研究》，《地理研究》1995年第2期。
④ Walter G. Runciman, *Relative Deprivation and Social Justice*, London: Routledge & Kegan Paul, 1966, p.43.
⑤ 谭崇台：《初论快速增长与"丰裕中贫困"》，《经济学动态》2002年第11期。
⑥ Alexandra K. Murphy, Scott W. Allard, "The Changing Geography of Poverty", *Focus*, Vol. 32, No. 1, January 2015, pp.19-23.
⑦ Victor R. Fuchs, "Redefining Poverty and Redistributing Income", *The Public Interest*, Vol. 8, No. 4, Summer 1967, pp.88-95.

能力和发展能力所获得的收入不足以满足社会发展的需要，或者由于其他某种原因导致其技能不能得到更好的发挥而陷入贫困的一种状态。①

4. 贫困概念的发展与拓展

随着研究的不断深入，人们发现贫困是一个具有不确定性特征的复杂概念，它不仅仅是一个物质生活领域的概念，其本身随经济的发展变化、人类社会的进步和文明程度的提高而发生改变，它还与人们不断加深的社会认识、不断改变的社会地位和人权状况密切相关。对于某一家庭来说，在不同时期和社会不同阶段可能存在持久性贫困、暂时性贫困和选择性贫困。② 当在某个时期内，由于衣食住行等方面的开支低于社会平均水平，剥夺了人们享有生存、体面教育、安全而温暖的住所、长时间退休生活、不受疾病侵害等方面的机会③，在这种生存状态下，无法获得基本手段和物质生活条件参与社会活动，无法获得相应的资源维持个人身体、生理和社会文化需求，生活在社会认可的基本生活水准以下，只能享有较低的生活福祉或生活质量，且充满着脆弱性和恐惧感。④ 汤森（Peter Townsend）和麦克康耐尔（Campbell R. McConnel）认为，如果缺少必要的获得所需食物、参加基本社会活动，以及最起码的生活和社交条件的手段，同样属于贫困。⑤⑥ 简而言之，贫困几乎涉及人类社会生活的所有方面，是经济、社会、文化、教育等领域落后的总称，实质是基本物质、情感和精神生活的匮乏。⑦

---

① 王仁发：《论发展性贫困及破解之路》，《重庆社会科学》2005 年第 10 期。
② 李实：《中国城市中的三种贫困类型》，《经济研究》2002 年第 10 期。
③ C. Oppenheim, L. Harker, *Poverty*: *The Fact*, London: Child Poverty Action Group, 1993, pp. 101–108.
④ 康晓光：《中国贫困与反贫困理论》，广西人民出版社 1995 年版，第 6 页。
⑤ P. Townsend, *Poverty in the United Kingdom*: *A Survey of Household Resources and Standards of Living*, California: University of California Press, 1979, p. 6.
⑥ ［美］坎贝尔·麦克康耐尔、斯坦利·布鲁伊：《经济学：原理、问题和政策》，陈晓译，北京大学出版社 2000 年版，第 884 页。
⑦ 陈端计：《构建社会主义和谐社会中的中国剩余贫困问题研究》，人民出版社 2006 年版，第 39 页。

因此，研究贫困时还需关注包括健康、技能、教育和生活环境等有关的人体指标[1]，因为，比研究收入和富裕更为重要的是人们所面对的教育、能力、疾病、死亡和营养不良等方面的相对状况。[2] 1999 年阿玛蒂亚·森首次引入能力因素研究贫困，他指出，贫困的实质是一种权利和能力的匮乏，它不单纯是由低收入造成的，在很大程度上是由于基本能力的缺失，如高额医疗、养老、教育、住房等民生支出造成健康权、养老权、教育权、居住权等能力的缺失，它超越了物质和收入的范畴，与自由关联[3]，因为自由是进行选择的能力来源。[4]

由于缺乏有效参与社会活动基本的能力，导致所获得的物质条件无法维持温饱，无法享受基本的教育、医疗等公共服务，否定人们所具有的选择权和享有公平参与社会的机会，常常被排斥在社会主流群体生活之外，是一种侵害人格的行为。从这个角度来看，贫困不仅是指人们物质资源的匮乏，还包括只能享受低水平的教育，没有健康的体魄，无法享受基本的社会福利，缺少抵御风险的能力，无法表达自身的诉求，以及社会参与机会的剥夺等。[5]

拥有高级别能力的人享有更高级别的自由，也就拥有更多的选择和社会参与的机会，所得到的社会基本权利和所享有的义务分配也就越平等。因此，能力贫困比收入贫困更全面。[6] 能力是除收入、福利和消费之外影响贫困的另一个主要因素。相对收入少，可能意味着绝对能力的缺乏，尽管发达国家贫

---

[1] J. Muellbauer, *Professor Sen on the Standard of Living*, New York: Cambridge University Press, 1985, p. 43.
[2] A. Sen, *The Standard of Living: Lecture II, Lives and Capabilities*, Cambridge: Cambridge University Press, 1987, p. 20.
[3] A. Sen, *Development as Freedom*, New York: Anchor, 1999, p. 25.
[4] Deborah A. Stone, *Policy Paradox: The Art of Political Decision Making*, New York: WW Norton & Company, 1997, p. 129.
[5] World Bank, *World Development Report 2000/2001: Attacking Poverty*, Oxford: Oxford University Press, 2001, pp. 15–21.
[6] ［美］乌德亚·瓦格尔、刘亚秋:《贫困再思考：定义和衡量》，《国际社会科学杂志》2003 年第 1 期。

困人口的收入高于发展中国家贫困人口的收入,相对来说,他们也只相当于发展中国家能力上的穷人,虽然收入与贫困关联,但能力决定收入的多寡,也就决定了人们在所处的社会中是否贫困和富裕。① 一个人的能力包括多个方面,如教育、健康、认知、创造等。因此,联合国开发计划署使用识字率、预期寿命、贫困妇女的健康以及可预防的疾病等指标来衡量贫困。

以上贫困的概念,以及学者对贫困的看法,不是一种观点对另外一种观点的否定,而是学术界对贫困认识的不断深入、补充和完善,从不同的角度、领域来认识贫困、诠释贫困,使人们更全面地看待贫困问题。

5. 对贫困概念的界定

基于以上学者的研究,我们应该认识到,贫困虽然是穷人具有的基本特征,但贫困不仅仅与穷人有关,富裕阶层也同样存在贫困。认识贫困,需要弄清楚贫困形成的原因、贫困存在的表象以及贫困导致的后果,它们是紧密联系在一起的。因此,对贫困的界定必须包括两个方面的内容:一是识别贫困的方法;二是需要把构成贫困的特征进行集合、加总,以形成贫困的总体印象。②

由于贫困存在复杂性和动态性,识别贫困不能仅从经济领域来考量,需要使用超越收入和消费的眼光来看待贫困问题。传统意义上,贫困是一个属于经济学范畴的概念,自大卫·休谟(David Hume)和亚当·斯密开始,人们更多的是把贫困看作物质上的缺衣少食,可以通过发展经济和调整福利政策来满足人们的基本需求得以解决。如过去世界银行、联合国开发计划署、各国政府都是从经济学的角度,通过物质需求来定义和衡量贫困。要摆脱贫困,物质条件不可少,只需要获得足够的收入和消费即可满足,但获得这些收入、消费的手段和方法更重要。人不仅要生活,获得基本的生活消费,满

---

① A. Sen, *Development as Freedom*, New York: Anchor, 1999, p.29.
② [印]阿玛蒂亚·森:《贫困与饥荒——论权利与剥夺》,王宇、王文译,商务印书馆2001年版,第19页。

足最低生活标准的食物需求；还要生活得好，通过自身的能力努力获得有尊严的生活，以及被社会认可的个人和家庭的基本生活需求①，这些能力包括获得教育、健康、自然资源、就业、个人安全、进入国家配给系统的信誉、参与政治进程，以及应对危机的能力。②③

因此，贫困是由于自身能力匮乏，被排除在基本的社会生活之外，无法获得足够的财富以保障其生活水平达到社会认可的基本标准。它具有四个基本的特征：一是收入低，生存状况差，它是社会、文化、经济等方面贫穷落后现象的总称，处于贫困的基础位置，通常表现为生存性贫困或者绝对贫困；二是动态性，贫困是发展变化的，在不同社会阶段、不同历史时期的表现不尽相同，所使用的评价标准不同，结果也不一样；三是相对性，不同国家和社会阶层都会存在贫困，然而，贫困的实质和表象可能不一样，相对而言，贫困是一部分人的生活状况没有达到社会期望的最低水平；四是贫困具有人的属性，表现为个人能力的匮乏，缺少获得所需物质财富、精神财富、权利和自由的能力，它是贫困形成的主要因素。所以，需要从多维的角度来识别贫困，只要存在资源分配不均，获取财富的机会不等，缺少基本可行能力，就会存在贫困。要消除贫困，就需要提高人们的基本可行能力，包括经济能力、创造财富的能力、把握机会的能力、学习能力等。

由于贫困的复杂性和多态性，要想在短期内完全解决贫困问题，并不是一件容易的事，除非仅消除贫困的第一种特征，即绝对贫困或生存性贫困，

---

① Hasnat A. Hye, *Below the Line: Rural Poverty in Bangladesh*, Dhaka: University Press Limited, 1996, p. 56.

② Commission of the European Communities, "Communication from the Commission to the Council and the European Parliament, Information and Communication Technologies in Development: the Role of ICTs in EC Development Policy", COM (2001) 770 Final Report, Brussels: European Commission, December 14, 2001, pp. 1–18.

③ S. Cecchini, G. Prennushi, "Using Information and Communications Technology to Reduce Poverty in Rural India", in *The PREM Notes No. 70*, Washington DC: World Bank, 2002, pp. 1–4.

而要彻底解决贫困问题，特别是相对贫困，就需要解决能力问题。①

（二）反贫困

人类社会发展的历史就是一部与贫困作斗争、从愚昧走向文明的历史，贫困与反贫困贯穿于人类社会发展的全部过程，对贫困与反贫困的研究一直是人们关注和研究的重要课题。20世纪60年代，瑞典经济学家缪尔达尔在《世界贫困的挑战——世界反贫困大纲》中首次提出"反贫困"这一术语。②③之后，反贫困一词受到人们的重视，并开始探讨和研究反贫困的策略和对策。据可查阅的文献资料显示，国内介绍国外反贫困经验与反贫困研究成果的文献比研究国内反贫困问题稍早一些，如较早的反贫困文献《英国反贫困政策和落后地区开发》等重点在于介绍国外的反贫困措施、方法和经验，较少涉及国内的反贫困实践与对策研究。对国内反贫困问题的研究起步于20世纪90年代，如杨雍哲的《反贫困：中国政府的努力——在菲律宾"亚太地区缓解贫困讨论会"上的发言》④，对反贫困及理论进行系统分析和探讨较早的文献有吴忠的《贫困与反贫困的理论探讨》（上）⑤、罗本考的《反贫困的社会学思考》。⑥ 但对于什么是反贫困？无论是早期的文献，还是当前的资料，都很难找到一个具体、详细而准确的表述。

我们认为，反贫困就是对贫困的现状进行深入研究，分析致贫原因，并采取相应的对策措施以减少贫困，直至消除贫困。反贫困，顾名思义，反贫

---

① ［印］阿玛蒂亚·森：《以自由看待发展》，任赜、于真译，中国人民大学出版社2002年版，第91页。
② ［瑞典］冈纳·缪尔达尔：《世界贫困的挑战——世界反贫困大纲》，顾朝阳等译，北京经济学院出版社1991年版，第145页。
③ 黄承伟、刘欣：《"十二五"时期我国反贫困理论研究述评》，《云南民族大学学报》（哲学社会科学版）2016年第2期。
④ 杨雍哲：《反贫困：中国政府的努力——在菲律宾"亚太地区缓解贫困讨论会"上的发言》，《中国农村经济》1990年第8期。
⑤ 吴忠：《贫困与反贫困的理论探讨》（上），《开发研究》1991年第4期。
⑥ 罗本考：《反贫困的社会学思考》，《社会学研究》1991年第4期。

济困,而减少贫困、消除贫困、消弭贫困、减缓贫困等都是它的同义词,只是视角不同而已。减少贫困是从计量的角度,根据数量的变化来界定反贫困;消除贫困和消弭贫困是从反贫困的目的来界定反贫困;减缓贫困是从贫困程度的变化来界定反贫困。

反贫困必须先要认识贫困,深入分析致贫原因。贫困既是原因也是结果,对反贫困的研究,离不开对贫困内涵的剖析、贫困现状的分析,致贫原因与致贫内在机理的探索,以及对贫困的治理等。经济学是主要的传统反贫困领域,人们从古典经济学、福利经济学、发展经济学等领域研究贫困,提出众多促进经济发展,提高收入,减少贫困的对策措施。随着社会的发展和认识的不断深入,人们对贫困的研究从经济学拓展到社会结构、权利、公平与能力等方面,从一维拓展到多维,从点扩展到面;致贫原因从个体扩展到群体,再到社会结构、权利、能力等综合因素的影响;反贫困的研究领域也从经济学延伸至社会学、政治学、教育学,以及众多交叉学科领域。

(三) 数字鸿沟

在信息社会,我们面临着一种新的贫困,即信息贫困。信息贫困与信息富有之间的差距形成数字鸿沟。它存在于任何国家、任何群体和任何行业之中,使信息贫困者无法共享信息资源,利用信息技术提高收入,拉大贫富差距。因此,信息革命带来数字红利的同时,也带来新的不平等。一方面,当信息化推动社会进步时,较为贫穷的国家由于缺少信息技术,落后于市场主要竞争对手(发达国家),随着时间的变化和社会的发展,这种状况依然没有得到根本性改变,且二者之间的差距在持续扩大;另一方面,信息化导致不同行业、不同人群在信息技术使用和信息应用方面存在差异,富裕人群更容易获得信息技术,利用信息技术创造财富,而穷人无法获得先进的技术和丰富的信息资源,拉大与富裕人群之间的差距。前联合国秘书长科菲·安南(Kofi Atta Annan)在瑞士日内瓦第99届通信大会上指出,把世界穷人排斥在信息革命之外是非常危险的，穷人本来就缺少很多东西，包括食物、干净的饮用水、住所、工作、卫生保健等，如果今天再中断他们的基本通信服务，将会带来另一场灾难，实际上是让他们失去脱贫致富的机会。

1. 数字鸿沟的由来

数字鸿沟又称为信息鸿沟，来源于"Digital Divide"一词，也称为"Digital Division""Digital Gap"或者"Information Gap"。数字鸿沟的来源可以追溯至20世纪70年代的"知识鸿沟""信息鸿沟"，以及20世纪90年代的"电子鸿沟"。数字鸿沟最早出现于英国《时代教育副刊》中的 Digital Divide 一文。马克尔基金会前总裁利奥伊德·莫里赛特（Loyd Morrisett）在《数字鸿沟的演变》一书中首次提出信息富人和信息穷人之间存在一种鸿沟，即信息鸿沟。自美国国家远程通信和信息管理局（National Telecommunications and Information Administration，以下简称 NTIA）分别于1995年发布《在网络中落伍之一：一项对美国城乡信息穷人的调查》①、1998年发布《在网络中落伍之二：数字鸿沟的新数据》②、1999年发布《在网络中落伍之三：定义数字鸿沟》③和2000年发布《在网络中落伍之四：走向数字全纳》④等《在网络中落伍》系列报告之后，数字鸿沟逐渐成为各国政府和国际社会关注的热点问题。随着信息技术的发展和互联网的普及，数字鸿沟已经成为一个全球性的问题，包括国际电信联盟（International Telecommunication Union，以下简称

---

① NTIA（National Telecommunications and Information Administration），"Falling Through the Net: A Survey of the 'Have Nots' in Rural and Urban America", 1995, https://www.ntia.doc.gov/legacy/ntiahome/fallingthru.html.

② NTIA（National Telecommunications and Information Administration）, *Falling Through the Net II: New Data on the Digital Divide*, Washington, DC: National Telecommunications and Information Administration, 1998, pp.7-15.

③ NTIA（National Telecommunications and Information Administration）, *Falling Through the Net: Defining the Digital Divide*, Washington, DC.: National Telecommunications and Information Administration, 1999, pp.14-16.

④ NTIA（National Telecommunications and Information Administration）, *Falling Through the Net: Toward Digital Inclusion*, Washington, DC: National Telecommunications and Information Administration, 2000, pp.19-20.

ITU)、亚太经济合作组织（Asia-Pacific Economic Cooperation，以下简称亚太经合组织或 APEC）、经济合作与发展组织（Organization for Economic Co-operation and Development，以下简称经合组织或 OECD）等国际组织都比较关注数字鸿沟问题。从 2001 年至 2016 年，NTIA 在原有 4 个有关数字鸿沟报告的基础上，又相继发布了 9 个有关数字鸿沟的报告，并把数字鸿沟作为美国首要的经济问题和社会问题来处理。

2. 有代表性的数字鸿沟定义

1999 年 NTIA 在《在网络中落伍之三：定义数字鸿沟》的报告中首次提出较为明晰的数字鸿沟定义，它是指拥有信息工具的人与未曾拥有者之间存在的差距。[①] 之后，美国商务部在数字鸿沟网站中给出了一个相对详细的描述，任何国家总有一些人能够接受最好的信息技术教育，拥有社会提供的最好的信息技术、最好的计算机、最好的电话服务、最快捷的网络服务；而另外一些人，由于种种原因造成他们不能够接入最新的网络、使用最好的计算机、享受最可靠的通信和最快捷、最方便的网络服务，这两部分人之间存在的差距就形成数字鸿沟，即新兴信息与通信技术在接入、使用方面形成的不平等现象，它表现在不同阶层、不同地区，以及不同发展水平的国家之间。[②] 随着研究的深入，人们对数字鸿沟的认识也越来越全面。

OECD 认为，数字鸿沟是指处于不同社会经济层面的家庭、个人、企业和地区等在使用信息通信技术的机会、广泛使用因特网从事各种活动方面存在的差距，它不仅仅是一个技术问题，也是一个经济社会问题。[③]

联合国经济和社会理事会（United Nations Economic and Social Council）

[①] NTIA (National Telecommunications and Information Administration), *Falling Through the Net: Defining the Digital Divide*, Washington, DC: National Telecommunications and Information Administration, 1999, pp. 14-16.

[②] 美国商务部：《数字鸿沟》，见 http://www.digitaldivide.gov/about.html。

[③] OECD (Organization for Economic Co-operation and Development), *Understanding the Digital Divide*, Paris: Progressive Policy Institute, 2001, pp. 8-9.

在2000年7月的部长会议中指出,数字鸿沟是由于信息和通信技术在全球发展和应用的不均衡,导致国与国之间、国家内部各群体之间存在的信息和技术差距。

ITU在2002年的世界电信发展报告中指出,数字鸿沟(信息鸿沟)其实就是"经济鸿沟",要跨越数字鸿沟,必须解决"经济鸿沟",城乡间的"信息鸿沟"是由于贫困的农村存在大量文盲,以及缺乏现代化教育设施与技术导致城乡间在信息和通信技术获取方面存在的不平等现象。[1] 在联合国2003年"信息社会世界高峰会议"上,与会的专家、学者认为,数字鸿沟是指世界上排斥技术社区与享有技术社区间的差距,以及各种社区内部和社区间彼此不能相互转让信息的状况。

数字鸿沟是一种信息不平等现象,是在不同人群、不同企业、不同行业、不同国家、不同地区间,由于在全球数字化进程中对现代数字技术和工具拥有和应用的不平衡,带来的信息差距、知识分割和贫富分化等问题。[2] 在全球知识经济时代,数字鸿沟就是"信息富有"和"信息贫困"之间的知识鸿沟。[3]

陈建龙认为,数字鸿沟就是具有不同自然和社会属性特征的人群在信息技术使用机会、如何使用信息技术以及信息技术使用效果中存在的不合理的差距,这种不合理的差距反映在一定区域范围内就形成了国家间、地区间的数字鸿沟,若反映在一定组织范围内就会形成部门间、行业间、企业间的数字鸿沟。[4] 薛伟贤指出,数字鸿沟是指地区间或者一定区域范围内各种群体对信息与通信技术发展、应用程度差别所形成的"信息落差"或者"贫富分

---

[1] ITU:《世界电信发展大会提案:数字鸿沟的重新定义》,2017年9月16日,见http://www.itu.int/TU-/conferences/wtdc/2002/doc/otherlanguages/Chinese/0144C.doc。

[2] N. Corrocher, A. Ordanini, "Measuring the Digital Divide: A Framework for the Analysis of Cross-Country Differences", *Journal of Information Technology*, Vol. 17, No. 1, 2002, pp.9-19.

[3] B. Komar, "Race, Poverty and the Digital Divide", *Poverty & Race*, Vol. 12, No. 1, (January 2003), pp.1-4.

[4] 陈建龙等:《国内外数字鸿沟测度基本指标计算方法比较研究》,《情报杂志》2009年第9期。

化",它是研究数字鸿沟的重要组成部分。①

李潇、西桂权等认为,数字鸿沟就是在一定经济条件下,不同社会群体、不同区域间传统信息技术与现代通信技术在接入、应用方面存在的差距。②③从能不能获得,或者有机会使用工具来看,数字鸿沟就是经济收入低的家庭与经济收入高的家庭在计算机拥有、使用和所拥有的技能间存在的差距。④ 相似的定义还有很多,在此不一一累述。

3. 对数字鸿沟概念的界定

归纳以上定义,我们可以得出数字鸿沟是一个综合性、发展中的概念,它是指不同区域、不同阶层、不同人群在信息检索、获取、应用、评价以及获得和使用信息通信技术、信息资源时形成的差距,它是社会数字化发展在个人、家庭、企业、地区、国际间差异的体现,处于劣势一端的人形成数字贫困、信息贫困、知识贫困,数字鸿沟实际上也是一种财富创造能力的差距。它包含三个方面的内容⑤:一是基本鸿沟,包括信息技术和信息获得、互联网接入和具有的信息能力等,是一个基本条件问题;二是纵向鸿沟,表现为信息通信技术的用户和非用户间的差异,是一个机会问题;三是横向鸿沟,表现在信息通信技术用户内部,如一个国家内部,它是一个社会整合问题,与社会经济分层和人口分类不同,主要指区域内个人、家庭、企业获得、使用

---

① 薛伟贤、刘俊:《基于技术扩散模型的区域数字鸿沟演变阶段划分》,《系统工程》2011年第1期。

② 李潇:《我国区域数字鸿沟影响因素测度及政策建议》,北京邮电大学博士学位论文,2010年,第1页。

③ 西桂权:《我国数字鸿沟与经济鸿沟之间关系的研究》,北京邮电大学博士学位论文,2013年,第13页。

④ Albert D. Ritzhaupt, F. Liu, & K. Dawson (eds.), "Differences in Student Information and Communication Technology Literacy Based on Socio-Economic Status, Ethnicity, and Gender: Evidence of a Digital Divide in Florida Schools", *Journal of Research on Technology in Education*, Vol. 45, No. 4 (February 2013), pp. 291-307.

⑤ R. Goswami, S. K. De, B. Datta, "Linguistic Diversity and Information Poverty, in South Asia and Sud-Saharan Africa", *Universal Access in the Information Society*, Vol. 8, No. 2 (February 2009), pp. 219-238.

信息和通信技术的不平等现象。若数字鸿沟存在于不同国家间或区域间，它是指全球或国际间的数字鸿沟；存在于国家内部，它是指地区间数字鸿沟；存在于不同人群间，它是指全体间数字鸿沟；存在于行业间，它是指行业数字鸿沟。

国家内部不同地区间的数字鸿沟，如2017年我国农村网络普及率为33.1%，农村网民占27.0%，而城镇互联网普及率为69.1%，城市网民占72.6%，城镇互联网普及率高出农村36个百分点，这就是二者之间的差距。从地域来看，互联网普及率高的地区相对富裕，低的地区相对贫困，如2017年北京市互联网普及率为77.8%，相对贫困的云南省仅为41.1%。[①] 不同群体间数字鸿沟，如2015年美国年均收入低于25000美元的家庭中仅有57%的家庭使用互联网，年均收入在25000美元至49999美元的家庭中有70%的家庭使用互联网，收入在50000美元至74999美元的家庭中有80%的家庭使用互联网，收入在75000美元至99999美元的家庭中有83%的家庭使用互联网，不同收入区间互联网使用最大的差距来自年收入处于25000美元至49999美元之间的农村与城市家庭，差距为14个百分点；从族群来看，亚裔美国人的互联网使用率为77%，白人为78%，非洲裔为68%，西班牙裔为66%，白人最高；从学历来看，有大学学历的居民互联网使用率为88%，职业学校毕业的为83%，高级中学毕业的为67%，而只有初中水平的居民仅为58%，学历越高互联网使用率也越高。[②]

在不同的国家间，虽然多数发达国家的硬件接入条件比较接近，基本不存在差异，但国家间数字技能和应用技能存在不小的差距[③]；无论在信息技术

---

① 中国互联网络信息中心：中国互联网络发展状况统计报告（第39次），http://www.cnnic.net.cn/hlwfzyj/hlwxzbg/hlwtjbg/201701/P020170123364672657408.pdf.

② Douglas B. Hindman, "The Urban-Rural Digital Divide", *Journalism & Mass Communication Quarterly*, Vol. 77, No. 3 (Autumn2000), pp. 549-560.

③ J. Rowsell, E. Morrell, Donna E. Alvermann, "Confronting the Digital Divide: Debunking Brave New World Discourses", *Reading Teacher*, Vol. 71, No. 2 (September 2017), pp. 157-165.

使用和信息资源获得等方面,发展中国与发达国家间的差距都比较明显。

二、反贫困理论的阐释

塞缪尔·P. 亨廷顿(Samuel P. Huntington)曾说过"人类越是发动对其古老敌人——贫困和愚昧的战争,也就越是发动了对自身的战争"①。因此,发动对贫困的战争,摆脱和消除贫困是人类社会发展的历史使命,也是人类社会的自我革命,需要把这种战争贯穿于整个人类社会发展历程,不断革命和自我完善。不过,把贫困作为一种特定的社会经济现象,受到人们重视,并纳入理论研究领域的时间并不长,主要是在工业革命之后。自凯恩斯主义经济学,主流经济学、福利经济学和发展经济学才成为贫困理论的主要来源②,围绕如何通过经济增长、提高收入消除贫困,形成了一系列基于经济增长的反贫困理论。同时,随着经济社会的不断发展,人们对贫困的认识和研究的不断深入,反贫困理论也得到了进一步的补充和完善。

目前,有代表性的反贫困理论主要有促使资本形成的反贫困理论、促进人力资本形成的反贫困理论、促使结构转换的反贫困理论,以及综合性反贫困理论等几种。

(一)促使资本形成的反贫困理论

促使资本形成的反贫困理论主要有罗格纳·纳克斯(Ragnar Nurkse)的"贫困恶性循环"理论、保罗·N. 罗森斯坦-罗丹(Pard N. Rosensten-Rodan)的"大推进"理论和华尔特·惠特曼·罗斯托(Walt Whitrnan Rostow)的经济成长理论等。

---

① [美]塞缪尔·P. 亨廷顿:《变动社会的政治秩序》,张岱云等译,上海译文出版社1989年版,第45页。
② 陈昕:《反贫困理论与政策研究综述》,《价值工程》2010年第28期。

1. "贫困恶性循环"理论

在对发展中国家贫困研究的基础上，美国哥伦比亚大学教授罗格纳·纳克斯在《不发达国家的资本形成问题》一书中指出，阻碍发展中国家进一步发展的关键因素是资本匮乏。[①] 发展中国家由于人均收入过低，导致促进经济发展所需的投资供给（储蓄）与产品需求（消费）严重不足，限制资本形成[②]，加重资本稀缺，使国家长期处于低收入和贫困之中，即"穷国之所以穷，就是因为它穷"[③]。贫穷国家的居民没有足够食品，营养不良，身体虚弱导致工作能力下降，工作效率低，收入减少，较少的收入进一步加重贫困，周而复始形成恶性循环，阻碍资本积累和经济发展。在贫困地区资本形成中，无论是供给还是需求都存在恶性循环。

供给恶性循环。贫困地区经济落后，实际收入低，意味着大部分收入只能用来进行基本生活消费，导致储蓄率低，低储蓄率进一步加剧资本匮乏，缺少资本形成，无法进一步扩大生产规模和提高劳动生产率，较低的生产率带来较低的产出，低产出固化低收入，周而复始，形成恶性循环，如图1-1所示。

需求恶性循环。贫困地区经济落后，家庭人均收入低，导致低购买力和低消费能力，较低的购买力无法促进投资；投资不足进一步恶化资本形成，资本形成不足进一步限制生产规模，无法扩大生产规模，导致较低的生产率；低生产率带来低产出，导致低收入，形成需求恶性循环，如图1-2所示。

---

① ［美］罗格纳·纳克斯：《不发达国家的资本形成》，谨斋译，商务印书馆1966年版，第3页。
② 引自［美］罗格纳·纳克斯《不发达国家的资本形成》，谨斋译，商务印书馆1966年版，第4页。"资本形成"是社会不把它现有的生产活动全部用于目前消费的需要，而是把其中的一部分用来制造资本品：工具和仪器、机械和运输工具、工厂和设备等各式各样能够大大增加生产效果的实际资本，它不但用来指物质资本，也用来指人力资本，包括技术训练、教育和保健等方面在内的投资，是一种极其重要的资源。
③ ［日］速水佑次郎：《发展经济学——从贫困到富裕》，李周译，中国科学文献出版社2003年版，第6页。

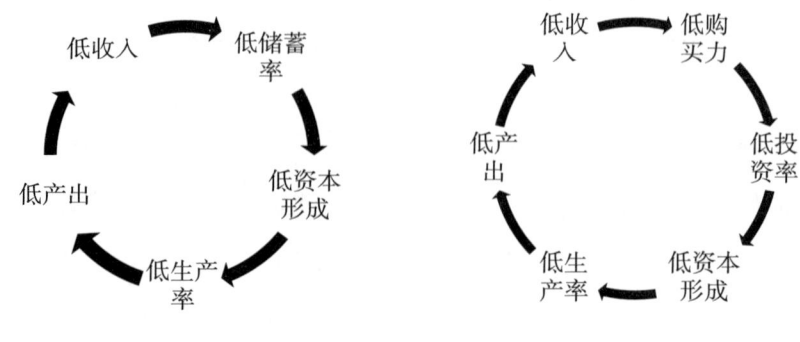

图 1-1　供给恶性循环图　　图 1-2　需求恶性循环图

供给和需求恶性循环的共同之处都是实际收入水平低、生产率不高。① 经济学家把供给和需求恶性循环导致贫困家庭、群体、个人和区域等状况的进一步恶化，贫困产生新的贫困称为"贫困陷阱"。为什么人们会被困在"贫困陷阱"中？阿比吉特·班纳吉（Abhijit Banerjee）认为，主要是由于穷人无法享受良好教育，导致人力资本退化，以及缺少物质资本投入，无法获得赚钱的机会；同时，贫困限制了人们的自由以及活动范围，被隔离在主流社会生活之外，日益被边缘化，从而影响人们的精神状态和情绪，缺少动力，一蹶不振，荒度人生。因此，需要为穷人提供帮助，提高穷人的人力资本，并赠送给他们一些必需品，如化肥、生活用品、学习电脑等②，以消除"贫困陷阱"。

从促进经济发展的角度来看，要打破"贫困恶性循环"，消除"贫困陷阱"，关键是解决投资和资本积累问题。

一是增加资本积累，实现一定程度的经济增长。增加资本积累需要进行较大规模投资，特别是需要加大对依靠本地区力量无法解决的基础设施的投

---

① ［美］罗格纳·纳克斯：《不发达国家的资本形成》，谨斋译，商务印书馆 1966 年版，第 6—7 页。
② ［印］阿比吉特·班纳吉、［法］埃斯特·迪弗洛：《贫穷的本质：我们为什么摆脱不了贫穷》，景芳译，中信出版社 2013 年版，第 8—9 页。

资,实现资本形成。资本是进步和发展的必要条件,没有足够的资本就无法促使经济高速发展;没有经济发展,要想解决贫困问题是不现实的,但光有资本还不足以解决所有问题。资本形成不完全是资本供给问题,经济增长也不是由资本生产要素唯一决定的,因此,缺少资本并不是贫困存在的唯一根源,除资本形成对"贫困恶性循环"产生作用外,还有其他因素也会带来或加剧贫困问题,如物质资源匮乏、干旱、土地贫瘠、科学技术和教育落后等。① 在信息化社会,还有诸如信息鸿沟、农业信息化、信息技术等因素,它们同样会加剧"贫困恶性循环"。

二是给予适当的辅助和帮助解决原始积累问题。杰弗里·萨克斯在《贫穷的终结:我们时代的经济可能》一书中指出,如果没有大量的原始投资,就很难提高生产率,支付投资回报,要解决贫困问题就像天方夜谭,除非解决原始投资问题。之所以外来援助重要,是因为它能带来原始投资,启动一种良性循环,提高生产力,更多的投入带来更多的产出,而更多的产出又会促使更多的投资,带来更多的收益,收益上升进一步促进这种良性循环,进而减少贫困。②

不过,仅仅依靠援助并不能完全解决资本形成问题,也不可能完全解决贫困问题。威廉·埃斯特利在《在增长的迷雾中求索:经济学家在欠发达国家的探险与失败》③ 和《白人的负担》④,以及丹比萨·莫约(Dambisa Moyo)在《援助的死亡》⑤ 等著作中都明确反对通过援助来解决贫穷问题,因为援助会阻止人们自己寻找到解决问题的办法和途径,对于贫穷的发展中国家来说,

---

① [美] 罗格纳·纳克斯:《不发达国家的资本形成》,谨斋译,商务印书馆1966年版,第3页。
② [美] 杰弗里·萨克斯:《贫穷的终结:我们时代的经济可能》,邹光译,上海人民出版社2007年版。
③ [美] 威廉·埃斯特利:《在增长的迷雾中求索:经济学家在欠发达国家的探险与失败》,姜世明译,中信出版社2004年版,第2页。
④ W. Easterly, *The White Man's Burden*, London: Penguin Press HC, 2006, p.158.
⑤ D. Moyo, *Dead Aid: Why Aid Is Not Working and How There Is a Better Way for Africa*, London: Allen Lane, 2009, p.67.

解决贫困最好的方法是自由市场，以及恰当的激励机制，而不是依赖他人的施舍和政府的救助。所以，解决贫困需要帮扶，但不是救济。

2. "大推进"及经济增长理论

美国经济学家华尔特·惠特曼·罗斯托（Walt Whitrman Rostow）强调资本积累促进经济发展进而减缓贫困的重要性。但是，要让传统停滞状态的经济在短期内实现快速增长并不是一件容易的事情，必须具备一定的条件。罗斯托指出，人类社会经济的发展分传统社会经济、为社会经济起飞创造前提、经济起飞、经济成熟、高额消费以及追求生活质量等六个阶段，其中经济起飞是发展中国家过渡到发达国家的阶段，要实现经济起飞必须具备三个条件，超过10%的增长率、建立主导产业部门和相应的制度保障，首要条件是必须保持10%以上的增长率。只有实现投资增长率突破性增长，才能实现资本形成促进经济快速增长，使贫困问题得到解决。①

对于大多数贫穷的发展中国家来说，资本是诸多生产要素中最为稀缺的。由于资本匮乏，投资不足，无法通过少量的投资从根本上解决发展问题，传统部门只能雇用大量边际成本为零的剩余劳动力从事农业生产，实现经济增长只能依靠初级产品出口的快速增长，因此，别无选择只能投资生产单一产品，依靠制造进口工业品来实现。然而，发展中国家国内市场容量有限，需求不足导致购买力偏低，产品消费市场能力弱，导致任何一个现代化工厂所生产的产品都有可能超过国内市场所吸纳的容量，无法形成完整的生产消费循环链。因此，必须对几个相关互补行业实施大规模或全面投资以弥补循环链中的缺口，来获得"外部经济效益"，通过投资创造出互为需求的国内市场，促进各种工业同时发展，实现各产业间的"战略互补"，分工协作，相互提供服务与支持，尽量减少单个企业或者投资某一单一行业带来的不必要服务支出，降低运行成本，提高利润，为进行再投资提供资本创造条件，克服

---

① 谭崇台：《发展经济学》，山西经济出版社2001年版，第36页。

社会资本供应不足影响经济发展的障碍，打破资本供给、需求问题造成的"贫困恶性循环"。因此，只有通过国家主导，在全国范围内对各个领域实施大规模投资，实现工业化才能摆脱贫困。然而，贫穷的发展中国家，由于国内储蓄率低，国内市场需求不足，导致无法从发达国家引进大规模资本投资。因此，建立政府控制下的强制储蓄机制就成为唯一的选择。

不过在具备投资条件下，选择投资行业也很关键。由于国民经济各部门投资与产出存在利润差异，因而存在创造力强、发展前途好、利润高的经济主导部门或者企业，以及落后、缺乏创造力、低利润企业和部门，经济发展存在不平衡性，发展中国家可以通过大推动，选择投资主导产业，促使主导产业发展，投资就会通过"连锁效应"传递给其他产业，引发对其他部门和企业的投资，从而带动落后产业的发展。因此，精心设计不平衡增长是实现不发达国家经济增长的有效途径。必须选择主导产业或以主要城市为发展的增长极，通过对增长极进行重点投资，促进主导产业和主要城市快速发展，而快速发展的主导产业或主要城市又可以通过"极化效应"①集聚增多相关产业，产生外部经济，进一步吸引其他产业要素集聚，利用"涓滴效应"②和"扩散效应"把增长势头通过资本、技术、信息、组织等向周围地区或周边产业扩散，从一个产业波及另一个产业，最终带动所有产业和整个经济的发展，使贫困地区受益。通过美国里根政府的反贫困经验来看，政府救济不是扶贫的最好办法，只有通过有质量的经济增长，促进社会总财富增长并惠及穷人，

---

① "极化效应"最早由美国经济学家 A. 赫希曼 1958 年在《经济发展战略》中提出。它是指增长极的推动性产业吸引和拉动周围地区的要素和经济活动不断趋向增长极，从而加快增长极自身的成长。在这一过程中，首先出现经济活动和经济要素的极化，然后形成地理上的极化，从而获得各种集聚经济，即规模经济。规模经济反过来又进一步增强增长极的极化效应，从而加速其增长速度和扩大其吸引范围。

② "涓滴效应"也称为渗漏效应、滴漏效应、滴入论、垂滴说，或者称作"涓滴理论"，是指在经济发展过程，不给贫困地区、贫困群体、贫困阶层优厚待遇条件，而是由优先发展起来的群体、主导产业和主要城市等通过消费、就业、资本等惠及贫困地区和贫困阶层，带动地区发展和贫困人群富裕。

才能最终解决贫困问题。

3. 技术进步

现代社会，技术进步作为一种无形的资本，已经成为经济增长的一个主要因素。纵观世界近代史，只有极少数国家能够达到高度富裕的程度，而大多数国家还停留在贫困和经济停滞状态，一个明显的差异就是开发和采用先进技术能力的不同。低收入国家在其社会和文化背景的制约下，没有制定适宜引进先进技术的制度，导致先进技术没有在发展中国家得到充分应用。发展中国家要摆脱贫困和经济停滞局面的唯一措施是有效借助发达国家开发的先进技术，如战后的日本和中国沿海地区的发展，都证明了这一点。①

技术进步实质是工艺进步，包括生产设施、设备、方法、程序和新产品等，凡是经济增长中不能用资本和劳动等投入要素来解释、影响生产函数的任何其他要素等都属于技术进步，包括制度、文化等广义的非技术因素。一般的技术进步主要是由知识和技术因素引起生产函数的变化，如果一个国家仅仅有资本投入而没有技术进步，是不能长期维系经济增长的，因为通过单纯依靠增加生产力要素投入的外延式扩大再生产，将会由于资源稀缺约束而导致经济增长停滞不前。因此，没有技术进步的经济增长是一个收益递减的世界。罗伯特·默顿·索洛（Robert Merton Solow）在柯布-道格拉斯生产函数中加入技术进步因素，$Y = AK^{\alpha}L^{\beta}$（其中，A 为技术进步因素，K 为资本积累，L 为劳动力），并通过实证验证技术进步对经济发展具有促进作用。②

"技术进步"有两层意思：一是指制造更多更好的生产工具，以及通过这些生产工具充分利用现有技术知识。当把技术知识推广应用并体现在物质对象上时，从表面上看，现有技术并没有发生变化，但我们仍然能够获得"技术进步"。二是技术知识虽然增加了，但物品的数量和质量却没有改变。抽象

---

① ［日］速水佑次郎：《发展经济学——从贫困到富裕》，李周译，中国科学文献出版社2003年版，第11页。

② 谭崇台：《发展经济学概论》（第二版），武汉大学出版社2012年版，第132、139、142页。

的技术知识虽然有进步,但如果没有在物品生产过程中得以体现或利用的话,对经济也不会产生影响。若要让技术知识在生产过程中产生效益,就需要充分利用它。①

信息时代,技术进步更快,并被科学、系统地应用到现代经济之中,成为经济增长的主要决定因素,其源泉来自改进人们的知识和能力投资,使创新变为经济发展的动力。约瑟夫·A.熊彼特(Joseph A. Schumpeter)认为,创新不是科学发现和发明,是企业家利用创新思维对生产资料进行重新组合以增加利润的过程,采取的形式包括引进新产品和新的生产方法,开发新市场,获得供给原材料的新渠道和采用产业组织新形式等。②

同时,知识和能力的边际生产率明显高于有形资本的边际生产率,且在信息产业和信息技术广泛应用的行业上升速度最快,与之对应的工资(除一般的劳动报酬外,还包括教育和培训费)同样也上升较快,因此,技术进步不仅促进经济发展,生产工艺的改善,还带来收入的快速增长。据国家统计局的数据显示,如图1-3所示,2018年收入最高的三个行业的收入分别是收入最低的行业的4.05倍、3.56倍和3.38倍,其中信息传输、计算机服务和软件业平均工资为147678元/年,比2010年增加了83242元,每年平均增加9249.1元;年平均工资最低的农、林、牧、渔业为36466元/年,仅比2010年增加了19749元,每年平均仅增加2194.3元,仅为信息传输、计算机服务和软件业平均工资年均增长额的23.7%。据农民工调查报告的数据显示,2018年农民工月收入为3721元,年收入为44652元,略高于农、林、牧、渔业平均工资,但仅为信息传输、计算机服务软件业平均工资的30.24%。

---

① [美]罗格纳·纳克斯:《不发达国家的资本形成》,谨斋译,商务印书馆1966年版,第6页。
② [美]瑟夫·A.熊彼特:《经济发展理论:对利润、资本、信贷、利息和经济周期的探究》,中国社会科学出版社2009年版,第85页。

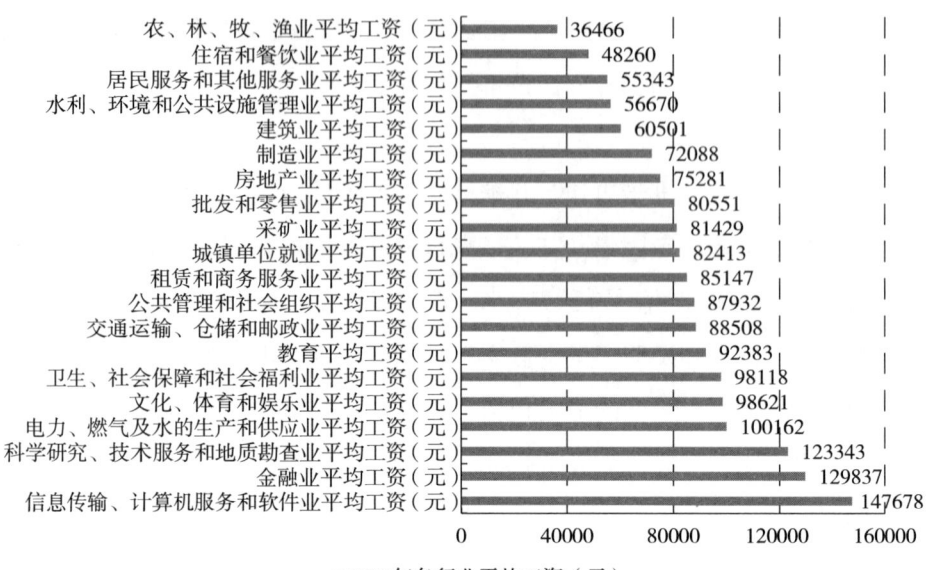

数据来源：国家统计局统计数据。

图 1-3　2018 年分行业就业人员年平均工资

（二）促使结构转换的反贫困理论

促使结构转换的反贫困理论的主要代表为威廉·阿瑟·刘易斯（William Arthur Lewis）的劳动力转移理论。发展中国家的经济生产部门主要由两部分构成，劳动生产率较高的现代工业部门以及劳动边际生产率几乎为零的传统农业生产部门。刘易斯指出，导致发展中国家贫困的原因不是缺少资源，而是不合理的经济结构，传统农业占主导地位。新古典经济学认为，工业部门的工资由劳动边际生产力决定。而古典经济学认为，贫困和大量农村剩余劳动力构成农业部门的主要特征，农业部门的工资只能由制度决定。工业部门的劳动力供给具有无限弹性，能够确保资本的积累和利润的增长；而在农村，主要是通过传统家庭和村内互助的观念，以及收入分享习俗雇用多余劳动力从事农业生产，劳动边际生产率较低，甚至为零，大多数时候的收入都远低于制度工资。假如工业生产部门依照固定制度工资提供就业机会，就会吸引收入低于制度工资的从事农业生产的劳动力转到工业部门。当从事农业生产的农村剩余劳动力没有完全转到工业部门时,工业部门的劳动力供给处于供求不平衡状态,如果工业部门完全吸纳从事农业生产的农村剩余劳动力时,则标志着传统农村经济向现代经济转型成功,农业成为现代经济的一个组成部分,经济"二元"结构消失。

然而,如果缺少原材料和食品生产,工业化也不会成功。农业对工业化的贡献不只是提供原材料、食品和大量剩余劳动力,它还是国内工业品市场需求的主体。另外,如果在工业化发展初期,不对起支配作用的农业部门进行扶持,保持农业健康发展,工业化和现代经济的发展也不会取得成功。

因此,发展中国家要消灭贫困,一是实现工业化,通过扩大现代工业部门的规模来解决农村大量剩余劳动力,实现经济增长;二是农业向现代化、多样化发展,降低生产成本,提高生产效率,增加净收益,通过工业化和农业现代化协同发展以解决"二元"经济结构问题。①

随着研究的深入,人们发现在信息化社会不仅存在"二元"经济结构,城乡信息化发展差异还会产生"二元"信息结构。农村信息人才大量向城市转移,聚集于城市,加深农村落后地区的信息贫困,加大城乡间数字鸿沟,进一步拉大城乡差距。因此,信息化社会解决贫困问题还需重视和消除城乡"二元"信息结构。

(三) 促进人力资本形成的反贫困理论

促进人力资本形成的反贫困理论的主要代表为阿玛蒂亚·森的"能力贫困"理论。诺贝尔经济学奖得主阿玛蒂亚·森认为,无论何种贫困,其本质都一样,低收入仅是其外在的表现,实质是由于权利的缺失或者其他因素,如基本可行能力的不足造成的。贫穷不仅缺钱,还会使人丧失挖掘自身潜力

---

① [美] 威廉·阿瑟·刘易斯:《二元经济论》,施炜等译,北京经济学院出版社1989年版,第140—149页。

的能力，导致难以容忍的人才浪费。① 因此，无论是富裕国家还是贫穷国家，每个国家都必须力所能及地根除贫困，实现公民的生存权利。②

纵观历史上的几次大饥荒，形成的原因并不完全是粮食供给下降造成的，还有粮食供给之外的其他因素，如人们拥有支配粮食的权利或能力，即使粮食产量保持稳定，但权利关系的变化也同样会引起严重的饥荒，因为即使饥荒蔓延多时，在严重受灾的国家或地区也还有许多人在出售粮食。因此，饥饿不一定是现实世界不存在足够的食物，而是某些人没有能力得到足够的食物，或者拥有食物的所有权。③

一个人受冻挨饿，要么是国家没有赋予他生产权、交易权来获得食物，要么是他没有支配食物的能力。人们享有的交易权和生产权取决于两个参数，资源禀赋和交换权利映射。农民拥有土地、劳动力，以及原材料构成资源禀赋，通过出卖劳动力、粮食以及原材料，获得收入，用于购买包括食品在内的商品组合，构成交换权，在缺少交换权或者资源禀赋向量急剧下降时，贫困就会出现。因此，经济繁荣期和衰退期一样，都有可能出现贫困，只要粮食支配体系对贫困阶层不利，繁荣也会扩大不平等，在市场控制和支配权的争夺中，一部分人的繁荣将导致另一部分人的食品权利受损。④ 就摄入的食物和营养而言，一个丰衣足食的富人和一个绝对贫困的穷人，其组合活动的功能是一样的，但可行能力却不同，前者能够保证吃好并具有充足的营养，后者却无法做到，只能保证填饱肚子，无暇关心味道和营养。

富裕的发达国家不是人人都富裕，之所以不会有人陷入贫困，也不会发生大规模的饥荒，关键在于他们具有完善的社会保障系统，能够提供保障公

---

① A. Sen, *Development as Freedom*, New York：Anchor, 1999, p. 36.
② [美] 阿瑟·奥肯：《平等与效率——重大的抉择》，王奔洲译，华夏出版社 2010 年版，第 114 页。
③ [印] 阿玛蒂亚·森：《贫困与饥荒——论权利与剥夺》，王宇、王文玉译，商务印书馆 2001 年版，第 12 页。
④ [印] 阿玛蒂亚·森：《贫困与饥荒——论权利与剥夺》，王宇、王文玉译，商务印书馆 2001 年版，第 201 页。

民最低限度的交易权和食物权。如果缺少完善的社会保障系统，即使富裕的发达国家如美国、英国、北欧等国，失业率上升也会导致许多人受冻挨饿，最后导致饥荒。所以，需要构建完善的社会保障体系，通过就业保障制度保障人们获得足以避免贫困、导致饥荒的收入权利。①

从能力的角度来看，贫困导致人们所拥护、享受的有理由珍视的生活被剥夺，它与人们所认为的收入不足是造成生活贫困的主要诱发性条件不产生冲突，因为除低收入是可行能力被剥夺的原因外，还有其他因素影响可行能力②，如年龄、性别、承担的社会角色、地域等。对收入而言，相对剥夺会带来可行能力的绝对剥夺，如富裕国家的贫困人口，虽然其绝对收入远高于国际贫困线标准，但其可行能力处于不利的位置，常被排斥在社会群体生活之外，给生活带来较大压力。

研究能力与收入的关系对探究收入贫困非常重要，能力转换为收入较为容易，但是收入转换为能力却很困难。一般有能力的人只是暂时贫困，当给予适当的帮助，他会通过自己的努力挣脱贫困的束缚；而一个没有能力的人，即使给予救济和帮扶也会长期陷入贫困。通常情况下，处于较低生活水平的穷人多数没有受过良好教育或者体质虚弱，缺少获得较高收入的能力。实践证明，通常一个受过高等教育的人的收入会比一个文盲要高，一个身体健康的人的收入会比一个长期忍受病痛折磨的人要高。教育和健康是除收入、福利和消费之外影响贫困的最重要的因素。③ 因此，构建良好的教育体系和社会保障制度，不仅能改善生活质量，还能提高基本可行能力，舒缓社会不公平，教育越普及、社会保障制度越健全，越能缓解能力贫困，使穷人容易获得机

---

① ［印］阿玛蒂亚·森：《贫困与饥荒——论权利与剥夺》，王宇、王文玉译，商务印书馆2001年版，第13页。

② ［印］阿玛蒂亚·森：《贫困与饥荒——论权利与剥夺》，王宇、王文玉译，商务印书馆2001年版，第85页。

③ A. Sen, *The Standard of Living: Lecture II, Lives and Capabilties*, Cambridge: Cambridge University Press, 1987, p.37.

会去摆脱贫困。①

不过，能力贫困既超越物质和收入的贫乏，还与自由关联。自由是进行选择的能力来源，它使人们有足够多的资源去选择非必要但又想要的东西。②拥有高级别的能力可以获得更高级别的自由，也就拥有更多的选择权利和机会，享有的社会基本权利和义务分配也越平等。因此，研究能力贫困比研究收入贫困更全面，也更有意义。如果把贫困看作基本可行能力的剥夺，将会从婴儿的死亡率、平均寿命期望值、成人识字率、营养不良的程度、未成年死亡率等方面来审视贫困，所研究的贫困将会更全面，也更准确。

（四）综合反贫困理论

综合反贫困理论认为，贫困是一个综合性的概念，导致贫困的因素也不是单一的，而是一个多种因素综合作用的结果。主要代表理论有缪尔达尔的"循环累积因果"理论和阿瑟·M. 奥肯（Arthur M. Okun）的"漏斗理论"。

1. "循环累积因果"理论

缪尔达尔在《经济理论和不发达地区》一书中提出"循环累积因果"理论，他指出，在一个动态的社会经济活动中，各种社会经济要素相互影响、相互联系、互为因果，这种关系呈现出一种"循环积累"变化的态势，某一要素的变化会引起另一要素的变化，第二级的变化又会反过来推动最初一级的那个变化，导致社会经济活动过程沿着最初一级的那个变化方向发展，进而形成一个不均衡、守恒的累积性循环。③

与其说是市场力量在缩小区域间差距，还不如说是它在扩大区域间的差

---

① ［印］阿玛蒂亚·森：《以自由看待发展》，任赜、于真译，中国人民大学出版社2002版，第88页。

② D. Stone, *Policy Paradox: The Art of Political Decision Making*, New York: W. W. Norton & Co Inc, 1997, p. 130.

③ G. Myrdal., *Economic Theory and Under-Developed Regions*, London: Gerald Duckworth & Co, Ltd, 1957, p. 75.

距。一些地区具有资源优势，工资收入水平高，发展较快；另一些地区资源匮乏，工资收入水平低，发展较慢，形成区域间"二元"经济结构。基础较好、发展较快的地区不断吸引劳动力、技术和资金从落后地区向本地区流动，形成"回流效应"，虽然发展较快的地区也存在"扩散效应"，但二者并不均衡，"回流效应"的作用远大于"扩散效应"，最终导致二者间的差距进一步扩大。

贫困和落后是发展中国家的主要问题，其经济社会的发展不仅与发达国家存在较大差距，其内部也存在不均衡、不平等的"二元"结构。在经济社会动态发展过程中，技术进步、经济、政治、教育、文化、制度、健康、习俗等因素相互联系、相互影响、互为因果，形成累积性循环，致使欠发达地区不能迅速摆脱贫困。由于经济不发达，收入低，受教育水平低，人口素质不高，政治不稳定，导致生活水平低，营养不良，医疗、卫生、健康状况差，生产力水平和劳动生产率低，低产出导致低收入，开始新一轮循环，进一步加深贫困。反之，如果提高贫困人口的收入，就会改善他们现有的营养、医疗、卫生、健康状况，能够获得良好教育，通过先进技术和手段提高生产率，增加收入，形成循环流转，加速改善生活①，改变贫困、落后的状况。

2. "漏斗"理论

阿玛蒂亚·森指出，一个没有参与政治机会的高收入人群，通常意义上不算穷人，不过从自由和平等的角度来看，他依然不富有，还是穷人。亚当·斯密曾指出，公平就是从"不偏不倚的旁观者"的角度来看待事物是什么样的，任何国家都存在不平等，如在美国，白人不仅收入高，地位也比其他族裔高。②

---

① G. Myrdal, *Economic Theory and Under-Developed Regions*, London: Gerald Duckworth & Co, Ltd, 1957, p.90.
② [印]阿玛蒂亚·森：《以自由看待发展》，任赜、于真译，中国人民大学出版社2002年版，第93页。

多数不平等来源于机会不平等所带来的经济不平等，出现机会不均等比经济不平等更难让人接受，也更难以补救。机会不平等一方面是由天赋能力遗传而来；另一方面是家庭的不利地位所导致的，比如婴儿时期的健康保健、受教育程度、职业安排、物质财富继承等。职业上的种族歧视和性别歧视，也会通过机会不均等表现出来。机会不平等首先表现在起步不公平上，一步赶不上，便步步赶不上。① 穷人一旦被排除在相应的社会生产、经济发展、职业选择之外，就会丧失提高技术的动力和机会。由于缺少储蓄，无法得到相应的资金支持，阻碍其开办企业、进行商业投资，以及进行以教育为主的人力资本投资，导致贫困代际传递。

拥有良好的教育和信息服务，有助于富人通过制度获得更多经济利益和优势地位，通过政治特权占有更多的财富，导致富人与穷人拥有不同的储蓄和遗产状况，致使财富分配比收入分配更不平等，虽然穷人也能够获得收入，但穷人所占有的财富只是社会的很少一部分。施乐会的研究表明，2016年全世界1%的最富有的人占有的财富超过剩余99%的人口所占有的财富总和。没有权利、没有获得工作机会的穷人，主要是通过转移支付获得保障生活的基本收入。研究表明，家庭背景对收入具有较大影响，且存在这样一种趋势，父亲的富裕或者贫困会遗传给儿子，形成代际传递。②

因此，贫困本质上是一种不平等。③ 如果富人向穷人转移收入，不平等状况会得到改善，进而减轻穷人的贫困程度。阿瑟·奥肯通过"漏桶实验"来证明以上结论。首先假设平等和效率都有价值，允许经济不平等的社会决策也是公平的，且有促进经济效率的作用。如果穷人得到从桶里漏出的东西，

---

① ［美］阿瑟·奥肯：《平等与效率——重大的抉择》，王奔洲译，华夏出版社2010年版，第74页。
② ［美］阿瑟·奥肯：《平等与效率——重大的抉择》，王奔洲译，华夏出版社2010年版，第72页。
③ S. M. Miller, P. Roby, "Poverty: Changing Social Stratification", in "The Poverty or Deprivation?", T. H. Marshall, *Journal of Social Policy*, Vol. 10, No. 1 (January 1981), pp. 81-87.

且得到的机会均等,他们便能够自立。对一个身处收入金字塔塔尖的富裕家庭征收附加税以帮助贫困家庭,犹如通过漏桶把钱从富人传递给穷人。在传递过程中,有一部分钱会不翼而飞,穷人不会得到富人转移的全部钱,即如果向一个富裕家庭征收4000美元的附加税以援助四个贫困家庭,原本每个贫困家庭平均可得1000美元,但实际上每个贫困家庭并没有得到1000美元,而是900美元,或者更少,甚至可能只会得到一点点好处。这种漏出缺乏效率,对富人、穷人,以及经济发展都缺乏刺激作用,甚至还有可能起反作用。因为,如果一个人通过自己的劳动无法获得足够的收入来保障其基本生活,或者使自己的家庭过上舒适的生活,他就会放弃工作,转而完全依赖这一补贴而不是通过工作获得报酬,以维持家庭和个人的需要。因此,桶里必须漏出更多的水,才能满足实际的需求,因为无论穷人还是富人,都没有无偿工作的义务,也不会产生这样的意愿。同时,税收和资金转移过程中存在高昂的行政管理成本,如果漏出的水恰好是可以灌溉一棵庄稼所需要的量,这时所有的人都会反对这项决策,而不管漏出多少水。[①] 因为非效率以及其他因素会把问题复杂化,带来高昂的代价或成本。

穆罕默德·尤劳斯(Muhammad Yunus)通过分析过去26年间国际社会给予孟加拉国的300多亿美元援助资金去向的数据后得出结论,绝大多数(75%)富裕国家的援助资金都花在了设备购置和购买捐助国本身的服务上,只是在安置本国就业、销售本国商品的过程中顺便捎带上扶贫而已。即使有较少部分(25%)援助资金用在被援助国身上,但真正用在穷人身上的资金少之又少,多数资金进了供应商、承包商以及顾问等一小撮人的口袋。因此,对贫困家庭进行援助时,应采用差额补助法,以提高其工作的积极性。通常,援助包括现金、实物、食品券、医疗、住房补贴等,其中最为直接的援助是提供就业机会,以及为低收入者提供补贴。如穆罕默德·尤劳斯通过成立小

---

① [美]阿瑟·奥肯:《平等与效率——重大的抉择》,王奔洲译,华夏出版社2010年版,第86—89页。

额贷款银行把钱直接贷给穷人,通过贷款扩大生产规模,增加穷人的收入,以避免庞大的官僚机构带来腐败和多余的支出冲抵贷款额度以造成银行亏损。①

三、国内外研究现状

自1999年数字鸿沟的概念提出后,人们发现,随着信息化的发展、人类社会的进步,城乡间、区域间、国际间的数字鸿沟并没有进一步缩小,反而越拉越大,加之快速扩大的城乡间、区域间、国际间贫富差距,使人们不由自主地把数字鸿沟与贫富差距联系在一起。面对越来越大的数字鸿沟和贫富差距,如何提高信息能力,缩小不同人群间的数字鸿沟,减少贫困,已成为21世纪国际社会面临的主要问题,也是学术界关注的热点问题。

(一)国外研究

纵观国外研究,自提出数字鸿沟的概念之后,人们认识到数字鸿沟对人类社会带来巨大影响,纷纷从早期的信息领域转向其他领域,如从社会经济、文化、教育等领域来研究、分析形成数字鸿沟的原因,以及数字鸿沟所带来的影响。具体来看,对数字鸿沟与贫困的研究主要体现在以下几个方面。

1. 数字鸿沟与经济发展存在依存关系

全球数字鸿沟导致发展中国家与发达国家间在互联网接入、信息知识、信息技能方面存在不平等②,进而影响经济发展。数字鸿沟与经济发展紧密联系在一起,区域经济发展不均衡导致数字鸿沟,数字鸿沟又反过来迟滞经济发展,加大区域经济的落后程度。因此,数字鸿沟与经济鸿沟存在依存关系,

---

① [孟] 穆罕默德·尤劳斯:《穷人的银行——小额贷款与抗击世界性贫困之战》,生活·读书·新知三联书店2006年版,第34—35页。
② Menzie D. Chinn, Robert W. Fairlie, "The Determinants of The Global Digital Divide: A Cross-Country Analysis of Computer and Internet Penetration", *Oxford Economic Papers*, Vol. 59, No. 1 (January 2007), pp. 16-44.

要消除经济鸿沟,就必须消除数字鸿沟。① ITU 在《2002 世界电信发展报告》中指出,数字鸿沟即"经济鸿沟",互联网普及率与人均 GDP 呈正相关关系。世界银行开发研究小组达斯古普塔(S. Dasgupta)等人通过对亚、非、拉丁美洲等 9 个国家的数据分析研究后指出,经济增长对数字鸿沟的形成有着重要的影响和作用。② 从实践经验来看,信息能够促进贸易、提高教育与就业、保持健康、获得财富,信息社会的另一个烙印是开放的民主和有效的管理,信息和知识强化了包容,促进多样化的理解和尊重。然而,由于信息社会发展的不均衡性,导致在不同国家、不同区域和同一国家内部产生数字鸿沟,进一步恶化了早已在很多国家内部和全球存在的贫富差距。数字鸿沟不仅仅是一个通信技术应用的问题,也是一个与社会可持续发展息息相关的问题,还是一个制约社会经济发展的严峻问题。③

菲利普·巴贝特(Philippe Barbet)和娜塔莉·阔提妮特(Nathalie Coutinet)利用相关性模型分析 OECD 国家通信技术设施与数字经济发展的关系,以探索二者发展的决定因素和数字化效果的关联性,进而把数字鸿沟与经济发展联系在一起,作为数字经济主要指标的信息通信技术强度(计算机硬件设施、通信技术与服务、信息活动)与收入关系的研究结果表明,在 OECD 国家中,经济越发达、人均收入越高的国家,信息通信技术的强度越高。④

埃斯特·豪尔吉陶(Eszter Hargittai)通过对 1998 年 18 个 OECD 国家的互联网接入、GDP、Gini 系数、互联网注册率、英语熟练程度、每月网络资

---

① A. Ricci, "Measuring Information Society Dynamics of European Data on Usage of Information and Communication Technologies in Europe since 1995", *Telematics and Information*, Vol. 17, No. 1-2 (February-May 2000), pp. 141-167.

② S. Dasgupta, S. Lall, D. Wheeler, "Policy Reform, Economic Growth and the Digital Divide", *Oxford Development Studies*, Vol. 33, No. 2 (January 2005), pp. 229-243.

③ S. Livingstone, E. Helsper, "Gradations in Digital Inclusion: Children, Young People and the Digital Divide", *New Media & Society*, Vol. 9, No. 4 (August 2007), pp. 671-696.

④ P. Barbet, N. Coutinet, "Measuring the Digital Economy: State of the Art Developments and Future Prospects", *Communications and Strategies*, Vol. 42, No. 2 (2nd quarter 2001), pp. 153-184.

费、电话密度等相互关系进行最小二乘分析,结果显示,在发达的 OECD 国家中,财富与通信技术、互联网接入预期呈正相关关系,GDP 和电信政策对于促进互联网的连通有较大推动作用;而财富与缺少通信技术能力和较低的互联网接入率呈负相关关系,网络资费和英语能力不是影响互联网接入的主要因素。①

旺(Poh-Kam Wong)选取 1998 年 11 个亚洲国家和 32 个非亚洲国家的数据,通过最小二乘回归分析 8 个信息通信技术扩散度指数(个人计算机拥有率、计算能力、互联网主机数、电子商务主机安全度、电话线数、移动电话等)与人均 GDP、电子产品竞争力间的关系,发现亚洲国家信息通信技术扩散度的不一致性要比非亚洲国家高,信息通信技术的扩散度与电子产品的竞争力不相关,但是与人均 GDP 高度相关。②

巴克奇(Kallol K. Bagchi)使用主成分分析、方差分析和最小二乘法分析,对 1995 年至 2001 年 30 个 OECD 国家和 33 个拉丁美洲及加勒比海地区国家的电话、个人计算机拥有率、互联网使用率、人均 GDP、Gini 系数、文盲率等数据进行分析,结果显示,有 GDP、Gini 系数等多种因素共同影响数字鸿沟。③ 尤玛丽(UMALI)认为数字鸿沟存在于全球不同的国家和区域间,它使得发展中国家和发达国家、富裕国家和贫困国家、城市和农村在通信行业方面存在差距④,而这个差距把拥有计算机和能够接入互联网的人与其他人分

---

① E. Hargittai, "Weaving the Western Web: Explaining Differences in Internet Connectivity among OECD Countries", *Telecommunications Policy*, Vol. 23, No. 10/11 (November/December 1999), pp. 701-718.

② Poh-Kam Wong, "ICT Production and Diffusion in Asia: Digital Dividends or Digital Divide?", *Information Economics and Policy*, Vol. 14, No. 2 (January 2002), pp. 167-187.

③ Kallol K. Bagchi, "Factors Contributing to Global Digital Divide: Some Empirical Results", *Journal of Global Information Technology Management*, Vol. 8, No. 3 (July 2005), pp. 47-65.

④ L. Henry, "Digital Divide, Economic Growth and Potential Poverty Reduction: The Case of the English Speaking Caribbean", *Economics*, Vol. 29, No. 1 (March 2004), pp. 1-22.

隔开来①，致使富裕地区容易接入互联网，富人有能力使用信息技术；农村地区无法接入互联网，穷人因无力购买计算机、无法获得信息技术和缺少使用计算机的技能而处于被孤立状态。②

从以上研究成果来看，经济增长对数字鸿沟有重要影响，非均衡的经济发展导致数字鸿沟，如人均 GDP 越高的国家或地区在信息通信技术管理和信息基础设施建设方面处于较高层次，人均 GDP 越低的国家或地区信息通信技术管理和信息基础设施越落后。数字鸿沟也会对经济发展产生影响，如数字鸿沟影响人们就业、公平参与机会、信息共享等，进而影响经济发展，较大的数字鸿沟会阻碍经济社会的发展；而较小的数字鸿沟能够促进社会公平，缩小贫富差距。

2. 收入是影响数字鸿沟的主要因素

研究表明，虽然存在其他影响因素，但收入是影响数字鸿沟的主要因素。

布莱恩·科马尔（Brian Komar）认为，无论是在发达国家还是发展中国家，收入越高的家庭，计算机拥有率和互联网使用率越高，而收入越低的家庭，计算机拥有率和互联网使用率也越低。因此，在 21 世纪的全球经济时代，必须消除"信息富有"和"信息贫困"之间的知识鸿沟，较大的鸿沟存在于不同收入、不同种族、不同区域的家庭之间。③ 玛格丽塔·比利翁（Margarita Billon）等通过信息技术的特定组合和因素之间的关系来研究世界 142 个发达国家和发展中国家在信息通信技术使用上的差异，结果表明，在所有国家中，收入都是关键因素，不过在中等数字化国家中收入表现得更为重要；同时，作者通过多变量技术方法构建多种数字化模式，以确定某一个国家处

---

① Jeffrey R. Young, "Does the Digital Divide Rhetoric Do More Harm Than Good?", *Chronicle of Higher Education*, Vol. 48, No. 11 (November 2001), p. A51.

② Celia L. Umali, "Digital Divide and its Economic Implications in Asia", *Keiei To Keizai*, Vol. 83, No. 3 (December 2003), pp. 101-128.

③ B. Komar, "Race, Poverty and the Digital Divide", *Poverty & Race*, Vol. 12, No. 1 (January 2003), pp. 1-4.

于哪一个水平,经济发展处于哪一个层次,结果显示,高收入国家在信息通信技术管理和基础设施建设方面处于较高层次。如发达国家瑞典和丹麦的信息化指数分别为 1.434 和 1.432,而欠发达国家埃塞俄比亚和孟加拉国分别仅为-2.27 和-1.801。① 查尔斯·A. 亚代伊(Charles A. Yartey)通过面板数据分析影响信息通信技术跨国扩散的因素,其中股票市场和信贷的发展对信息通信技术的应用起着积极的促进作用,同时,人均收入和外贸对信息技术的发展同样起着重要的推动作用。②

理查德·贝洛克(Richard Beilock)对 2000 年 105 个发达国家和发展中国家的互联网用户与 GNP、电话数、家庭自由指数进行 TOBIT 和回归分析后发现,GNP 是决定互联网使用的主要因素。③ 由于贫困,特定地区的居民因为无法支付信息费,虽然有计算机但却不能接入互联网④,如 2001 年美国年收入超过 75000 美金的家庭,电脑拥有率超过 80%,而年收入少于 20000 美金的家庭,电脑拥有率不到 16%。⑤ 凯伦·马斯贝格尔(Karen Mossberger)的研究表明收入与电脑拥有率也存在这种关系,虽然贫困集中的非洲裔美国人对信息技术持积极的看法,但使用率较低。⑥ 萨斯米特·达斯古普塔(Susmit Dasgupta)等选取 2000 年非洲、亚洲、拉丁美洲等 44 个国家的数据作为样本,通过 Gompertz 回归估计分析互联网用户/电话数与城市居民人口、收入、竞争

---

① M. Billon, F. Lera-Lopez, R. Marco, "Differences in Digitalization Levels: A Multivariate Analysis Studying the Global Digital Divide", *Review of World Economics*, Vol. 146, No. 1 (April 2010), pp. 39–73.

② Charles A. Yartey, "Financial Development, the Structure of Capital Markets and the Global Digital Divide", in *The IMF Working Paper No. WP/06/258*, 2006, pp. 1–28.

③ R. Beilock, V. Dimitrova, "An Exploratory Model of Inter-Country Internet Diffusion", *Telecommunications Policy*, Vol. 27, No. 3–4 (April 2003), pp. 237–252.

④ L. Kvasny, M. Keil, "The Challenges of Redressing the Digital Divide: A Tale of Two US Cities", *Information Systems Journal*, Vol. 16, No. 1 (January 2002), pp. 23–53.

⑤ William H. Friedman, "The Digital Divide", in *The Proceedings of the Seventh Americas Conference on the Information Systems (AMCIS)*, Boston, 2001, pp. 20–81.

⑥ K. Mossberger, "Race, Concentrated Poverty and the Digital Divide", in *The Midwestern Political Science Association*, Chicago Conference Papers, 2005, pp. 1–44.

指数、地区等变量间的关系,结果表明,不发达国家中,国家间的互联网强度不存在差异,而影响互联网强度的主要因素是各国国内的互联网政策和收入。①

萨姆普撒·克矣斯克(Sampsa Kiiski)选取 1995 年至 2000 年间 23 个 OECD 国家的数据,并把墨西哥和土耳其两个国家作为参照变量,通过 Gompertz 分析不同区域间互联网主机数、互联网络扩散度、通信法规的完备程度、人均 GDP、互联网费用、人均受教育年限和人们具备的英语能力等之间的关系,结果表明,人均 GDP 和网络费用高低显著影响互联网的使用,而通信费用和受教育年限并不是影响互联网使用的重要因素。然而,在对发展中国家和发达国家网络扩散度、人均 GDP、通信费用、受教育年限的相关性进行分析后发现,人均 GDP 和受教育年限在统计学上是影响互联网使用的重要因素,并且高等教育的投入比人均受教育年限更为重要②,高等教育投入越高,互联网使用率也越高。

本杰·奥耶拉任-奥耶因卡(Banji Oyelaran-Oyeyinka)通过分析 1995 年至 2000 年 40 个撒哈拉以南非洲国家互联网使用、个人计算机拥有率、互联网主机数、信息通信基础设施建设投入量、GDP 等因素间的关系,结果显示,受教育水平和人均收入是导致互联网接入不平等的主要因素③,受教育水平越高,互联网接入率越高;人均收入越高,互联网接入率也越高。

以上研究表明,无论是发达国家还是发展中国家,都存在数字鸿沟,虽然有很多因素影响数字鸿沟,包括教育、技术、距离、收入等,但收入是影响数字鸿沟的主要因素。个人收入对互联网接入和使用起着决定性作用,个

---

① S. Dasgupta, S. Lall, D. Wheeler, "Policy Reform, Economic Growth and the Digital Divide", *Oxford Development Studies*, Vol. 33, No. 2 (January 2005), pp. 229-243.

② S. Kiiski, M. Pohjola, "Cross-Country Diffusion of the Internet", *Information Economics and Policy*, Vol. 14, No. 2 (January 2002), pp. 297-310.

③ B. Oyelaran-Oyeyinka, K. Lal, "Internet Diffusion in Sub-Saharan Africa: A Cross-Country Analysis", *Telecommunications Policy*, Vol. 29, No. 7 (August 2005), pp. 507-527.

人收入越高的国家和地区，互联网接入和使用率越高；较低收入的国家或地区，互联网接入和使用率也较低。

3. 收入与数字鸿沟存在相关性

在很多低收入国家，区域间互联网普及率和收入水平呈正相关关系。① 即使在发达国家同样也存在这种关系，莫洛·F. 纪廉（Mauro F. Guillén）的研究表明，影响加拿大互联网使用的最主要因素是教育、地理因素和收入，在教育和地理位置不变的情况下，收入越低，互联网使用率越低。② 奎布里亚（M. G. Quibria）通过对 2000 年 157 个发达国家和发展中国家的移动电话数、传真机数、电视普及率、通信线路长度、互联网使用率和个人计算机拥有率与人均 GDP、人口规模的回归分析发现，个人计算机拥有率和互联网使用率与收入呈显著性相关关系。③ 收入越高的国家，个人计算机拥有率越高，互联网使用率越高；而收入越低的国家，个人计算机拥有率越低，使用互联网的人越少。

肯尼思·L. 克雷默（Kenneth L. Kraemer）选取 1985 年至 2001 年间 18 个发展中国家和 40 个发达国家的数据，通过 OLS 和分位回归分析大型主机数、个人计算机拥有量、互联网接入、电话线数量、电话费、人均 GDP、受教育年限等因素间的关系，研究结果表明，主机、个人电脑、互联网技术和设施的普及率与国民收入存在正相关关系，信息通信技术普及率越高的国家和地区，信息通信技术普及程度与收入的关系越强，国民收入能够很好地解释信息技术的渗透率，信息通信技术普及率越高的国家或地区，收入水平越

---

① C. Cuneo, "Globalized and Localized Digital Divides Along the Information Highway: A Fragile Synthesis Across Bridges, Ramps, Clover Leaves and Ladder", Proceedings of the 33rd Annual Sorokin Lecture, 2002.

② Mauro F. Guillén, Sandra L. Suárez, "Developing the Internet: Entrepreneurship and Public Policy in Ireland, Singapore, Argentina, and Spain", Telecommunications Policy, Vol. 25, No. 5 (June 2010), pp. 349–371.

③ M. G. Quibria, Shamsun N. Ahmed, T. Tschang, "Digital Divide: Determinants and Policies with Special Reference to Asia", Journal of Asian Economics, Vol. 13, No. 6 (January 2003), pp. 811–825.

高；普及率越低的国家或地区越贫穷。① 信息通信技术使用与价格呈显著性负相关关系，价格越便宜，普及率越高；价格越贵，普及率越低，昂贵的信息通信技术极大限制低收入人群的使用。② 信息通信技术渗透率与互联网的成本呈负相关关系，成本越低，渗透率越高，接受和使用的人越多；成本越高，渗透率越低，越不被人们接受和使用。③

罗伯特·L. 费尔利（Robert W. Fairlief）通过面板数据回归模型，分析1999年至2001年161个发达国家和发展中国家个人计算机拥有率、互联网用户数、文盲率、受教育年限、不同年龄阶段的人口数、人均GDP等的相互关系，以研究计算机和互联网渗透的原因，结果显示，人均收入能很好地解释计算机和互联网使用中存在的鸿沟，人均收入越高的国家，计算机和互联网使用中存在的鸿沟越小，而越贫穷的国家，鸿沟越高。另外，信息技术设施的完备程度也是影响鸿沟的一个重要因素，同时，受教育程度的高低与个人计算机拥有率呈正相关关系，不过与互联网的使用关系不显著。④

以上研究结果表明，人均收入与数字鸿沟呈负相关。互联网普及率越高，人均收入越高；互联网普及率越低，人均收入越低。信息通信技术普及率越高的国家或地区，收入水平越高；信息通信技术普及率越低的国家或地区，收入水平越低。人均收入能够很好地解释计算机和互联网使用中存在的鸿沟，人均收入越高的国家或地区，鸿沟越小，贫富差距越小；人均收入越低的国

---

① Kenneth L. Kraemer, D. Ganley, S. Dewan, "Across the Digital Divide: A Cross-Country Multi-Technology Analysis of the Determinants of IT Penetration", *Journal of the Association for Information Systems*, Vol. 6, No. 12 (December 2005), pp. 409-432.

② D. Tiene, "Addressing the Global Digital Divide and Its Impact on Education Opportunity", *Education Media International*, Vol. 39, No. 3-4 (September 2002), pp. 211-222.

③ M. Billon R. Mareo, F. Lera-Lopez, "Disparities in ICT Adoption: A Multidimensional Approach to Study the Cross-Country Digital Divide", *Telecommunications Policy*, Vol. 33, No. 10-11 (November – December 2009), pp. 596-610.

④ Robert W. Fairlief, Menzie D. Chinn, "The Determinants of the Global Digital Divide: A Cross-Country Analysis of Computer and Internet Penetration", *Oxford Economic Papers*, Vol. 59, No. 1 (January 2007), pp. 16-44.

家或地区，鸿沟越大，贫富差距越大。同时，受教育程度与个人计算机拥有率也存在相关性，受教育程度越高，计算机拥有率越高；受教育程度越低，计算机拥有率越低。

4. 缩小数字鸿沟是减缓贫困的重要途径

在电子通信技术取代传统通信服务后，人们能更高效地利用时间、能量和资源以获得更高的收入，但易卜拉欣·A.埃尔巴达维（Ibrahim A. Elbadawi）分析多个非洲国家的经济数据后发现，在20世纪最后30年，非洲的贫困和低收入情况与较差的信息基础设施建设有关。[①] 世界银行的统计数据也显示，按现行的国际标准，非洲的信息通信技术基础依然非常薄弱，当很多地区已普遍使用高速互联网和数字通信技术时，大部分非洲人还没有使用信息通信技术服务以满足简单的通信需求，且在多数贫穷的非洲国家中，城市与农村的贫富差距和电话拥有率差距较大。

信息不对称或者信息鸿沟把世界一分为二，穷国与富国，在当今信息社会，信息通信技术扮演着极其重要的角色。信息通信技术让世界变成地球村，信息技术在创造财富和促进企业融入全球经济之时，还存在着数百万被边缘化和剥夺大部分基本生活需要的穷人。因此，只有消除数字富国与数字穷国、不同机构和人群之间的鸿沟，让信息技术大众化，创造新的、动态的经济成分和就业机会，让信息红利惠及每一个人，才能解决贫困问题。[②] 皮特·巴耶斯（Piet Buys）收集撒哈拉以南主要非洲国家的移动电话使用数据，利用空间分类统计并进行空间自相关分析，结果显示，决定信息通信技术使用的因素与市场规模（人口）潜力、可达性（包括海拔、地形、离主干公路的距离

[①] Ibrahim A. Elbadawi, "Can Africa Export Manufactures? The Role of Endowment, Exchange Rates, and Transaction Costs", in *The World Bank Policy Research Working Paper* 2120, The World Bank Development Research Group Public Economics, Washington DC, 1999, pp. 1–20.

[②] Deborah L. Buam, "Towards Bridging the Digital Divide for All-Round Socio-Economic Development in India of the 21st Century", *Social Responsibility Journal*, Vol. 1, No. 1–2 (January 2005), pp. 21–23.

和城市的距离)、竞争策略有关。因此,需要完善相关政策,包括改善竞争环境、提供低价服务、增加接入手段等,以促进公众使用信息通信技术①,缩小数字鸿沟。

琼胡恩·杨(Kyung Hoon Yang)以年龄、收入、教育、区域等作为自变量,分析韩国边远农村地区数字不平等加剧的主要因素,以便采取措施消除数字不平等,促进农村地区发展。数字鸿沟导致技术分布不均和使用不平等,农村地区由于没有计算机和相应技能,无法共享信息导致数字不公平,因此,政府应为农村地区提供低价计算机。②

目前,无论是发展中国家还是发达国家,财富分配比收入更为不公,如法国和丹麦最顶层的1%人口,占有25%的总财富,美国最顶层的1%人口,占有35%的财富。贫困地区只有具备必要的技术条件,通过互联网和信息技术降低培训费用,让贫困居民具备相应的生存技能和先进生产技术,才能增强贫困地区的竞争力,重新分配财富,改善儿童贫困,因为儿童贫困是所有贫困中最为恶劣、更为隐蔽的贫困,带来最为严重的社会后果。③ 富裕家庭的儿童在成长过程中,每天都可以接触互联网,通过不同的媒体进行学习,而贫困家庭的儿童却不能。就政策而言,持续贫困是政府最大的挑战,对于南太平洋岛国来说,尽管国家采取多种措施,包括发展战略计划、亲贫政策、电子商务等,以及私人和非政府组织(Non-Governmental Organizations,以下简称NGO)的努力,贫困程度并未得到好转。过去10年,贫困面实际上升了33%。面对斐济多岛屿状况,要解决80%的贫困人口,包括44%为绝对贫困,

---

① P. Buys, S. Dasgupta, & Timothy S. Thomas (eds.), "Determinants of a Digital Divide in Sub-Saharan Africa: A Spatial Econometric Analysis of Cell Phone Coverage", *World Development*, Vol. 37, No. 9 (September 2009), pp. 1494-1505.

② Kyung H. Yang, Sei K. Park, Seong N. Yoon (eds.), "Measurement of the Digital Inequality in Remote Rural Areas: Case of South Korea", *Information Technology and Management*, Vol. 9, No. 2 (March 2010), pp. 142-161.

③ [英]安东尼·吉登斯:《全球时代的欧洲》,潘华凌译,上海译文出版社2015年版,第74、84页。

需要积极推广信息通信技术和广泛使用电子商务，开发信息通信技术应用潜力，使用新技术和新媒体，解决信息鸿沟，从计划和管理的纵向和横向两个方面推广电子政务。①

针对墨西哥南部地区很多人没有计算机和使用过互联网，三分之一的人口处于极端贫困之中，胡安·曼努埃尔·梅西纳斯·蒙铁尔（Juan Manuel Mecinas Montiel）通过比较墨西哥与拉丁美洲和欧洲部分国家的互联网普及率后指出，影响墨西哥数字鸿沟的因素有很多，但本质是贫困和不公平，贫困人口没有机会和能力使用互联网，以及缺少必要的信息基础设施，且地域差异较大，如靠近美国的边境地区和首都墨西哥市的居民互联网普及率比其他地区高，也较为富裕；而很多贫困家庭没有宽带网络，没有足够多的收入，只能生活在缺少正规学校、远离数字世界的贫困地区。为解决贫困，墨西哥政府制定了数字接入规划，要求2018年实现70%的家庭和85%的小公司接入互联网。但这些努力还不足以消除墨西哥的贫困，因为数字鸿沟不仅是经济和物理鸿沟，更是技能鸿沟。② 前IBM拉丁美洲区网络总裁迈克尔·纳尔逊（Michael Nelson）认为，互联网技术通过不断创造获得食物、教育、基础设施等机会来激励低代价的经济增长。毫无疑问，它是解决不平等、提高生活品质最容易获取的方法。如果墨西哥农民掌握了信息技术，他们就能够了解一些新的种植方法，知道农作物如何更快生长，以及回避市场过度供应带来的风险。因此，政府的首要任务是加大信息基础设施建设投入，提高信息素养，让信息技术延伸到墨西哥最贫穷的地区。③ 若不提高信息素养，仅仅解决宽带互联网接入问题，是无法缩小数字鸿沟、解决贫困问题的，因为技术不会自

---

① Mohammad H. Rahman, R. Naz, "Digital Divide within Society: An Account of Poverty, Community and E-Governance in Fiji", *E - Learning*, Vol. 3, No. 3 (September 2006), pp. 325-343.

② Juan Manuel Mecinas Montiel, "The Digital Divide in Mexico: A Mirror of Poverty", *Mexican Law Review*, Vol. 9, No. 1 (July - December 2016), pp. 93-102.

③ G. Matthew, "Web of Poverty: Why the Digital Divide Matters", *Business Mexico*, Vol. 11, No. 4 (April 2001), p. 55.

动嵌入,任何顺从信息通信技术的使用政策都不会激发人们使用信息和提高信息素养,进而提高信息通信技术的使用效率。因此,缩小数字鸿沟,不仅需要完备的硬件资源,还需进一步完善相关软件资源。①

信息社会,以信息通信技术为代表的信息技术促进经济持续发展并减少贫困,促进贫困农民和交易员获得市场信息以及减少交易成本,利用价格的比较优势,提高效率、竞争和促进发展中国家企业进入市场,提高发展中国家参与世界经济的能力。然而,难度是如何消除目前的数字鸿沟,不仅要解决基础设施问题,还要解决人们的支付能力和使用能力问题。此外,数字鸿沟长期存在于不发达国家,特别是非洲地区和农村地区,跨越数字鸿沟需要构建知识型社会,在国际社会成员中发展新的伙伴。②

对于在农村工作和生活的人来说,首要关心的问题是如何获得卫生、健康、教育、工作和其他服务。过去数十年,信息通信技术扮演着极其重要的角色,它改变了整个世界,把各个地区和处于不同区域的人们连接起来,促进地区、国家、全球的发展。有许多关于农村研究的逸事证据也说明,通信技术能够促进本地区的发展③④,信息通信技术带来的经济收益是通过促进本地区获取信息、市场和商业机会而获得的。⑤ 人们可以通过使用虚拟信息和通信技术来实施电子商务、电子工作、电子交易和电子服务以满足农村地区灵活多样的需求,通过信息通信技术接入实现互联互通和参与现代商务活动,

---

① A. Ragnael, "Technology and Social Inclusion: Rethinking the Digital Divide", *Journal of Documentation*, Vol. 62, No. 2 (January 2006), pp. 293-295.

② Nsongurua J. Udombana, "The Information Society, Poverty and Development: An African Perspective", *Revue Québécoise De Droit International*, Vol. 18, No. 1 (January 2005), pp. 75-94.

③ S. Pitroda, "Development, Democracy and the Village Telephone", *Harvard Business Review*, Vol. 71, No. 6 (November/December 1993), pp. 66-79.

④ C. Elbers, P. Lanjouw, "Intersectoral Transfer, Growth, and Inequality in Rural Ecuador", *World Development*, Vol. 29, No. 3 (March 2001), pp. 481-496.

⑤ J. Grace, C. Kenny, & C. Zhen (eds.), "Information and Communication Technologies and Broad-Based Development: A Partial Review of Evidence", in The World Bank Working Paper No. 12, World Bank, Washington DC, 2004, pp. 18-34.

不过许多农村地区并没有通公路和拥有基本的交通工具，因此，在农村地区优先完善交通基础设施，可以通过消除交通鸿沟来解决农村地区的信息通信技术接入和互联互通数字鸿沟问题。①

南亚的印度和巴基斯坦同样存在严重的数字鸿沟和贫困问题。要解决印度贫困，首先需要努力改善和发展基础设施，使普通印度人具备读写能力，能够使用计算机进行文字处理和编辑，通过使用信息通信技术帮助贫困人口脱贫，方案包括亲贫信息通信技术策略、反贫困发展策略、信息通信技术接入策略、政府提供公共信息基础服务等。② 巴基斯坦城乡间存在较大的数字鸿沟和收入差距，需抓住数字机遇，应用信息通信技术打破地理位置的限制，让人们能够广泛使用互联网、发展人力资源、完善基础设施建设、促进信息技术软硬件发展、提升贫困人口的信息技术技能和意识等措施，是促进巴基斯坦经济社会发展，解决贫困问题的主要措施之一。③

以上研究结果表明，缩小数字鸿沟是减少贫困的主要措施之一，为我们的研究提供了很好的借鉴。信息不对称或者信息鸿沟把世界一分为二：富裕地区和贫困地区。贫困是由于人们不能接触或使用信息技术造成的，只有让贫困地区接入互联网，使贫困人口获得必要的信息技术，才能通过生存技能和先进技术重新分配财富。只有消除富裕地区与贫穷地区、富人与穷人间的鸿沟，让大众化的信息技术创造新机会，通过信息通信技术的应用，打破地理位置限制，让人们能够广泛使用互联网、发展人力资本、完善基础设施建设、发展信息技术软硬产业、提升对信息技术的认识和应用等措施，让信息

---

① Nagendra R. Velaga, M. Beecroft, & John D. Nelson (eds.), "Transport Poverty Meets the Digital Divide: Accessibility and Connectivity in Rural Communities", *Journal of Transport Geography*, Vol. 21, (March 2012), pp. 102-112.

② Pratap C. Mohanty, "Bridging Digital Divide: The Role of ICT for Rural Development in India", in *The 2008 International Symposium on Information Technology*, Kuala Lumpur, Malaysia, September 2008, pp. 1-12.

③ Yousaf H. Mujahid, "Digital Opportunity Initiative for Pakistan", *The Pakistan Development Review*, Vol. 40, No. 4 (December 2001), pp. 911-928.

红利惠及每一个生产活动、每一个家庭、每一个人，创造新的经济成分，以及创造新的财富，才能解决贫困问题。

(二) 国内研究

自数字鸿沟的概念引入国内后，国内学者对数字鸿沟与贫困的关系研究与国外基本同步，不过在研究的深入程度和微观层面上有所差异。

1. 经济发展与收入是影响数字鸿沟的主要因素

胡鞍钢认为，研究数字鸿沟的前提是，必须认识到信息和通信技术对经济社会的影响，作为一种重要的生产要素，信息技术对人类社会的发展产生重要作用。信息技术的应用和普及，推动生产力的提高和人力资本的积累，但数字鸿沟加大知识资源配置的不均衡，加大区域间贫富差距。他通过比较1994年至1998年间全球165个高收入国家和低收入国家互联网普及率与收入的差距、发展中国家人均收入与互联网普及率、人均GDP与信息技术之间的关系，结果表明，经济发展水平、国家对外开放程度、知识发展能力以及通信技术的引进与发展水平是影响一国或国际间互联网普及率的主要因素。[1]

收入水平和知识发展水平对数字鸿沟有显著性影响，特别是当地居民的收入水平与数字鸿沟关系密切，因此，低收入国家需要加快知识发展，缩小与高收入国家在信息化领域的差距，才能进一步缩小与发达国家间的信息技术差距。[2] 因为，发达国家具有信息技术优势，占有更多信息资源，是信息的富有者，而发展中国家由于信息技术落后，掌握的信息资源有限，成为信息的贫困者，而且随着信息技术和社会的发展，将导致"富者愈富裕、穷者越贫穷"的马太效应。所以，必须消除数字鸿沟，共享数字红利，扩大对外开放程度。

---

[1] 胡鞍钢：《新的全球贫富差距：日益扩大的数字鸿沟》，《中国社会科学》2002年第3期。
[2] 尹翔硕、刘能华：《经济全球化进程中的数字鸿沟——基于跨国面板数据的分析》，《世界经济文汇》2008年第2期。

除经济和收入等因素外，还有其他一些因素影响国际间的数字鸿沟。王云生认为数字鸿沟形成的原因不仅受经济发展与经济收入不平衡的影响，还受教育程度、智力、技能、制度和政策等因素的影响。[1] 任贵生等认为，即使各国或者各个地区面临同样的机遇，但各国、各地区获得缩小数字鸿沟的机会存在差异，条件不一样，发展道路不同，所选择的战略和政策产生的效果也会不一样，因此，各国应该根据自己的实际需要，选择适合本国的策略，缩小数字鸿沟。[2]

汪向东认为，数字鸿沟不仅与信息技术的使用能力有关，还与应用技能、教育水平和资本丰盈程度等因素有关。[3] 张新红也认为，形成数字鸿沟的原因有很多，主要有经济发展与收入水平、教育水平与知识能力、政策与个人偏好等。[4] 徐盈之也提出类似的观点，能够显著促进信息化发展水平、缩小数字鸿沟的因素有经济发展水平、人力资本、教育投入、工业化水平等。[5]

韩路宾的研究表明，二元结构导致的经济差距是造成我国城乡数字鸿沟的主要因素。[6] 经济发展水平、信息资源的丰盈程度、科技与教育投入和人才结构会影响信息化的发展水平，从而影响数字鸿沟。较低的经济发展水平影响信息化、科技与教育投入，从而影响人才结构，由于贫困人口缺少基本的知识能力，文盲率高，不能获得数字信息和使用信息技术，不具备使用信息通信技术产品与信息服务的能力，包括数字信息的获取、供给和应用的能力。[7] 因此，无论是发达国家还是发展中国家，都存在数字鸿沟，虽然有很多

---

[1] 王云生：《数字鸿沟的内涵、成因及其对策探讨》，《河南图书馆学刊》2007年第4期。
[2] 任贵生、李一军：《欧盟缩小数字鸿沟的策略及对我们的启示》，《管理世界》2006年第7期。
[3] 汪向东：《中国面对互联网时代的"新经济"》，生活·读书·新知三联书店2003年版，第367页。
[4] 张新红：《中欧数字鸿沟现状与趋势》，《电子政务》2008年第11期。
[5] 徐盈之、赵明：《中国区域数字鸿沟的经验分析——基于非平稳面板数据模型》，《情报杂志》2009年第6期。
[6] 韩路宾：《浅析我国城乡数字鸿沟的成因、影响及对策》，《中国集体经济》2012年第21期。
[7] 周向红：《从数字鸿沟到数字贫困：基本概念和研究框架》，《学海》2016年第4期。

影响数字鸿沟的因素，包括教育、技术、距离、收入等，但经济发展和收入是主要因素已成为众多学者的共识。同时，个人收入对互联网接入和使用起着决定性作用，个人收入越高的国家或地区，互联网接入和使用率越高；较低收入的国家或地区，互联网接入和使用率也较低。

以上研究表明，虽然影响数字鸿沟的因素比较多，但是经济发展和收入水平是影响数字鸿沟的主要因素，经济发展水平越高，收入越高，互联网普及率也就越高；反之，收入越低，互联普及率也就越低。

2. 数字鸿沟拉大贫富差距

原始人类走向世界靠双脚，罗马帝国征服世界靠马车，资本主义世界的扩张靠工业革命，而在信息化社会的今天，人们走向世界不是靠脚，也不是靠马车和工业化，而是信息技术。信息化极大地推动全球生产力发展的同时，也扩大了贫富差距，发达国家和富裕人口是信息化的最大受益者。由于数字鸿沟的存在，发展中国家和穷人进一步远离国际社会的经济生活，拉大了与发达国家和富裕人口的贫富差距。贫困国家与富裕国家的差距不仅表现在传统收入上，还表现在信息资源的获取、共享与利用上，数字鸿沟促使贫困国家进一步被边缘化和贫困化。[①]

信息技术革命促进生产方式的变革与创新，驱动数字经济的发展，使之成为信息化社会经济增长的主要动力。然而，由于不同地区、不同阶层、不同行业在新技术拥有和使用上存在差异，出现信息落差和贫富分化，贫困地区逐渐成为信息孤岛，追赶发达地区的难度越来越大。因此，在数字经济时代，缩小数字鸿沟尤为重要。[②]

数字鸿沟是信息时代的一种新的贫富差距，它产生的马太效应，进而带

---

① 谈世中、赵丽红：《数字鸿沟与最不发达国家的贫困化、边缘化》，《求是》2003年第11期。
② 孙德林等：《贫困地区发展数字经济与缩小数字鸿沟的战略探讨》，《价格月刊》2005年第2期。

来一系列的问题。① 由于数字鸿沟的存在，每个国家信息通信技术的普及水平、信息技术的使用能力，以及知识水平等初始条件不同，导致经济存在发散效应。人们在信息分配和信息有效使用中存在不均衡，获取知识和获得信息能力方面存在差异，带来经济的两极分化，加大技术先进国家与技术落后国家间的经济差距，发达国家利用信息和技术的先导优势获得市场先机，发展中国家则被困在信息和经济的困境中，导致富国越来越富裕，穷国越来越贫穷。虽然发展中国家可以通过模仿、应用技术的外部性内部化，实现弯道超车，但要把这种可能变为现实，只有提高人们对信息与知识的吸收能力，提升技术的应用水平和普及率，缩小数字鸿沟以使经济收敛。②

网络技术的广泛应用促进全球经济发展和经济全球化的同时，也带来了新的问题，数字鸿沟加剧社会分层，出现明显的贫富分化。数字鸿沟存在于任何国家和地区、不同种族、不同阶层、不同年龄之间，造成不同国家、不同区域、不同人群、不同行业间的贫富差距。如20世纪90年代以来，美国新增加的财富有40%流向富人，仅有1%流向穷人。埃及占人口总数20%的富裕阶层拥有55%的社会财富，占60%的穷人仅拥有18%的财富。中国新一轮的社会财富分化也同样与数字鸿沟密不可分，因此，消弭贫富分化，需要跨越数字鸿沟，根本之策是发展教育，关键是构建科技队伍，途径是推进行业信息化建设，手段是开展信息扶贫。③

以上研究结果表明，在信息社会，信息技术已成为推动经济发展的主要动力，然而，信息获取和信息技术应用差异导致数字鸿沟，使穷人进一步被边缘化和贫困化，拉大与富裕者之间的差距。

3. 数字鸿沟与贫困具有相关关系

韩民春通过比较世界各主要地区的网民数、互联网接入成本、人均GDP、

---

① 李锦：《数字鸿沟与信息扶贫》，《现代情报》2006年第3期。
② 刘芸：《国际数字鸿沟的经济发散效应》，《经济论坛》2007年第3期。
③ 谢俊贵、陈军：《数字鸿沟——贫富分化及其调控》，《湖南社会科学》2003年第6期。

人均计算机数等数据后指出，以信息通信技术为代表的技术差距是拉大发展中国家与发达国家、富裕地区与贫困地区差距的主要因素，富裕国家和贫穷国家间存在着"技术隔断区"，信息大国利用信息优势占据财富分配的优势地位，财富越积越多；而发展中国缺少对财富分配的支配地位，越来越贫穷，因此，发展中国家需要借助外生力量才能打破这种恶性循环，而人才和教育是消除信息差距的根本保障。虽然贫富差距不能在短期内从世界范围内消除，但是缩小数字鸿沟有利于财富分配更趋于合理。要摆脱贫困，必须解决信息差距，跨越技术障碍，关键是进行政策和结构创新，通过发展教育提高人才素质。[1] 赵冬梅通过比较我国东中西部地区因特网发展与人均 GDP 之间的关系后指出，数字鸿沟与人均 GDP 存在显著的正相关关系，因特网地区间差异程度大于地区间经济发展的差异程度，因此贫富差距导致数字鸿沟，虽然通过信息化的发展可以进一步缩小数字鸿沟，但并不一定能立即消除"贫富差距"。其实，贫富差距和数字鸿沟的产生，有更为深层次的原因，不仅仅是因特网使用的差异，如人才结构、科技教育投入、信息资源分配不均等。[2]

茶洪旺和胡江华博士利用我国固定资产投资额、光缆总长度、长途光缆总长度、局域交换机、互联网用户数、人均电费消费等数据，通过回归和格兰杰因果检验分析实证，我国发达地区和落后地区的数字鸿沟差距在逐渐拉大。在信息社会，数字鸿沟与贫困互为因果，贫困地区经济欠发达，信息基础设施建设落后，信息资源共享有限，且人们不具备获取新信息和新知识的能力，难以利用信息手段来改善自身的现有状况，阻碍脱贫能力的提高，进而加深贫困程度。[3]

以上研究结果表明，数字鸿沟与贫困互为因果，越贫困的地区，数字鸿

---

[1] 韩民春：《从数字鸿沟看世界经济发展与贫富差距》，《太平洋学报》2001 年第 1 期。
[2] 赵冬梅等：《数字鸿沟与贫富差距》，《安徽师范大学学报》（人文社会科学版）2005 年第 5 期。
[3] 茶洪旺、胡江华：《中国数字鸿沟与贫困问题研究》，《北京邮电大学学报》（社会科学版）2012 年第 1 期。

沟越大；越富裕的地区，数字鸿沟越小；数字鸿沟进一步拉大贫富差距；贫富差距的进一步扩大，也会进一步加大数字鸿沟。

4. 鲜有缩小数字鸿沟减贫效应研究

实践表明，通过给钱给物的救济性扶贫方式，很难保证扶贫方式的可持续性，需要采用更为合适的扶贫开发政策，从源头上解决精准扶贫、全面脱贫的内生动力问题。政策是否有效，或者效果是否显著，需要通过实践来检验或科学的论证和评价。目前，学界对减贫效应的研究主要集中在以下几个方面。

经济发展减贫效应研究。自改革开放以来，我国的减贫成效显著。李绍平利用2007年至2015年间全国2079个区县的面板数据，实证分析集中连片贫困地区减贫措施对片区县经济发展的影响，结果显示，随着经济发展水平的提高，集中连片贫困地区减贫政策不仅促进了贫困地区的经济发展，还降低了区域间经济发展的不平衡性。[1]

金融性开发政策减贫效应研究。从国内外学界研究的结果来看，人们都比较重视金融机构在贫困地区减贫实践中的作用，以及评估开发性金融政策对区域减贫效率的影响。多数研究结果表明，金融扶贫政策对贫困地区的减贫效应具有显著性影响，如李福泉采用双重差分方法分析2016年至2019年间广西各县贫困人口分布与经济发展的关系，结果显示，金融扶贫对减贫效果有显著性影响，在贫困地区每投入1万元，贫困人口将会相应减少0.0205人。[2] 不过王汉杰等人的研究结果显示，农村金融政策虽然有助于贫困地区减贫，但金融政策在部分贫困县的减贫效应并不显著，且在非贫困地区发展农村金融的减贫效应明显高于贫困地区，因为贫困地区财政政策对农村金融减

---

[1] 李绍平等：《集中连片特困地区减贫政策效应评估：基于PSM-DID方法的检验》，《改革》2018年第12期。

[2] 李福泉：《开发性金融对广西贫困地区的减贫效应与路径优化——基于双重差分法的实证分析》，《开发性金融研究》2021年第1期。

贫效应的发挥会产生显著性负面影响，对农村金融减贫效应产生抑制作用。①

精准扶贫政策减贫效应研究。一是精准扶贫政策对贫困地区农业信贷渠道和农业信贷规模会产生显著性影响。随着精准扶贫政策的实施，贫困户获得农业正规信贷的概率和规模都有显著性提高，随着时间的推移，政策的作用呈现出逐渐增强的趋势，且作用于中东部相对较贫困的地区较西部贫困地区的效果更为显著。② 二是精准扶贫政策对缓解农村的贫困状况具有显著性影响。精准扶贫政策能够显著提高贫困家庭人均纯收入，如精准识别省级扶贫开发重点县并精准施策，能够显著提高扶贫开发重点县农村居民人均收入的增长速度③，进而降低贫困发生率，而贫困发生率越高的地区，精准扶贫政策的减贫效应越大。对家庭人均纯收入来说，减贫效应呈倒 U 形分布，对中间群体收入的提升效应较其他群体显著。④ 因此，精准扶贫政策的实施有助于减少贫困，我们需要关注精准扶贫政策减贫效应的可持续性，特别是在进入后脱贫攻坚时代，持续实施精准扶贫政策仍然是必要的。⑤

积极财政政策减贫效应研究。财政政策对减贫效果有显著性影响，通过扩大财政支出，优化产业结构，提高贫困地区基础教育水平等措施，能够进一步缩小城乡差距，减缓贫困。⑥ 不过高远东的研究结果显示，财政支农政策对本地区农村减贫的直接效应并不明显，而且还会对临近地区的减贫效果产生显著的抑制作用；而金融支农政策却产生相反的作用，它对本地区的农村

---

① 王汉杰等：《贫困地区农村金融减贫的财政政策协同效应研究》，《财经理论与实践》2020 年第 1 期。
② 尹志超、郭沛瑶、张琳琬：《"为有源头活水来"：精准扶贫对农户信贷的影响》，《管理世界》2020 年第 2 期。
③ 林萍：《福建精准扶贫政策的减贫效应研究——以确定省级扶贫开发工作重点县为例》，《福建论坛》（人文社会科学版）2020 年第 5 期。
④ 王立勇、许明：《中国精准扶贫政策的减贫效应研究：来自准自然实验的经验证据》，《统计研究》2019 年第 12 期。
⑤ 佟大建、应瑞瑶：《扶贫政策的减贫效应及其可持续性——基于贫困县名单调整的准自然试验》，《改革》2019 年第 11 期。
⑥ 景勇淇、马润平：《贫困连片地区贫困减缓效应评估——基于六盘山贫困连片地区实证研究》，《兰州财经大学学报》2020 年第 1 期。

减贫作用产生显著性影响,而对临近地区的影响并不显著。① 所以,应该正确运用金融扶贫政策。

医疗服务政策减贫效应研究。医疗服务政策存在显著的减贫效应,新型农村合作医疗政策能够显著改善中国农村因病致贫的问题②,倾斜性医疗保险扶贫政策也会显著增加农村贫困人口的收入,对贫困户脱贫产生显著性的正向影响,因此,需完善农村地区医疗保障配套服务体系,加大贫困户的医保报销比例。③

生态移民和生态补偿减贫效应研究。实施生态补偿项目能够提高农民收入,进而缓解区域性贫困。④ 对于异地搬迁农户来说,生态移民政策具有显著的减贫效应。研究表明,拥有更多外部机会以及具有高风险偏好的农户更容易脱贫,因为实施生态移民,能够获得更多外部发展机会,提高收入,进而有效降低多维贫困。⑤ 不过,在后期生态移民政策的实施过程中,应重点培育和发展本地产业,促进乡镇企业发展,避免搬迁农户因缺少收入而陷入新的贫困。⑥

从上面的文献研究可以看出,已有学者对部分扶贫措施的减贫效应进行了研究和探讨,分析各种扶贫措施带来的效率与作用,不过对减少数字鸿沟的减贫效应研究还处于探索阶段。

(三) 国内外研究评述

综上所述,虽然国外对数字鸿沟的研究比国内早,但针对数字鸿沟与反

---

① 高远东等:《中国财政金融支农政策减贫效应的空间计量研究》,《经济科学》2013年第1期。
② 方迎风、周辰雨:《健康的长期减贫效应——基于中国新型农村合作医疗政策的评估》,《当代经济科学》2020年第4期。
③ 刘汉成、陶建平:《倾斜性医疗保险扶贫政策的减贫效应与路径优化》,《社会保障研究》2020年第4期。
④ 廖文梅等:《生态补偿政策与减贫效应研究:综述与展望》,《林业经济》2019年第6期。
⑤ 王文略等:《风险与机会视角下生态移民决策影响因素与多维减贫效应——基于陕西南部1032户农户的面板数据》,《农业技术经济》2018年第12期。
⑥ 王文略等:《陕西南部生态移民减贫效应研究》,《资源科学》2018年第8期。

贫困这一领域的研究，国内外学者的研究几乎是同步的，研究问题的领域也基本类似，主要集中在以下几个方面：（1）数字鸿沟与经济发展存在依存关系，经济发展缩小数字鸿沟，而数字鸿沟的存在会阻碍经济发展；（2）收入是影响数字鸿沟的主要因素，二者存在相关关系，收入越高的地区数字鸿沟越小，收入越低的地区数字鸿沟越大；（3）数字鸿沟与贫富差距存在正相关关系，贫富差距越大的地区，数字鸿沟越大，贫富差距越小的地区，数字鸿沟较小。

可以这样说，国内外学者的研究成果为信息化时代深入研究反贫困问题作出了很有价值的贡献，不过还存在一些不足之处，主要体现在：国外学者的研究虽然在反贫困理论与实践方面进行了很有意义的探索，但研究中缺少对发展中国家反贫困实践的研究；国内学者更多关注反贫困的宏观研究，主要从国家层面研究经济发展、收入等因素对反贫困的影响，针对局部某一典型地区，特别是针对欠发达地区或者国家集中连片贫困地区数字鸿沟与贫困的关系、相互间的作用机理研究偏少，深入不够。

针对以上研究不足，本书以贫困程度深、贫困面大的典型贫困地区云南为例，基于动态视角构建数字鸿沟和贫困的综合指标，对数字鸿沟与贫困的静态和动态关系、缩小数字鸿沟的减贫效应等进行深入分析，并对数字鸿沟和贫困的空间关系，包括空间集聚、空间依存和溢出效应进行研究，分析数字鸿沟和贫困的作用机理，进而为新时期我国建立健全脱贫攻坚、防止返贫、巩固脱贫成果的体制机制提供参考，为世界的反贫困工作贡献中国的智慧。

第二章　中国反贫困实践及国际组织反贫困计划

历史是一面镜子，只有回顾历史，熟悉历史，才能展望未来，更好地把握未来。只有不断汲取扶贫开发工作中积累的经验，不断完善和创新扶贫攻坚方式、方法、制度和政策，才能完成脱贫攻坚任务，巩固脱贫成果，最终消除贫困，实现乡村振兴，完成第二个百年目标。本章主要对中国反贫困历程进行梳理，以期了解各个阶段的扶贫措施、成效和存在的问题，同时简述主要国际组织的反贫困计划对中国扶贫开发工作和巩固脱贫成果的启示。

一、新中国成立以来中国反贫困实践概述

贫困问题是历届中国政府关注和解决的首要民生问题，在贫困地区留下了众多国家领导人的身影和扶贫开发工作重要指示。

新中国成立后，面对极其贫穷落后的社会发展状况，毛泽东同志指出，只有联合起来，向社会主义大道前进，全国大多数农民才能抵御灾荒，改善生活，摆脱贫困[1]，并在1955年7月《关于农业合作化问题》的报告中提出了"共同富裕"的概念。[2]

---

[1] 《毛泽东文集》（第六卷），人民出版社1999年版，第429页。
[2] 《毛泽东文集》（第六卷），人民出版社1966年版，第454页。

邓小平同志提出,"贫穷不是社会主义,我们要坚持社会主义,要建设对资本主义具有优越性的社会主义,首先必须摆脱贫穷"[1]。

江泽民同志在党的十五大报告中强调,"国家要从多方面采取措施,加大扶贫攻坚力度,到本世纪末基本解决农村贫困人口的温饱问题"。在党的十六大报告中再次强调"要提高扶贫开发水平","加大对革命老区、民族地区、边疆地区、贫困地区的扶持力度"。

胡锦涛同志在党的十七大报告中提出,"着力提高低收入者的收入,逐步提高扶贫标准和最低工资标准,建立企业职工工资正常增长机制和支付保障机制"。

党的十八大以来,以习近平同志为核心的党中央把脱贫攻坚放在治国理政的突出位置。习近平总书记走遍全国11个集中连片特困地区[2],连续4年主持中央政治局常委会、中央政治局会议听取脱贫攻坚工作成效考核汇报,连续6年召开脱贫攻坚工作座谈会[3],自2012年11月15日至2018年6月,发表有关扶贫工作的重要演讲、讲话和所作扶贫攻坚工作报告、指示、批示等就达60多次[4],提出了一系列的新观点、新思想,作出了一系列的新决策、新部署,快速推动中国减贫事业的发展。2014年国务院设立我国首个"扶贫日",截至2020年,习近平总书记连续6年出席"扶贫日"重要活动并作出重要指示。

在党和国家领导人的关心、支持、重视下,中国立足国情,经过长期实践,探索出了一条具有中国特色的反贫困道路。坚持政府主导,社会各界力量积极参与,各族人民共同奋斗,经过71年的不懈努力,在2020年年底完成

---

[1] 2009年4月15日,邓小平会见坦桑尼亚副总统姆维尼时说:"贫穷不是社会主义,社会主义要消灭贫穷。不发展生产力,不提高人民的生活水平,不能说是符合社会主义要求的。"

[2] 11个集中连片特困地区为:六盘山区、秦巴山区、武陵山区、乌蒙山区、滇桂黔石漠化区、滇西边境山区、大兴安岭南麓山区、燕山—太行山区、吕梁山区、大别山区、罗霄山区。

[3] 《习近平的扶贫故事》,《经济日报》2020年5月12日。

[4] 中共中央党史和文献研究院编:《习近平扶贫论述摘编》,中国文献出版社2018年版,第10页。

脱贫攻坚任务，消除了农村绝对贫困和区域性整体贫困，完成了第一个百年奋斗目标，全面建成小康社会。

纵观新中国成立以来中国的反贫困历程，经历了从"救济式扶贫"到"开发式扶贫"、从"道义扶贫"到"制度扶贫"、从"区域扶贫"到瞄准贫困县实施"整村推进式扶贫"、从"粗放式扶贫"到"精准扶贫"的变化过程。有学者认为，中国反贫困历程可以划分为五个主要阶段，包括体制改革推动扶贫、区域大规模开发扶贫、整村推进扶贫、综合开发扶贫和精准扶贫[1]，不过，这五个阶段并没有包含新中国成立以后和改革开放之前的"救济式扶贫"。因此，我们认为中国的反贫困历程应该从1949年算起，共划分为七个阶段。具体各阶段的措施、成效和存在的问题如下。

（一）"救济式扶贫"（1949年至1978年）

新中国成立之时，中国农村基本处于普遍贫困之中，农村扶贫开发工作更多是保吃饭、促生产。

1. 主要措施

从各地扶贫实践来看，采取的扶贫开发措施主要有两种：一是通过救济款为贫困户购买生产资源实施救济扶贫；二是通过低息或无息贷款帮助贫困户购买生产资料进行农贷扶贫。这些措施为后面的扶贫开发工作积累了宝贵经验，为分门别类、主次分明的扶贫开发重点工作打下了坚实的基础。

具体来看，新中国成立之后，主要是对农村"五保户"、贫困户实施救济扶贫，以维持其基本生活为主。农业集体化时期，依靠集体经济，并辅以国家必要的救济措施对生活困难的社员进行救济。1950年至1954年间，国家共计向农村贫困户发放10亿元救灾、救济款；1955年至1978年间，国家共拨付

---

[1] 张秀艳、潘云：《贫困理论与反贫困政策研究进展》，《经济问题》2017年第3期。

22亿元农村贫困户救济款,以保障农村绝大多数贫困户的基本生活。①

农村人民公社建立之后,针对各公社间贫富差距被迅速拉大的情况,1959年2月,毛泽东同志提出,国家在今后十年以内要投入几十亿到上百亿资金,扶持贫穷公社和生产队的发展②,包括购买生产资料、生产设备,以及支付生产建设费用等,以改善公社生产生活条件。据统计,1959年至1978年间,中央财政共拨付125亿元资金扶持贫穷公社和生产队发展农业生产。③

另外,1963年至1970年间,中国农业银行每年向贫下中农困难户发放5000万元专项贷款以解决他们的生产生活困难。④

2. 扶贫成效

新中国成立后近30年间,虽然国家为改变贫穷落后的社会面貌付出了巨大努力,但绝大部分农村地区的贫困状况依旧没有得到根本性改善,到"文化大革命"结束时,全国人均分配收入低于50元的生产队仍占全国生产队总数的39%,尤其是生产条件极为落后,社会生产力水平较低的西南和西北地区,贫困状况较为突出,全国1977年至1979年连续3年人均分配收入不足50元的221个县中,西南地区的云南、贵州两省就有66个,占29.9%;西北黄土高原干旱地区48个,占21.7%;冀、鲁、豫、皖接壤地带71个,占32%;福建11个,占5%;新疆维吾尔自治区8个,占3.6%,5大片区共计204个贫穷县,占92.3%。⑤ 不过国家对贫困户的扶持,对贫困生产队、贫困公社的财政投入,为后面的扶贫开发工作奠定了坚实的基础,积累了经验。

---

① 吴国宝:《扶贫贴息贷款政策讨论·中国扶贫论文精粹》,中国经济出版社2001年版,第419页。
② 中共中央文献研究室编:《建国以来毛泽东文稿》(第8册),中央文献出版社1993年版,第69页。
③ 农业部农业机械化司编:《中国农业机械化财务管理文件汇编》,机械工业出版社1991年版,第94页。
④ 中国社会科学院、中央档案馆编:《1958~1965中华人民共和国经济档案资料选编·金融卷》,中国财政经济出版社2011年版,第294页。
⑤ 农业部人民公社管理局:《1977~1979年全国穷县情况》,《农业经济丛刊》1981年第1期。

(二) 体制改革推动扶贫（1978 年至 1985 年）

新中国成立之后，为解决整体性贫困问题，国家付出了巨大的努力改善人民生活状况，但直到 1978 年改革开放之后，才出台明确、具有针对性的反贫困政策和措施。

由于地区间自然条件、地理位置、交通、历史发展情况的差异，造成区域间发展极不均衡。20 世纪 80 年代前，由于广大农村生产高度集中，实施平均主义分配制度，城乡"二元"经济结构和社会结构突出，阻碍了农村经济的发展。在"吃粮靠返销、用钱靠救济、生产靠贷款"的现实情况下，虽然农民的收入和消费水平看似均衡，但实际上农村地区发展极不均衡且整体落后。在邓小平同志南方谈话和"让一部分人先富起来"的政策引导下，一些地理位置优越、政策优惠的地区，一部分人得以迅速富裕起来，但却进一步拉大了地区间的贫富差距，这与社会主义所倡导的"共同富裕"目标相排斥。因此，邓小平同志指出，贫穷不是社会主义，只有少数人发展的社会也不是社会主义社会。

由此，国家开始实施农村经营体制改革，激发农民劳动热情，进一步解放广大贫困农村生产力，推动农村社会、经济全面发展。以解决农村贫困人口温饱问题为主要目标，颁布和实施了一系列重要的政策、措施，如 1982 年国家经济委员会、民政部、财政部等 9 部门联合下发了《关于认真做好扶助农村贫困户工作的通知》，1983 年 11 月 1 日财政部颁布了《关于支援经济不发达地区发展资金管理暂行办法》，在 1984 年 9 月国家下发的《中共中央、国务院关于帮助贫困地区尽快改变面貌的通知》中确定了 18 个重点扶持贫困地带等，有计划、有目的地推进扶贫开发工作。

1. 贫困状况

1978年全国共有664个贫困县,其中省级重点扶贫县①72个,东、中、西部地区贫困县比例为1∶3.5∶4.7,328个国家重点扶贫县②主要分布在广大的中西部地区,集中连片分布于远离经济较为发达的中心城市;东部地区呈零星的点状分布。87%的贫困人口居住在农村,主要分布在18个片区③,覆盖23个省、自治区、直辖市,多为老、少、边、穷地区。④

贫困地区市场规模小,产业结构单一,生产手段和方式极为落后,很多贫困地区如云南省的怒江傈僳族自治州等,还处于原始部落向社会主义过渡的进程中,生产方式以刀耕火种为主。基础设施落后,交通极为不便,很多地方没有通公路,以人背马驮为主。据有关资料显示,当时全国有50%的贫困地区不通公路,50%的贫困地区不通电,97%的贫困县流行地方病。贫困地区基本没有专业的农业科技人员和卫生员;教育水平低,文盲率高于35%(部分少数民族地区文盲率甚至高于60%),文盲率比全国平均水平高出24.6%;生育率高,人口自然增长率比全国平均水平高出50%,有的地方甚至比全国平均水平高出2倍;贫困县集体经济薄弱,地方财政困难,83%的贫困县需要国家财政补贴才能勉强维持基本运行。⑤

2. 没有形成统一的扶贫标准

全国没有形成一个统一的国家贫困线标准,起初主要是根据营养学会的测算方法来推算一个模糊值,即维持每天正常生活的基本热量,然后再把热

---

① 省级扶贫县主要是指贫困人口占农村总人口的30%以下,或当地省、区、市人民政府认定的低收入县。
② 国家重点扶贫县主要是指贫困人口占农村总人口的30%以上的少数特别贫困的县。
③ 18个片区主要是沂蒙山区、闽西南闽东北地区、努鲁儿虎山区、太行山区、吕梁山区、秦岭大巴山区、武陵山区、大别山区、井冈山和赣南地区、定西干旱地区、西海固地区、陕北地区、西藏地区、滇东南地区、横断山区、九万大山地区、乌蒙山区、桂西北地区。
④ 习惯上把革命老区、少数民族地区、边疆地区和贫困地区统称为老、少、边、穷地区。
⑤ 国务院贫困地区经济开发领导小组:《关于九十年代进一步加强扶贫开发工作请示的通知》,1990年2月23日,见 https://www.66law.cn/tiaoli/144008.aspx。

量换算成小米，最后通过小米的价格来确定贫困线标准。如维持当时基本正常生活所需要的热量为 2400 大卡/天，而最低限度为 2000 大卡/天，考虑到农村居民主要从事体力劳动，需要更多的热量，因此选择 2100 大卡/天作为衡量贫困的标准，换算成小米价格为人均 100 元/年。按这个标准，1978 年我国农村贫困人口约为 2.5 亿，农村贫困发生率为 30.7%，贫困人口占总人口数的 26%。① 1981 年农业部首次使用人均集体收入来确定贫困线，即农村贫困线标准为 40 元/人·年，而 40 元在当时可以购买 200 公斤大米或者 150 公斤小麦，约为每人 16.7 公斤大米/月（城镇人口每人平均供应大米 17.5 公斤/月）。1984 年按人均纯收入来确定贫困线，贫困标准调整为人均纯收入 200 元/年，人均纯收入低于 200 元/年的人口为贫困人口，温饱线为人均纯收入 200 元至 500 元/年，宽裕线为人均 500 元至 1000 元/年，人均超过 1000 元/年为小康。1985 年贫困线重新调整为人均纯收入 206 元/年。

3. 围绕解决温饱问题实施扶贫

扶贫工作主要是通过体制改革，发展农村经济，以解决温饱问题为主的普遍脱贫。对于"老、少、边、穷"地区，主要是通过扶植政策促进本地区经济发展，改变其贫穷落后的社会面貌。

1980 年 2 月 1 日，国务院发布了《关于实行"划分收支、分级包干"财政管理体制的暂行规定》，通过设立专项发展资金，实行专案拨款，支援边远、少数民族、革命老区等不发达地区的基础设施建设，帮助其发展生产。1980 年至 1986 年间，中央财政预算共计安排 40 亿元发展资金支持边远地区、少数民族地区、革命老区的发展。

1982 年，为支持宁夏西海固地区抗旱，实施全国第一个大规模区域性开发重点项目，由中央财政拨付 2 亿元/年，设立扶持"三西"地区②建设专项

---

① 中共中央 国务院：《中共中央国务院关于尽快解决农村贫困人口温饱问题的决定》，1996 年 10 月 23 日，见 https://code.fabao365.com/law_26828.html。

② "三西"地区为宁夏回族自治区西海固地区、河西走廊地区和甘肃省中部干旱地区。

资金,实施包括草原建设、环境保护、人畜饮水工程建设、农电建设、水利设施建设、基本农田建设等项目,进一步增强抵御自然灾害的能力,集中解决这一片区的贫困问题。①

自1985年起实施税收减免政策,减免贫困地区的农业税。根据不同困难程度,分别确定减免年限,最困难的地区减免年限最长,为5年,较轻的地区为1—3年。②

4. 扶贫成效

自1978年起,全国各地逐步推行农村所有制土地制度改革,实施家庭联产承包责任制,解放了农村劳动生产力;逐步开放农产品价格,并有计划地提高农产品价格,提高了农村生产积极性,农村经济得到了快速发展,一部分农村贫困人口得以迅速脱离贫困。

农村贫困人口从1978年的2.5亿迅速下降到1985年的1.25亿,减少了1.25亿,每年平均脱贫1786万人,贫困发生率从1978年的30.4%下降到了1985年的14.8%。农民贫困状况得到了极大改善,区域性贫困得到了有效缓解,消除了伴随贫困而存在的诸多不稳定因素,如解决1亿多贫困人口的温饱问题,稳定了民心,促进了民族团结。可以说,扶贫开发战略是继家庭联产承包责任制和农业产业结构调整后,20世纪80年代最为有效的农村发展战略。

(三)区域大规模开发扶贫(1986年至1993年)

成立了专门的扶贫工作机构"贫困地区经济开发领导小组",安排财政专项扶贫资金,制定减税、免税等优惠政策,对救济式扶贫方式进行改革,确定扶贫开发工作方针,自此,在全国展开有计划、有组织的大规模区域开发

---

① 张述圣、卢小飞:《"西"地区农业建设有突破》,《人民日报》1985年10月22日。
② 中共中央 国务院:《关于帮助贫困地区尽快改变面貌的通知》,1984年9月29日,见 https://wenku.baidu.com/view/ffcaeded2bea81c758f5f61fb7360b4c2e3f2ad7.html。

扶贫工作，使扶贫开发工作进入了一个新的阶段。扶贫采取以发挥计划经济宏观调控作用为主的措施，通过国家下拨资金、物资帮助贫困地区和贫困户发展经济，即由原来单纯的救济式扶贫向经济开发扶贫转变，变分散式扶贫为有计划的项目式开发扶贫，并把项目管理引入农业生产和农村建设，通过项目管理使用扶贫资金，进一步提高资金的使用效率。

这一阶段的扶贫开发工作主要分为两部分：一是解决温饱问题。"七五"（1986年至1990年）期间，农村经济从自给自足的自然经济逐步向商品经济过渡，但由于国力积弱，资金匮乏，解决温饱问题成为扶贫开发工作的首要任务。这一时期，90%以上的国家专项贴息贷款主要是用于帮助贫困地区发展，促进贫困地区自给性生产，解决温饱问题。二是开发致富。从1991年开始，逐步增加非传统产业领域内的资金投入，进一步提高农村劳动生产效率，促进农村地区商品经济发展，扶贫从以解决贫困地区贫困人口温饱问题为主转向以脱贫致富为中心的经济开发工作。

1. 成立专门机构组织扶贫

1986年，全国人民代表大会六届四次会议决定把重点扶持"老、少、边、穷"地区、尽快摆脱经济文化发展落后状况列入国民经济"七五"发展规划。同年6月国务院成立"贫困地区经济开发领导小组"[①]，成员涵盖国务院秘书处、国家经贸委、农牧渔业部、国家计生委、国家科委、国家教委、民政部、财政部、商业部、林业部、交通部、水电部、卫生部、农业银行等15个部委，专门领导、组织开展扶贫开发工作，协调解决扶贫开发建设中的重大问题，拟定贫困地区经济开发方针、规划和督促政策执行。对应地，贫困面大的省、市、县也成立相应组织机构。至此，农村扶贫开发工作进入"有计划、有组织"的大规模开发扶贫阶段。

为适应扶贫开发工作的需要，1993年"贫困地区经济开发领导小组"更

---

① 国务院办公厅：《关于成立国务院贫困地区经济开发领导小组的通知》，1986年5月16日，见 http://www.gov.cn/xxgk/pub/govpublic/mrlm/201207/t20120724_65387.html。

名为"国务院扶贫开发领导小组",一直沿用至2021年。"国务院扶贫开发领导小组"由国务院副总理任组长,成员包括国务院办公厅以及国务院下属20个部委,下设"国务院扶贫开发领导小组"办公室,负责承担领导小组的日常工作。为适应巩固拓展脱贫攻坚成果同乡村振兴有效衔接工作的需要,2021年2月25日"国务院扶贫开发领导小组"更名为"国家乡村振兴局"。

2. 确定国家贫困线

考虑到贫困人口分布地域广,南北物价指数、消费水平、食物结构差异以及其他特殊因素的影响,1986年以县为单位第一次确定国家重点扶持贫困县标准。一是1985年人均纯收入低于150元/年(按2000年的现价折算为人均865元/年)的县和人均纯收入不足200元/年的少数民族自治县;二是人均纯收入不足250元/年的革命老区县和人均纯收入不足300元/年的为民主革命作出过重大贡献的区县。依此标准,1989年在全国31个省、自治区、直辖市中认定678个贫困县①,其中331个为国家级贫困县。1993年对国家级贫困县进行重新审核,最终核定592个国家级贫困县。各地贫困人口也基本按此标准来确定,贫困面较大的地区标准略低一些,如西部边疆民族地区。

主要是为解决温饱问题而设定的贫困县标准,虽然标准偏低,但它基本符合当时中国的基本国情和国力。如果标准定得过高,贫困覆盖面过大,依照当时中国的国力和国情,不可能集中有限资源以较快的速度解决极端贫困人口的温饱问题。

虽然确定了贫困县标准,但由于当时信息不完善以及管理的局限性,各地并没有完全按照此标准来甄别贫困人口和贫困户,很多地方只凭村干部的主观印象和感觉,通过观察贫困人口的表象,如从个人的穿衣、吃饭、住房等情况来判断农村居民是否为贫困户。

---

① 西藏自治区为最多,其后为云南省、贵州省、四川省以及陕西省、甘肃省、山西省、河北省、河南省、内蒙古自治区等。

3. 扶贫开发主要措施

实施特殊扶贫政策。针对贫困地区经济结构单一，产品加工与生产规模较小，生产效率低，效益不高的现状，制定特殊扶贫政策促进贫困地区发展，如对8个集中贫困地区进行连片开发，进一步促进贫困地区教育、科技、文化、经济和社会的发展。

减免分配债券，提供扶贫贷款。减少向贫困县和贫困地区分配或不分配国库券和其他债券，同时增加扶贫资金投入，从1986年到1990年，每年增加专项贴息扶贫贷款10亿元，使国家扶贫资金每年达到40亿元，其中信贷资金为30亿元。

"以工代赈"[①]。加强贫困地区基础设施建设，促进贫困地区经济社会发展，自1984年共实施六批较大规模的"以工代赈"计划。第一批为"粮棉布以工代赈"。1985年至1987年间国家共计拿出27亿元棉花（1亿公斤）、粮食（50亿斤）和布匹（5亿米），重点解决18个集中连片贫困地区[②]涵盖除上海、江苏、北京、天津之外的25个省区市的农村饮水、山区道路、农田水利等基础设施建设。第二批为"中低档工业品以工代赈"。1989年至1991年间国家共计安排6亿元中低档工业品，重点建设贫困地区交通水利工程以及解决人畜饮水问题。第三批为"工业品以工代赈"。为改变原有单纯对贫困地区政府财政进行补贴，以及对贫困人口进行救济扶贫，1990年至1992年间国家共计安排15亿元工业产品，综合开发、建设贫困地区"山、水、林、天、路"，重

---

① "以工代赈"就是"以务工代替赈济"，是指国家以实物折款或现金形式投入受赈济地区实施基础设施建设，让受赈济地区的困难群众参加劳动并获得报酬，从而取代直接赈济的一种扶持方式。中国古代就有"以工代赈"，西汉戴圣编纂的《礼记·月令》中有"季春之月发仓廪，赐贫穷，振乏绝"的记载。从1984年开始到1994年，我国先后实施了6批规模较大的以工代赈计划。国外也同样实施过"以工代赈"，如1934年罗斯福执政初期，美国政府将单纯赈济改为"以工代赈"，明确规定对有工作能力的失业者不发放救济金，而是帮助其通过参加不同的劳动获得工资报酬。

② 秦巴中高山区、陕北白于山区、黄河沿岸土石山区、中西部山区和丘陵地区、沂蒙山区、闽西南、闽东北地区、努鲁儿虎山区、太行山区、吕梁山区、秦岭大巴山区、武陵山区、大别山区、井冈山区和赣南地区、定西干旱山区、西海固地区。

点改善贫困落后地区特别是少数民族地区的生产和生活条件。第四批为"粮食以工代赈"。"八五"期间国家共计拿出50亿公斤粮食,开展以工代赈,改善中西部、少数民族地区、高寒山区等贫困地区生产条件,提高粮食自给水平。第五批为"江河治理以工代赈"。"八五"期间国家共投入约100亿元的粮食和工业品,以太湖、淮河等5大湖泊、7大河流为重点,加快治理江河、湖泊和修复损毁工程。第六批为"国营贫困农场以工代赈"。1991年至1994年间国家每年安排1亿元资金改善边远、自然条件较差的国营农场生产条件。通过实施以上"以工代赈",进一步改善了贫困地区基础设施,为贫困地区经济增长创造了有利条件,增强了贫困地区内部经济活力。

减免税收。减免尚未解决温饱问题的贫困户农牧业税,并给予政策扶持和特殊照顾,发展本地区支柱性产业。如在贫困地区开办包括采矿、电站、林牧场等产业的企业,免征5年所得税,鼓励和支持贫困地区发展以种植、养殖和采矿业为主的乡镇企业,借助当地优势资源,使乡镇企业从单纯的原材料生产向加工工业延伸和转变,从自给自足、半自给经济逐步向商品经济过渡。

同时,免除国家级重点贫困县能源、交通建设基金,增加贫困地区平价汽油、柴油供应以降低农产品生产成本等。

4. 扶贫成效

经过八年大规模扶贫开发工作,国家重点扶持贫困县农村居民人均纯收入得到快速增长,农村贫困人口快速下降。人均收入从1986年的206元/年增加到1993年的483.7元/年;贫困人口从1986年的1.25亿迅速减少到1993年的8000万,共计减少了4500万,每年平均减少640万,每年减少6.2%;贫困发生率从1986年的14.8%下降到1993年的8.7%,每年减少0.87个百分点。

解决贫困人口的温饱问题是这一时期扶贫开发工作的重点,虽然成绩斐然,但存在的问题也突出。第一,确定的人均纯收入200元/年的国家级贫困线标准是通过包括农副产品在内的劳动者自己食用的产品折算价格，这些产品是不能作为商品交易转换为进一步扩大再生产的资本，因此，人均200元/年的纯收入只是一条温饱线，且未形成全国性的统一标准，有些地区因贫困面太大，不得不调低标准，如云南的贫困线标准仅为人均纯收入120元/年。第二，贫困地区生产、生活基础设施薄弱、生产方式和手段落后、产品结构单一、生存条件恶劣等状况并没有得到根本性改变。第三，贫困地区经济基础薄弱，地方政府财政较为拮据，还有83%的贫困县财政需要国家补贴，富民裕县的状况并未出现。第四，进一步拉大了区域间，特别是东部与西部、沿海与内陆、城市和农村间的贫富差距，1985年至1988年间，贫困县居民人均纯收入与全国居民平均水平的差距以每年平均增加20元的速度在扩大。第五，多数资金的使用选择以"以工代赈"的方式进行，扶贫资金使用效益不高。第六，扶贫工作不稳定，巩固率不高，易返贫。

（四）整村推进扶贫攻坚（1994年至2000年）

贫困人口多数分布于交通不便、信息闭塞、生态失调、国民经济发展缓慢、文化和教育落后、生产和生活条件恶劣的少数民族地区、革命老区、中西部深山、荒漠、高寒、黄土高原等地，其中50%集中分布于592个国家重点扶持贫困县。在此阶段，扶贫开发工作主要以县为单位，强调中央政府在扶贫开发中的作用，在瞄准和以效益为导向的基础上实施《国家"八七"扶贫攻坚计划》。

1. 国家"八七"扶贫攻坚计划

1994年4月15日，国务院发布中国历史上第一个有明确目标、对象、计划、措施的指导全国扶贫开发工作的纲要文件《国家"八七"扶贫攻坚计划（1994—2000）》[①]，文件要求，动员社会各界力量，集中所有财力、物力、人

---

① 国务院：《关于印发国家八七扶贫攻坚计划的通知》，1994年4月15日，见http://www.chinalawedu.com/falvfagui/fg22016/429.shtml。

力，用7年左右的时间，把贫困人口纯收入提高到500元/人·年以上（以1990年的不变价格计算），解决8000万农村贫困人口的温饱问题。一是提倡和鼓励自力更生，艰苦奋斗，克服"等、靠、要"思想，首要解决贫困人口的温饱问题。二是针对贫困地区薄弱的基础设施、较差的抵御自然灾害能力，国家继续安排必要的以工代赈资金，开展农田、水利、公路等基础设施建设，改善生产、生活条件。三是制定优惠政策，安排优惠扶贫专项贴息贷款，帮助贫困地区、贫困农户增产、增收，重点发展以市场为导向的种植和养殖业以及适合的加工业。四是对贫困农户开展农业实用技术培训，提高其科技文化素养，增强自我发展能力。五是扶贫开发与水土、环境、生态协调配合，增强贫困地区和贫困农户发展的后劲和动力，实施可持续发展。

2. 重新确定扶贫标准

贫困标准从20世纪80年代的吃饱线向多维方向变化，设定贫困线不仅考虑吃饱饭问题，还综合考虑医疗、住房、教育、社会保障等各方面生活的需求。1994年国家级贫困县的认证标准调整为农村人均纯收入不足400元/年的所有县市，依此标准确定592个国家级贫困县，分布于全国27个省、自治区、直辖市，其中82%省区市位于中西部地区，涵盖72%以上的全国农村贫困人口。

3. 扶贫开发主要措施

加大财政扶贫资金投入。从1997年开始，中央每年增加15亿元农田水利和乡村公路等基础设施建设专项资金；每年增加30亿元种植和养殖贷款；试点并推广小额信贷实现本土化和规范化，扩大贷款规模和覆盖范围，惠及更多农村贫困人口。到2000年中央投入的各项扶贫专项资金比1980年增长了30倍，已达248亿元。

制定解决贫困户温饱问题和支持贫困地区经济发展的优惠政策。解决温饱问题的优惠政策包括免除尚未解决温饱问题的贫困户的粮食订购任务；放宽扶贫贷款的抵押和担保条件，酌情延长扶贫贷款使用年限；按有关农业税条例规定，酌情减免农业税和农业特产税；提高库区建设和维护基金标准，解决库区移民的温饱问题。促进贫困地区经济发展的优惠政策包括对贫困地区提供财力支持，中央逐步加大贫困地区财政转移支付力度，并建立省级（二级）转移支付制度；对贫困县的新办企业，以及从发达地区到贫困地区办厂的企业免征 3 年所得税。

移民搬迁扶贫。为解决一方水土不能养活一方人的问题，多方筹措，搬迁安置了 260 万贫困人口，使全国需要移民搬迁的贫困人口减少至 500 万人左右。

开展国际合作。世界银行援助 6.1 亿美元支持秦巴、西南、西部三期扶贫贷款项目，援助涵盖 9 个省区 91 个贫困县，惠及 800 多万贫困人口。其中，西南世界银行贷款项目开始于 1995 年 7 月，共计投入 42.3 亿元，包括 2.475 亿美元世界银行贷款和 21.8 亿元国内配套资金，涵盖云南、贵州、广西三省（区），惠及 35 个国家级贫困县的 350 万贫困人口。

重点扶持少数民族地区贫困人口。1994 年确定 592 个国家重点扶持贫困县，其中少数民族贫困县 257 个，占 43.41%，少数民族贫困县占全国 348 个少数民族自治县的 66.93%。据国家统计的数据显示，在 1994 年至 2000 年间，国家共向五个自治区（西藏、内蒙古、宁夏、广西、新疆）和三个少数民族人口较多的省份（云南、贵州、青海）投入 432.53 亿元的扶贫资金，占全国扶贫资金总数的 38.4%。

开展东西部协作扶贫。13 个东部省、市、区政府和社会捐款、捐物援助西部贫困地区，折款共计 21.4 亿元；签订 5745 个合作项目意向协议，协议共计投资 280 多亿元，最后落地实际投资 40 多亿元，支持西部贫困地区开展人才培训、干部交流、建设学校、加强基本农田和公路建设、解决饮水困难等问题。

重视科技教育在扶贫中的作用。从 1995 年开始，国家教委和财政部联合组织实施了"国家贫困地区义务教育工程"，共计投入 100 亿元帮助国家级贫困县、革命老区和少数民族地区发展教育，普及九年制义务教育。科技部对贫困地区进行科技帮扶，派出技术人员，建设科技扶贫示范项目、科技示范点，在贫困地区推广实用技术，提高贫困地区的科技水平。①

4. 扶贫成效

通过《国家八七扶贫攻坚计划（1994—2000）》的实施，强化了扶贫攻坚力度，贫困人口下降速度显著，除部分残疾人、少数社会保障对象，以及生活在自然条件恶劣地区的特困人口外，已基本解决农村贫困人口的温饱问题。经过7年的扶贫攻坚工作，贫困人口从1994年的7000万下降到2000年的3209万，共减少了3791万，农村贫困发生率从1994年的7.7%下降到了2000年的3.5%，国家扶贫重点县贫困人口从1994年的5858万下降到了2000年的1710万，集中连片贫困地区（包括井冈山区、沂蒙山区、大别山区、闽西南地区等革命老区）贫困人口的温饱问题已基本得到解决，其中，涵盖五个自治区（西藏、内蒙古、宁夏、广西、新疆）和三个少数民族人口较多省份（云南、贵州、青海）的232个国家重点扶持贫困县的贫困人口四年间（1995年至1999年）共计减少901万，贫困发生率从1995年的15.6%下降到了1999年的8.7%，减少了6.9个百分点。

（五）综合开发攻坚扶贫（2001年至2010年）

通过1978年以来的扶贫开发工作，贫困人口已经大幅度减少，贫困人口的温饱问题已基本得到解决，不过已解决温饱的贫困人口存在较大的脆弱性。2001年国家确定新的贫困线标准，按新标准计算，贫困人口总数为9029万，贫困发生率为9.8%，脱贫工作依然严峻。

1. 中国农村扶贫开发纲要

为尽快减少和消除贫困，对21世纪前十年中国农村地区扶贫开发工作进行全面部署，明确新世纪扶贫开发的指导思想、目标、对象、重点和方针政策，国家于2001年5月发布《中国农村扶贫开发纲要（2001—2010）》。纲

---

① 新华网：《中国的农村扶贫开发白皮书》，2001年10月15日，见http://news.sohu.com/17/92/news146919217.shtml。

要提出，中国扶贫开发在2001年至2010年间的总体目标是：进一步改善贫困地区的基本生产生活条件，尽快解决极少数贫困人口的温饱问题，巩固温饱成果；提高贫困人口的综合素质和生活质量；继续加强贫困地区基础设施建设，改善生态环境；逐步改变贫困地区落后的社会、经济、文化状况。

2. 提高贫困线标准

长期以来，我国贫困线标准一直低于国际标准，由于人们基本生活水平的提高，加之已基本解决贫困人口的温饱问题，以吃饱饭为标准的贫困线已不适合国家发展、人民生活福祉以及扶贫开发的需要。2008年国家统计局对农村贫困线标准进行调整，合并"绝对贫困线"和"低收入线"，统称为"贫困线"，标准从2000年的人均625元/年调整到2008年的人均1067元/年，而后又调整为2009年的人均1196元/年，与1986年人均200元/年相比，增长了5.98倍，新标准已基本接近当时的国际贫困线标准（每人1美元/天）。

2001年开始取消国家级贫困县，新确定扶贫开发重点县。在原贫困县的基础上，退出51个原有贫困县，包括全部38个东部沿海地区和西藏自治区贫困县以及部分中西部贫困县，根据扶贫开发的需要，新增加89个贫困县，共认定592个扶贫开发重点县。

3. 扶贫开发主要措施

推进农业产业化经营。集中社会力量，发展有特色、有市场的种植业和养殖业项目；根据产业化发展的要求，考虑地区资源优势和市场需求，实施农产品种植连片规划，形成具有一定区域性特色的主导产业；鼓励公司与农户合作，实施"公司+农户"模式，发展订单农业；积极引导，鼓励大中型农产品加工企业落户贫困地区，在贫困地区建立原料生产加工基地；对贫困户进行产前、产中、产后系统指导服务，构建生产、供给、销售一条龙农业产业化经营模式，努力培育贸易、加工、生产一体化服务产业。

增加财政扶贫专项资金和扶贫贷款。进一步加大财政转移支付力度，扩大"以工代赈"规模；继续增加扶贫贷款，积极推广小额信贷支持贫困户发展生产，帮助和支持贫困地区发展种植业和养殖业、劳动密集型产业、农产品加工工业等产业，提高收入。

改善贫困地区基本生产、生活条件。以贫困乡、贫困村为基本单位，加强交通、基本农田、环境、公共服务等基础设施建设，改善贫困地区生产生活条件，提供公共服务质量。

4. 扶贫成效

通过 10 年的扶贫开发工作，贫困人口从 2001 年的 9029 万下降到 2009 年的 3597 万，贫困发生率从 2001 年的 9.8% 下降到 2009 年的 3.8%。生产生活条件得到了明显改善，基本解决国家重点扶持贫困区域内的人畜饮水困难，基本完成绝大多数行政村五通（通路、通电、通邮、通电话、通广播电视）建设，完成大多数贫困乡卫生院、贫困村卫生室建设。截至 2010 年年底，农村贫困地区已有 95.5% 的行政村通电，89% 的行政村通路、69% 的行政村通邮、67.7% 的行政村通电话。

（六）精准定点脱贫攻坚（2011 年至 2020 年）

由于贫困线新标准的调整，2011 年全国贫困人口为 1.28 亿，贫困发生率为 12.7%。主要分布于 11 个集中连片特困地区[①]，以及西藏自治区、四川省藏区和新疆南疆地区，全国共计还有 500 多个国家级重点扶贫县。

1. 中国农村扶贫开发纲要

为进一步加快贫困地区的发展，实现所有农村贫困人口脱贫，共同致富奔小康的目标，2011 年国务院发布《中国农村扶贫开发纲要（2011—

---

① 六盘山区、秦巴山区、武陵山区、乌蒙山区、滇桂黔石漠化区、滇西边境山区、大兴安岭南麓山区、燕山—太行山区、吕梁山区、大别山区、罗霄山区等。

2020）》①，以指导 2011 年以后 10 年的扶贫开发工作，明确提出了全国扶贫攻坚工作的主战场，中央新增财政扶贫专项资金主要用于 14 个集中连片特困地区，各省、自治区、直辖市以县为单位制定和实施扶贫攻坚规划，制定扶贫开发政策，实施"五个一批"工程②，从根本上改变集中连片特困地区的基本面貌，通过集中扶持集中连片特困地区，进而解决"两不愁三保障"的突出问题，到 2020 年农村贫困地区人均纯收入增幅高于全国平均水平，实现农村扶贫人口教育、医疗、卫生、住房有保障、衣食无忧的小康生活。

国务院 2016 年又发布了《"十三五"脱贫攻坚规划》③，要求以集中连片特困地区、边疆地区、民族地区、革命老区为重点，进行系统规划，统筹推进，精准识别，精准施策，保证扶贫措施精确到人，扶贫资金精确到户，脱贫出实招，结果见真效，确保实现 2020 年农村绝对贫困人口全部脱贫。

2. 进一步提高国家贫困线标准

在 2011 年年底的国家扶贫工作会议上，"国务院扶贫开发领导小组"办公室将贫困线标准从 2010 年的人均 1274 元/年调整为 2011 年的人均 2300 元/年（以 2010 年的不变价计算），比 2009 年的人均 1196 元/年提高了 92.3%，相当于 2011 年的人均 1.8 美元/日，超过 2008 年世界银行人均 1.25 美元/日的贫困标准。④

在原扶贫开发重点县的基础上，划定 680 个贫困片区县。为保持政策的连续性，国务院保留并重新认定全国 592 个国家级扶贫重点县，但调减东部沿

---

① 中共中央国务院：《中国农村扶贫开发纲要（2011—2020 年）》，2011 年 12 月 1 日，见 http：//www.gov.cn/gongbao/content/2011/content_ 2020905.htm。
② "五个一批"工程为锁定全国 7000 多万农村贫困人口，建档立卡，分类施策，发展生产脱贫一批、异地搬迁脱贫一批、生态补偿脱贫一批、发展教育脱贫一批、社会保障兜底一批，不留锅底。
③ 《国务院关于印发"十三五"脱贫攻坚规划的通知》，见 http：//www.gov.cn/zhengce/content/2016-12/02/content_ 5142197.htm。
④ 1990 年世界银行确定的国际贫困线标准为每人每天生活费不足 1 美元，2008 年调整为每人每天生活费 1.25 美元。2015 年 10 月世界银行在《消除绝对贫困、共享繁荣——进展与政策》的报告中提出新的贫困线标准，按照购买力平价计算，将国际贫困线标准从 2008 年的每人每天生活支出 1.25 美元上调至 1.9 美元。

海地区贫困县数量,增加西部地区的贫困县数量,确定了14.8万个贫困村。

3. 主要扶贫攻坚措施

作为全面建设小康社会和脱贫攻坚的关键时期,为实现2020年年底解决绝对贫困问题,完成全面建成小康社会的目标,扶贫措施和对策较以往更丰富、更有针对性。如通过推进农业产业化经营、增加财政扶贫专项资金和扶贫贷款等,加强基础设施和公共服务体系建设,进一步改善贫困地区基本生产、生活条件,提高贫困人口的综合素质和生活质量,进一步改善生态环境,逐步改变贫困地区落后的社会、经济、文化状况。选择瞄准扶贫对象,将扶贫开发重点以贫困县为基本单位转向贫困村,以整村推进的方式进行扶持,改变以往只有贫困县才能享受扶贫政策和扶贫资金的状况。采取一系列优惠扶持政策支持重点贫困县,包括以工代赈财政扶贫专项资金、扶贫发展资金全部用于扶贫重点县,信贷扶贫资金主要支持重点扶贫县农业产业化项目;劳动力培训转移项目实施主要针对重点贫困县;"一费制"改革、两免一补等义务教育政策从重点扶贫县开始实施;优先免除重点扶贫县农业税等措施,确保脱贫群众实现不愁吃、不愁穿、义务教育、基本医疗、住房安全有保障等。主要措施如下。

精准扶贫。为实现2020年脱贫攻坚目标,2013年11月习近平总书记在湖南省花垣县十八洞村考察时首次提出精准扶贫的概念,并在党的十八届五中全会以及中央扶贫开发工作会议上进行决策部署。2015年6月,习近平总书记在贵州座谈时论述了精准扶贫的基本要求和总体思路,并在中央扶贫开发工作会上阐述其基本方略,即解决"四个问题",做到"六个精准"和实施"五个一批"工程。[1] 精准扶贫是相对过去粗放式扶贫而言的,它是运用科学

---

[1] 2017年10月17日,国务院扶贫开发领导小组办公室在《脱贫攻坚砥砺奋进的五年》中提出"四个问题""六个精准"和"五个一批"。"四个问题"是扶持谁、谁来扶、怎么扶、如何退(http://www.cpad.gov.cn/art/2017/10/17/art_ 624_ 72141.html)。"六个精准"是扶贫对象精准、项目安排精准、资金使用精准、措施到户精准、因村派人精准、脱贫成效精准。"五个一批"是发展生产脱贫一批、异地扶贫搬迁脱贫一批、生态补偿脱贫一批、发展教育脱贫一批、社会保障兜底一批。

方法对不同区域环境、不同贫困状态的贫困户进行精准识别、精准帮扶和精准管理的治贫方式。它改变过去的考核制度，贫困县考核不再唯GDP论，重点是提高贫困人口的生活水平，以及进一步降低贫困人口的数量。措施包括建立精准扶贫机制，为每一位贫困户建档立卡；派驻驻村工作队，为每一位贫困户确立帮扶责任人；有效整合和管理扶贫资金，使资金惠及每个村庄、每位贫困户。从2015年开始，共计有中央层面310个单位对口帮扶592个国家扶贫开发重点县；全国党政机关、企事业单位结对帮扶对象覆盖所有贫困村；全军部队定点帮扶4100个贫困村，实现92.4万贫困群众脱贫；通过"万企帮万村"行动，民营企业也积极加入扶贫攻坚工作，截至2020年年底，共计有12.7万家民营企业进入"万企帮万村"精准扶贫行动台账管理系统，精准帮扶13.91万个村，其中建档立卡贫困村7.32万个。①

加大资金扶持和金融扶贫力度。建立扶贫攻坚制度体系，明确责任，配套政策，加大财政扶贫资金的投入，发挥政府在资金投入中的主导和主体作用。如图2-1所示，从2013年到2020年，中央共安排7185亿元财政专项扶贫资金，包括2020年在内，连续6年每年增加200亿元扶贫专项资金，年均增长率为21.1%。"十三五"期间共投入3500多亿元异地扶贫搬迁专项贷款。以贫困县为单位，整合、统筹使用涉农财政资金，把扶贫资金项目审批权限更多下放到县级，扶贫资金下放到县的比例从2014年的70%提高到了2016年的95%。同时，拓展扶贫资金融资渠道，推广小额信贷，增加政府贴息贷款，加大金融扶贫力度，截至2017年6月，共发放了3381亿元资金扶持855万贫困户，另外还发放了3800亿5万元以下、3年以内、免担保、免抵押、全额贴息基准利率贷款、风险基金等。

---

① 陈晋：《电视专题片〈人民的小康〉：全面建成小康社会的壮丽画卷》，《求是网》2021年8月16日，见http://www.qstheory.cn/dukan/qs/2021-08/16/c_1127760437.htm。

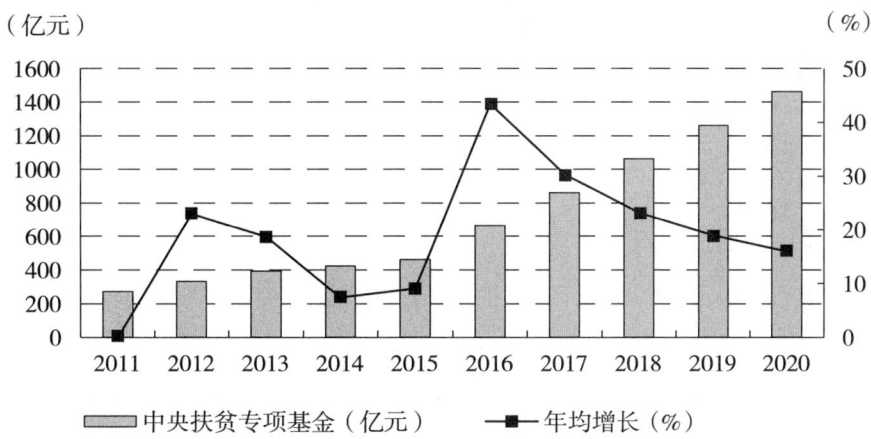

数据来源：整理国务院扶贫开发领导小组办公室统计数据。

图 2-1　2011 年至 2020 年中央专项扶贫资金及年均增长率

驻村帮扶，精准识别。自 2013 年开始，中央向贫困地区派遣驻村干部，派驻驻村工作队，建立健全建档立卡贫困户信息，重点解决扶贫攻坚中的"四个问题"，确保扶贫的精度，了解真贫困，做到脱真贫、真脱贫。截至 2020 年年底，全国累计派出 300 多万名驻村干部入户识别、甄别贫困户，了解贫困户的家庭收入和支出情况，建立贫困户基本信息档案，并录入扶贫大数据库，通过大数据扶贫开发管理平台对贫困县、贫困村、贫困户、贫困人口以及扶贫资金和项目进行动态管理，使扶贫工作精确到村、精准到户、精确到人，确保不遗漏扶贫对象，及时剔除脱贫人口，使真正的贫困户得到有效帮扶。

加强贫困地区交通、电力、水利等基础设施建设。除实施水、电、路、气等基础设施建设外，重点实施"三通"① 工程和"三网"② 融合建设，普及农村地区的信息服务，到 2020 年实现广播电视户户通，健全贫困县、乡、村

---

① "三通"是指村村通有线电视、电话、互联网。
② "三网"融合是指电信网、广电网、互联网三网融合。

三级卫生服务网，同时加大"互联网+"扶贫的引导和力度。

异地搬迁和危房改造专项扶贫。一是为解决一方水土不能不养活一方人的现实，实施异地搬迁。对生存条件恶劣，不适宜居住的地区实施异地搬迁，改善贫困户的生存、生活和发展条件，培育和发展相应的乡镇企业，促进就业，保障搬迁居民在新的环境下安心生活。二是对不需要搬迁的贫困户的住房条件进行分级改造。对贫困户的住房进行评估，按不同级别进行补贴，帮助贫困户改善居住条件。据统计，截至2020年年底，全国共有960多万群众搬进了新落成的266万多套住房，搬迁群众相当于一个中等国家的总人口。

整村推进。结合新农村建设，发展特色支柱乡镇企业，改善水、电、气、房、环境等农村生产和生活条件，进一步提高农村自我发展能力，对于贫困人口集中连片的贫困乡镇，实施整乡整村推进，连片开发，重点扶持革命老区、民族地区、边疆地区和集中连片特困地区的建设。

以工代赈。进一步加强饮水、道路、水土保持等基础设施建设，突出贫困地区自然资源和生态环境优势，在贫困地区推广使用现代化先进科学技术，促进产业结构调整，培育和发展壮大乡镇特色支柱产业，发展旅游业，帮助贫困地区农户发展经济，增产增收，提高收入。

行业扶贫。发展农、林、牧、渔、旅游等特色产业实施产业扶贫，通过田园风光，发展生态综合产业，新型农业体，促进旅游融合发展；培育科技型扶贫龙头企业，加快科技示范区建设和科技下乡活动，推动产业结构升级和优化科技扶贫。

教育扶贫。通过对口帮扶，加大边远贫困地区学前教育扶持力度，建立学前教育到高等教育地域全覆盖、学段相衔接的教育资助体系，提高农村贫困家庭生活困难学生义务教育阶段寄宿生活补助标准，进一步完善农村中小学生营养改善工作，落实国家助学金政策，帮助经济困难家庭的孩子解决学费问题。同时增加教育投入，大力推行贫困地区学校改善工程，新建综合教学实验楼、室内体育场、塑胶跑道等基础设施，购置先进的教育教学仪器设备，充实各类图书资料，购买电化教学设备，完善校园网络工程，提高农村贫困地区教育信息化水平。

发动社会帮扶。积极推动全国各机关、事业单位挂点帮扶，实施定点扶贫；推动东西部协作和动员社会各界帮扶；积极开展国际合作，借鉴国外发达国家扶贫开发经验，争取国际扶贫资金，通过国际减贫合作项目完善贫困地区基础设施建设，完善公共服务体系，为贫困地区的发展创造条件。

社会保障兜底。对无法依靠产业扶持和就业帮助脱贫的家庭，实行政策性社会保障兜底，截至2020年年底，共计有近2000万贫困群众享受低保和特困救助供养，2400多万困难和重度残疾人获得生活和护理补贴。

4. 扶贫成效

与前几个阶段相比，不仅贫困地区基础设施和生活条件得到了极大改善，"两不愁三保障"的突出问题已经得到基本解决，贫困地区人均可支配收入得到较大幅度增长，年均增长率超过10%。据统计，如表2-1所示，截至2019年，绝大多数贫困地区居民住上了砖混材料房屋或钢筋混凝土房屋，居住竹草土坯房的农户比重下降到了1.2%，使用管道供水的农户上升到了89.5%，具有独立厕所的农户比重已达96.6%，炊用柴草的农户比重已不到35%；所有自然村已通电话和公路，自然村能接收有线电视信号和进村主干道路硬化的农户比重接近100%，接近90%的自然村幼儿实现就近入学，超过90%的小学生可以就近上学，96.1%的自然村建有卫生站。

表2-1　2013年至2019年贫困地区农村基础设施和公共服务、农户生产生活条件等改善情况

	指标名称	2013	2014	2015	2016	2017	2018	2019
收入	贫困地区人均可支配收入（元）	6079	6852	7653	8452	9377	10371	11567
	人均可支配收入增长率（%）	—	12.7	11.7	10.4	10.9	10.6	11.5

续表

	指标名称	2013	2014	2015	2016	2017	2018	2019
生活条件	居住竹草土坯房的农户比重（%）	7.0	6.6	5.7	4.5	4.1	1.9	1.2
	使用管道供水的农户比重（%）	53.6	55.9	61.5	67.4	70.1	79.8	89.5
	使用经过净化处理自来水的农户比重（%）	30.6	33.1	36.4	40.8	43.7	56.4	60.9
	饮水无困难的农户比重（%）	81.0	82.3	85.3	87.9	89.2	93.6	—
	独用厕所的农户比重（%）	92.7	93.1	93.6	94.2	94.5	95.9	96.6
	炊用柴草的农户比重（%）	58.6	57.8	54.9	51.4	49.7	39.2	34.8
基础设施和公共服务	所在自然村通公路的农户比重（%）	97.8	99.1	99.7	99.8	99.9	100	100
	所在自然村通电话的农户比重（%）	98.3	99.2	99.7	99.9	99.8	99.9	100
	所在自然村能接收有线电视信号的农户比重（%）	79.6	88.7	92.2	94.2	96.9	98.3	99.1
	所在自然村进村主干道路硬化的农户比重（%）	88.9	90.8	94.1	96.0	97.6	98.3	99.5
	所在自然村能便利乘坐公共汽车的农户比重（%）	56.1	58.5	60.9	63.9	67.5	71.6	76.5
	所在自然村能通宽带的农户比重（%）	—	—	71.8	79.8	87.4	94.4	97.3
	所在自然村垃圾能集中处理的农户比重（%）	29.9	35.2	43.3	50.9	61.4	78.9	86.4
	所在自然村有卫生站的农户比重（%）	84.4	86.8	90.4	91.4	92.2	93.2	96.1
	所在自然村上幼儿园便利的农户比重（%）	71.4	74.5	76.1	79.7	84.7	87.1	89.8
	所在自然村上小学便利的农户比重（%）	79.8	81.2	81.7	84.9	88.0	89.8	91.9

数据来源：《2019中国农村贫困监测报告》《2020中国农村贫困监测报告》。

在国家专项扶贫资金支持下，通过多种扶贫措施精准施策以及社会各界的大力帮扶，贫困人口规模逐年大幅度递减，如图2-2所示，自2011年开始，每年平均减少1359.8万贫困人口，贫困发生率年均下降1.3个百分点。到

2020年年底，所有贫困县、建档立卡贫困户已全部清零。

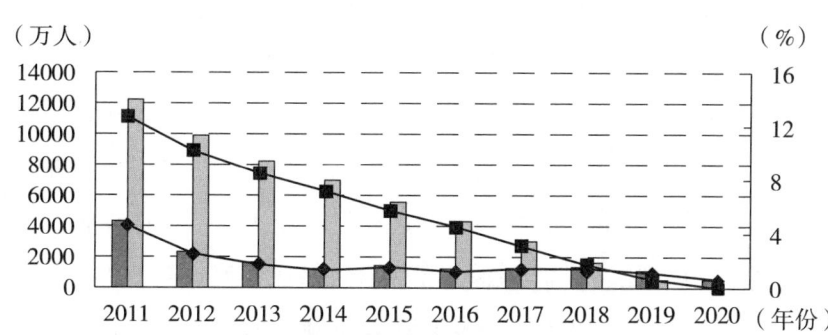

数据来源：整理国家统计局统计数据。

图2-2　2011年至2020年全国减贫人口和贫困发生率变化情况

（七）巩固拓展脱贫攻坚成果与乡村振兴（2021年—　）

在2021年2月25日全国脱贫攻坚总结表彰大会上，习近平总书记庄严宣告，经过全党全国各族人民的共同努力，在现行标准下，全国9899万农村贫困人口全部脱贫，832个贫困县全部摘帽，12.8万个贫困村全部出列，区域性整体贫困得到历史性解决，绝对贫困人口已全部脱贫，扶贫工作进入了一个新阶段，即巩固拓展脱贫攻坚成果与乡村振兴有效衔接阶段。

1. 巩固拓展脱贫攻坚成果措施

为进一步巩固拓展脱贫攻坚成果，接续推动脱贫地区发展和乡村全面振兴，国务院于2020年12月发布《关于实现巩固拓展脱贫攻坚成果同乡村振兴有效衔接的意见》，意见要求，应将巩固拓展脱贫攻坚成果放在突出位置，加快推进脱贫地区乡村产业、人才、文化、生态、组织的全面振兴，建立健全巩固拓展脱贫攻坚成果长效机制，包括保持主要帮扶政策总体稳定、做好财政投入政策衔接、健全防止返贫动态监测和帮扶机制、巩固"两不愁三保障"

成果、支持脱贫地区乡村特色产业发展壮大、促进脱贫人口稳定就业、持续改善脱贫地区基础设施条件、分层分类实施社会救助、在西部地区脱贫县中集中支持一批乡村振兴重点帮扶县等措施，聚力做好脱贫地区巩固拓展脱贫攻坚成果同乡村振兴有效衔接重点工作。设立5年过渡期，从集中资源支持解决建档立卡贫困人口"两不愁三保障"为重点的脱贫攻坚工作转向巩固拓展脱贫攻坚成果和全面推进乡村振兴，实现乡村产业兴旺、生态宜居、乡风文明、治理有效、生活富裕。到2025年，脱贫攻坚成果得到巩固拓展，乡村振兴全面推进，农村低收入人口分类帮扶长效机制得到逐步完善，脱贫地区农民收入增速高于全国农民平均水平。到2035年，脱贫地区经济实力显著增强，乡村振兴取得重大进展，农村低收入人口生活水平得到显著提高，城乡差距进一步缩小，在促进全体人民共同富裕上取得更为明显的实质性进展。①

2. 存在的主要问题

巩固拓展脱贫攻坚成果，全面实施乡村振兴还面临一系列现实问题，主要表现在以下几个方面。

一是脱贫存在较大的脆弱性，脱贫不稳。自2011年以来，在有关国家政策的支持下，虽然解决了近1.2亿绝对贫困人口，建档立卡贫困户和农村居民收入得到大幅提升，实现了"两不愁、三保障"，但边缘易致贫户收入水平仍然比较低，增加收入的能力还不高，抵御自然灾害的能力差，存在较高的返贫风险。从全国摸底的情况来看，在已脱贫摘帽地区和已脱贫人口中，存在严重的同质化产业项目，产业基础薄弱，就业形势不稳定，政策性收入比重偏高，全国有近200万已脱贫人口存在返贫风险，有近300万边缘人口存在致贫风险。

据有关统计数据显示，2019年我国还有近6亿月人均收入仅为1000元的居民，农村收入最低的60%的家庭的月人均可支配收入不足800元，年人均可

---

① 中共中央 国务院：《关于实现巩固拓展脱贫攻坚成果同乡村振兴有效衔接的意见》，2021年11月22日，见 http://www.gov.cn/zhengce/2021-03/22/content_5594969.htm。

支配收入只有9334元，意味着农村人均月收入低于800元的低收入人群约为3.3亿。而农村收入最低的20%的家庭的月人均可支配收入仅为355元，年均可支配收入仅有4263元，仅比2019年农村绝对贫困标准（年收入3747元/人）高出516元，每月仅高出43元，只要碰到诸如重症急性呼吸综合征（SARS）、新冠肺炎疫情、自然灾害或者重大疾病等偶然事件，将会加入绝对贫困的队伍。

目前，虽然中央和地方政府每年投入巨额的扶贫专项资金解决绝对贫困问题，不过现有纾困政策中有相当一部分资金已用于保障民生，即使再增加一部分资金，扩大低保和失业保障范围，也很难照顾到所有低收入人群，统计数据显示，2020年有近3亿享受养老金供养的居民，如表2-2所示，享受最低生活保障、特困救助的居民超过4500万。

表2-2 每年政策纾困人口分布情况

年份	享受城市最低生活保障人口（万人）	享受农村最低生活保障人口（万人）	享受农村特困人员救助供养人口（万人）	全年资助参加基本医疗保险人口（万人）
2020	805	3621	447	8990
2019	861	3456	439	7782
2018	1008	3520	455	4972
2017	1264	4047	467	5203
2016	1479.9	4576.5	496.9	5620.6
2015	1708	4903.2	517.5	5910.3

数据来源：2015年至2020年《国民经济和社会发展统计公报》。

二是贫富差距并未得到实质性缩小。从2019年所剩551万极端贫困人口的分布情况来看，东部地区47万，比2012年减少了1320万，贫困人口下降了96.6%；中部地区181万，比2012年减少了3265万，贫困人口下降了

94.7%；西部地区323万，比2012年减少了4763万，贫困人口下降了93.6%，显然，东部地区贫困人口下降的速度明显快于中西部地区。2012年东部、中部、西部贫困人口所占比率分别为13.9%、34.8%、51.4%，而2019年东部、中部、西部贫困人口所占比率分别为8.5%、32.8%、58.6%，西部地区贫困人口所占比重相较东中部地区有所增加，拉大了地区间的差距。

自1994年开始，我国基尼系数①一直处于高位运行，如表2-3所示，贫富悬殊较大。反观世界上多数发达国家，其基尼系数一般都处于0.24—0.36之间，贫富差距相对较小。通过中央、地方政府和社会各界的努力，截至2020年年底，虽然已完全解决了绝对贫困问题，但相对贫困依然存在。

表2-3 1981年至2019年中国基尼系数

年份	基尼系数	年份	基尼系数	年份	基尼系数	年份	基尼系数
1981	0.288	1991	0.324	2001	0.49	2011	0.477
1982	0.2494	1992	0.376	2002	0.454	2012	0.474
1983	0.2641	1993	0.3592	2003	0.479	2013	0.473
1984	0.297	1994	0.436	2004	0.473	2014	0.469
1985	0.2656	1995	0.445	2005	0.485	2015	0.462
1986	0.2968	1996	0.458	2006	0.487	2016	0.465
1987	0.3052	1997	0.403	2007	0.484	2017	0.467
1988	0.382	1998	0.403	2008	0.491	2018	0.474
1989	0.349	1999	0.397	2009	0.49	2019	0.45
1990	0.343	2000	0.417	2010	0.481		

数据来源：国家统计局网站。

---

① 基尼系数是国际上综合考察收入分配差距的重要分析指标，数字越小，表示贫富差距越小；数字越大，表示贫富差距越大；国际上通常把0.4作为贫富差距的警戒线，一般应保持在0.2—0.4之间。数字处于0.2—0.3之间说明收入比较平均；处于0.3—0.4之间说明收入相对合理；低于0.2说明收入绝对平均，社会动力不足，而高于0.4表明收入差距过大，处于0.4—0.5之间说明收入差距较大；大于0.5说明收入差距悬殊，会带来社会不安定。

据国家统计局的统计数据显示，如图 2-3 所示，2010 年至 2020 年间，城镇居民人均可支配收入增加了 24724.6 元，而农村居民人均可支配收入仅增加了 11212 元，城镇居民人均可支配收入的增量是农村居民的 2.2 倍；农村居民人均可支配收入与城镇居民人均可支配收入的差距从 2010 年的 13190.4 元扩大到 2020 年的 26703 元，扩大了 2 倍。

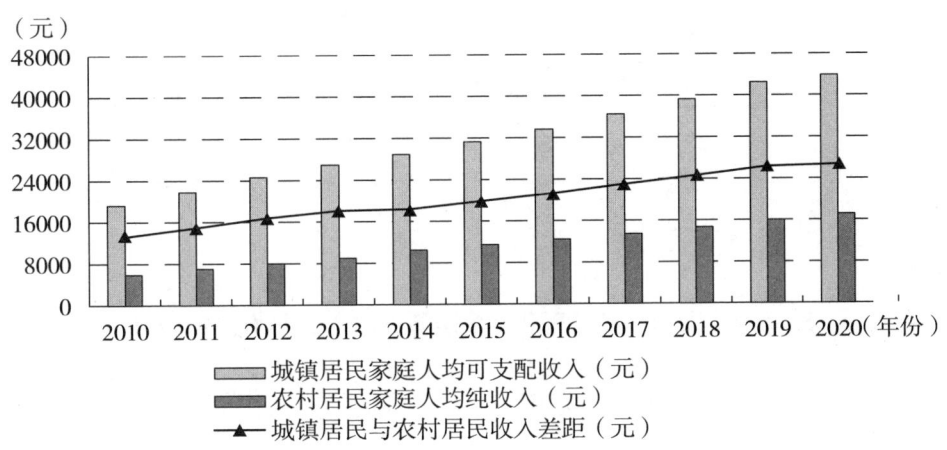

数据来源：国家统计局统计数据。

图 2-3　2010 年至 2019 年全国城镇与农村居民收入差距变化情况

如图 2-4 所示，低收入人群的收入增长速度慢于高收入人群的增长速度。从全国居民五等份收入分组情况来看，2014 年至 2020 年间，低收入组人均可支配收入增加了 3122 元，中间偏下收入组增加了 5556 元，中间收入组增加了 8618 元，中间偏上收入组增加了 14235 元，而高收入组则增加了 29326 元，高收入组增量是低收入组增量的 9.4 倍；高收入组与低收入组的差距从 2014 年的 46221 元增加到 2020 年的 72425 元，增长了 1.6 倍。

贫困地区农村居民人均可支配收入与全国农村居民人均可支配收入的差距从 2014 年的 2817 元扩大到 2019 年的 5564 元，与城镇居民人均可支配收入的差距从 2014 年的 21992 元扩大到 2020 年的 28811 元，贫困地区与非贫困地区居民、城镇居民和农村居民的收入差距都在快速扩大。

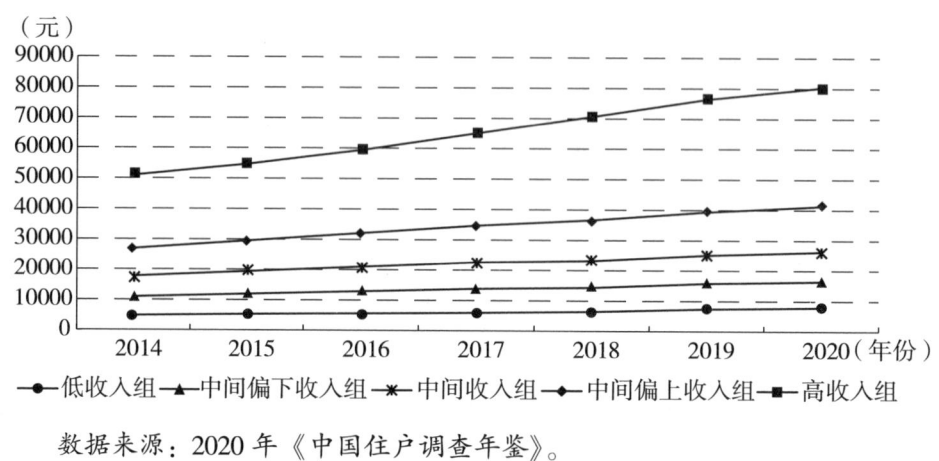

数据来源：2020 年《中国住户调查年鉴》。

图 2-4　2014 年至 2020 年全国居民收入五等份分组情况

贫富差距增大、收入不平等将是今后一段时期内我国面临的一个严峻问题，扶贫攻坚需从解决绝对贫困向巩固脱贫成效、解决相对贫困问题转变。

三是农村人口受教育年限短，教育水平低。越是收入低的农村劳动力，受教育年限与全国平均水平的差距越大。受教育水平低，降低了农村人口对就业的适应能力、对信息化生产中新工艺、新方法、新程序的接受程度。据 2020 年第七次全国人口普查的数据显示，全国 15 岁以上人口的平均受教育年限为 9.91 年，文盲率为 2.67%，原贫困发生率较高的省份，人均受教育年限仍然最低。如 2020 年人均受教育年限最低的三个省（自治区）为西藏（6.75年）、贵州（8.75 年）和云南（8.82 年），均远低于全国平均水平。

农村受教育程度低的群体相对容易陷入贫困，受教育程度与贫困发生率呈反比例关系，据《2020 中国农村贫困监测报告》的数据显示，2019 年户主未上过学的群体贫困发生率为 2.0%，户主受教育程度为小学的群体贫困发生率为 0.9%，户主受教育程度为初中的群体贫困发生率为 0.4%，户主受教育程度为高中及以上的群体贫困发生率仅为 0.2%。①

3. 拓展巩固脱贫攻坚成果：缩小数字鸿沟刻不容缓

新中国成立以来，中国的扶贫开发工作取得了举世瞩目的成绩，2020 年年底绝对贫困和区域性整体贫困得到了历史性解决，全面建成小康社会。然而，如何巩固脱贫成果，解决相对贫困是我们不得不面对的现实问题。需立足新发展阶段，坚决解决好"三农"问题，巩固拓展脱贫攻坚成果，全面实现乡村振兴。

脱贫攻坚更多的是依靠外部力量，帮助贫困人口脱贫致富，而巩固拓展脱贫攻坚成果，实现全民富裕，需要改革创新，构建巩固拓展脱贫攻坚成果长效机制，采取创新性手段和措施，形成可持续的内生发展机制，坚决守住不发生规模性返贫的底线。

在信息化时代，随着信息技术的广泛应用，信息成为重要的生产要素，富裕的城镇和发达地区容易获得信息，使用信息技术改进生产和生活方式，推动区域信息化发展；而广大农村地区缺少获取信息的工具和技术，无法享受信息技术革命带来的数字红利，导致地区间发展不均衡问题异常突出，数字鸿沟越大的地区，贫富差距越大，相对贫困越突出。因此，如何缩小数字鸿沟，巩固脱贫攻坚成果，解决相对贫困，将是后脱贫攻坚时代需要解决的问题。

综合来看，中国过去几个阶段的反贫困工作主要是围绕三类任务来展开：一是通过福利制度进行救济式扶贫；二是通过大规模开发，刺激经济增长，进行区域开发扶贫；三是实施目标靶向更明确的精准扶贫，精准到户、精确到人的定点扶贫。采取包括加强水利、电力、交通等基础设施建设，教育、医疗等公共服务平台建设，通过旅游、金融、异地搬迁等扶贫措施精准施策。

实践证明，产业帮扶、异地搬迁、危房改造、教育扶贫等是最为有效的

---

① 国家统计局住户调查办公室：《2020 中国农村贫困监测报告》，中国统计出版社 2020 年版，第 4—5 页。

扶贫措施，不过由于致贫原因的复杂性和巩固拓展脱贫攻坚工作的艰巨性，单一帮扶措施效果已不太显著，很难解决"贫中之贫、困中之困"的深度贫困和越拉越大的贫富差距问题，需多项措施并举，协调配合，才能产生较好的效果，如"异地搬迁+"其他措施（如实施异地搬迁再给予产业帮扶等）和"产业帮扶+"其他措施才能产生较好的效果。如图2-5所示，分析2017年已脱贫人口与其对应的脱贫措施的统计数据显示，仅通过产业帮扶实现脱贫的人口比例为10.6%，而通过"产业帮扶+"其他措施实现脱贫的人口比例上升为49%；异地搬迁脱贫人口的比例为11.2%，"异地搬迁+"其他措施脱贫人口的比例上升为51.4%，其中"异地搬迁+产业帮扶"脱贫的人口比例为40.2%,；仅实施危房改造实现脱贫的人口比例仅为7.7%，"危房改造+"其他措施实现脱贫的人口比例上升为35.6%，其中"危房改造+产业帮扶"实现脱贫的人口比例为26.4%。

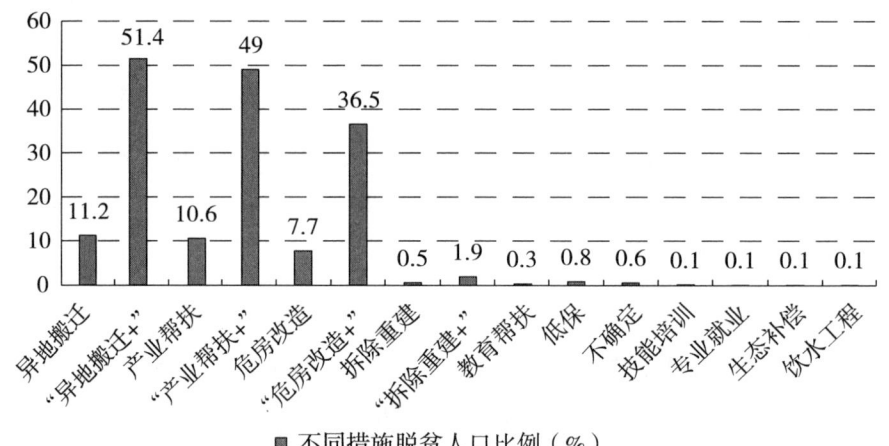

数据来源：扶贫大数据库。

图 2-5　2017 年采取不同帮扶措施后实现脱贫的人口分布情况

从以上的统计数据来看，除产业帮扶、异地搬迁和危房改造的效果较突出外，其他扶贫措施如技能培训、教育帮扶和生态补偿的效果并未得到很好的呈现。据云南某贫困县的统计数据显示，在前期精准识别和精准施策中，确定需要实施教育帮扶、生态补偿帮扶、产业帮扶、异地搬迁扶贫、社会保障托底的人口比例分别为11.2%、4.1%、31.6%、29.2%、16.4%，而实际脱贫人口的统计数据显示，分别通过技能培训、生态补偿、教育帮扶、产业帮扶、异地搬迁实现脱贫的人口比例分别为0.1%、0.1%、0.3%、10.6%、11.2%，远小于精准识别的比例。因此，我们不仅需要改变贫困的识别、测度方法，还需要综合应用各种扶贫措施，以及根据时代的要求，创新扶贫的方式。

在所统计的精准扶贫措施中，虽然没有明确提出提高贫困人口信息素养能力，缩小区域间、城乡间数字鸿沟，实施信息扶贫这一重要措施，但信息技术、信息消费已融入社会生活和经济发展的各个领域却是一个不争的事实。特别是在巩固拓展脱贫攻坚成果阶段，面对新冠肺炎疫情肆虐全球的特殊时期，涌现出了一批"西瓜书记""橘子县委书记""龙虾县长""核桃县长""苹果县长""茶叶乡长"等新型"脱贫队长"，通过网络平台，采用网络直播，推销贫困地区农产品，让越来越多物美价廉的农产品为人们所知，让贫困地区的农特产品走向全国各地，帮助脱贫人口提高收入，夯实和巩固了脱贫攻坚成果的基础。

随着以计算机和互联网络为核心的信息技术应用领域不断扩大，功能不断扩展，已改变了人们的思维、生产、生活方式以及商品流通和经济发展的模式。特别是在2015年3月5日十二届全国人大三次会议上提出制订"互联网+"行动计划之后，移动互联网、大数据、云计算、物联网等现代信息技术与现代制造业、商业、教育等行业进行快速融合，实现产业结构转型升级，产生新业态，促进各行业信息化发展，如"互联网+"与商品流通产业融合促进电子商务快速发展；与教育融合促进教育信息化的发展；与传统金融业务融合促进了互联网络金融的发展；与传统城市融合促进智慧城市发展；与传统机械制造和机械控制融合促进信息工业发展；与传统经济融合促进数字经济发展。

自2010年我国的扶贫攻坚工作进入一个新的发展阶段开始，由于信息技术的广泛应用，包括扶贫信息的获得、贫困识别、贫困人口救助、扶贫经费的管理、贫困人口精准识别等无不凸显信息技术的作用，农村网店的开设、网上交易的发展无不体现互联网技术对扶贫开发工作的贡献。自2010年开始，我国"互联网+"和信息消费、网络交易进入快速发展期，信息消费、网络交易已成为目前经济发展中增长速度最快的领域。如图2-6所示，我国网络购物交易规模从2010年的0.5万亿元上升到2020年的10.32万亿元，增加了24.6倍，每年平均增长2.2倍；2020年我国网络零售用户规模已达8.4亿人，比2010年增长了5.3倍，每年平均增长0.48倍；我国信息消费规模从2011年的1.32亿元上升至2020年的5.8万亿元，增加了4.5倍，每年平均增长0.41倍，远高于我国居民消费支出年均增长速度（12.2%）。据统计，信息消费每增加1美元，大约能带动GDP增长3美元。在西方发达国家，人均信息消费支出较发展中国家高，如美国人均信息消费支出约为3400美元，日本约为2400美元，而我国仅约为650美元，因此，我国的信息消费还有较大的发展空间。

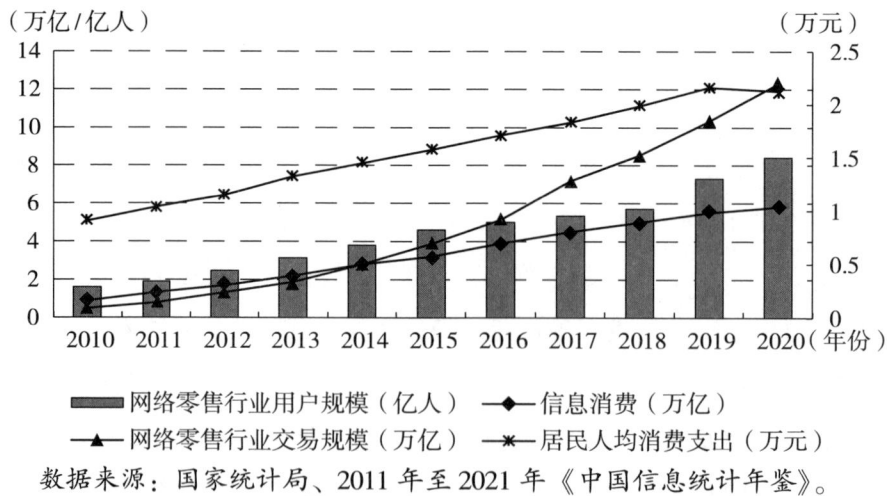

数据来源：国家统计局、2011年至2021年《中国信息统计年鉴》。

图2-6 2010年至2020年信息消费、网络零售规模等发展情况

然而，在信息化社会，信息红利带来财富的同时，信息赤字却带来贫困。统计数据显示，如图2-7所示，在全国各省、自治区、直辖市中，人均收入越高的地区，贫困发生率越低，居民接入互联网的比例、互联网普及率以及居民电脑拥有率也越高，相反，互联网普及率越低，居民人均收入越低，贫困发生率却越高，如西藏、贵州、云南和甘肃等，不仅居民人均收入处于全国最低的行列，贫困率也远高于其他省份，居民接入互联网的比例、互联网普及率以及居民电脑拥有率也较低。

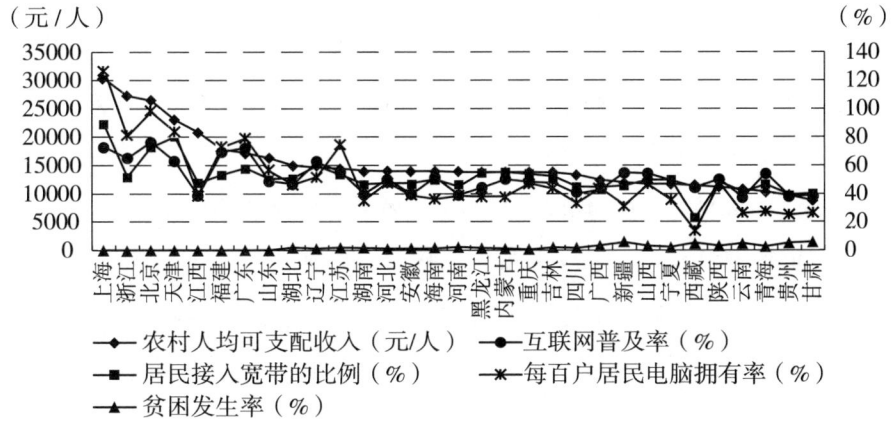

数据来源：2020年《中国统计年鉴》《中国农村贫困检测报告》和《中国互联网络发展现状报告》。

图2-7　2019年各省区市贫困发生率、互联网普及率、人均收入等情况

信息贫困不仅体现在收入上，还体现在社会交往、数字经济发展、信息资源共享等方面。如新冠肺炎疫情肆虐的地区，城市中小学生可以通过平板电脑和宽带网络进行线上听课、学习和资源共享，而农村学生特别是贫困地区儿童，只能多个孩子共享一部手机，或者爬上屋顶蹭邻居家的网络进行网上学习。

脱贫攻坚，首先需要通过满足基本需要战略为贫困人口提供基本需求，如提供食物，改善供水系统提供清洁饮用水，提供教育、卫生保健等公共服务，有利于人力资源质量提高和人力资本形成。而人力资本的积累能有效提高贫困居民的劳动生产率，为他们减缓并最终摆脱贫困创造条件。信息化时代，信息服务与教育、卫生、供水等其他公共服务一样，是贫困人口必不可少的基本需要。收入低是贫穷的主要特征之一，而这一特征又和较低的劳动力素质紧密联系在一起。越是贫困的地区，不同教育水平、拥有不同信息资源和技术能力的人群收入差距越大。满足基本需要战略主要是通过公共服务部门（如教育、自来水、交通、卫生、通信等）提供产品和服务来实现，在信息化社会需要通过特殊政策和服务，为贫困地区的居民提供信息和信息技术服务，让贫困地区的居民也和城镇、富裕地区的居民一样，能够享有这些基本服务，进而提高自身收入水平。

在数字经济时代，信息和技术已成为经济增长和战略比较优势的主要影响因素，谁占有了信息资源，谁占有了技术，谁就占有了未来的制高点，就占有了发展的比较优势，从美国对中国的经济打压，技术封锁，无不体现出信息资源和信息技术的重要性，以及美国一直以来所要保持的可持续发展的比较优势。某一个地区、某一个人，一旦拥有信息资源和驾驭信息技术的能力，也就拥有了发展的内生动力。

贫困农村地区多是自然环境恶劣的山区，劳动人口文盲率高，生产规模和专业化程度低，既没有包括土地、自然资源和气候等地理因素在内的自然禀赋，也没有包括技术优势在内的优越知识，也没有包括资本积累、人才培养和技术创造的取得禀赋，更没有专业化的生产规模，从而处于绝对的劣势。因此，落后的农村地区、贫困地区无论是社会还是经济的发展，都需要探索适合自身发展的比较优势，缩小与发达地区的差距。通常，贫困地区拥有富足的劳动力，但缺少人力资本；农业产品丰富，却不成规模，自给自足为主。因此，可以通过信息扶贫政策，提高贫困地区居民的信息技术应用水平，缩小数字鸿沟，构建虚拟网络交易空间，扩大农产品交易规模，形成促进贫困地区发展的比较优势,快速提高收入水平,缩小收入差距。

二、国际组织反贫困计划:传统扶贫向数字扶贫转变

国际组织比较重视贫困问题,并提出过许多反贫困计划。本节主要介绍几个有代表性的国际组织的反贫困计划,借鉴其从传统扶贫向技术和数字扶贫转变的经验和倡议。

(一) 世界银行的反贫困计划

世界银行认为,贫困是世界发展面临的最大挑战,与贫困作斗争是世界银行的主要任务和中心工作。为消除极端贫困,促进世界的繁荣与发展,世界银行在每年发布的世界发展报告中都会重点介绍不同时期世界各地的反贫困进展,针对反贫困过程中存在的问题,提出相应的对策建议。

过去的反贫困经验证明,反贫困与社会发展一样,是一个复杂的过程,需要根据不同时期的贫困表征,采取相应的对策措施。20世纪50年代至60年代,世界银行的反贫困建议主要是,通过对基础设施进行大规模投资,促进社会快速发展,进而减缓贫困。

20世纪70年代,认识到仅靠基础设施投资建设无法解决贫困人口的发展问题后,在1980年的世界发展报告中明确提出,促进教育发展,改善贫困人口健康状况是解决贫困问题的重要途径,改善贫困人口的教育和健康状况不仅对穷人身体有益,对提高他们的收入也很有帮助。

通过对比20世纪80年代东亚、拉丁美洲、南亚以及撒哈拉以南非洲的反贫困经验后强调,应重视债务危机和全球衰退带来的影响,创新经济管理方式,提高管理水平,发挥市场在反贫困中的作用。

在1990年的《世界发展报告:贫困》中指出,教育和健康是导致贫困的主要因素,为减少贫困,需通过经济开发促进劳动密集型产业的发展,加大对基础设施的投资,并为穷人提供基本的教育和健康服务。

在《世界发展报告2000/2001：向贫困宣战》中指出，由于贫困，穷人缺少机会、发言权以及安全保障，要消除贫困，就需要为穷人创造机会，给予他们参与制度和体制改革的发言权，减少他们面临各种风险和极端环境带来的脆弱性。发展中国家失去发展机会的主要原因之一就是与发达国家存在较大的信息技术差距。前世界银行行长詹姆斯·戴维·沃尔芬森（James David Wolfensohn）强调，数字鸿沟是发展中的最大障碍，它呈指数倍数增长，消除贫困就需要跨越富裕国家和贫穷国家之间的技术鸿沟。最贫穷的国家面临的最根本性的问题就是，生存问题和多种贫困状况交织在一起，如营养不良、文盲率高、缺少健康的体魄等，要克服这些问题，就需要突破最小经济临界值，加入全球经济一体化，因此，信息技术的应用就显得尤为重要。有许多经济体就是通过实施信息技术革命后逐渐富裕起来的，如东亚的日本、韩国和中国的台湾地区等。[1]

对于大多数国家来说，有三种主要的方法消除贫困，为穷人创造机会、赋予穷人更多权利和提高风险防控能力。[2] 创造机会对穷人来说非常重要，国家要促进穷人发展，就应该让他们拥有自己的土地和固定资产，扩大国际市场，解决资产在性别、种族和社会分层中的不平等问题，为贫困地区、边远地区提供包括交通、通信、学校、健康、电力等基础设施服务，为穷人创造发展的机会。权利、义务和责任是激发贫困人群、中等阶层和其他阶层积极合作的基本政治要求，要让穷人参与政治进程和地方决策，赋予他们更多的权利，就需要移除社会制度中的性别和种族歧视，公平享有社会地位的障碍，让人们能够听到他们的声音和响应他们对制度改革的诉求，不仅有益于穷人，也是整个社会经济发展的基础。因此，为促进社会的发展，应该设计促进个

---

[1] P. Norris, "The Global Divide: Information Poverty and Internet Access Worldwide", in *The Internet Conference at the International Political Science World Congress in Quebec City*, August 2000, pp. 1–6.

[2] World Bank, *World Development Report 2000/2001: Attacking Poverty*, Oxford: Oxford University Press, 2001, pp. 15–21.

人发展的政治进程和制定相应的法律条款，构建完善的公共服务管理体系，实现社会公平和男女平等，鼓励非集权化社会和社区发展，消除社会发展中的阻碍，培育穷人的社会适应能力，减少经济冲击、自然灾害、疾病、残疾、个人侵犯等因素带来的脆弱性。鼓励人们在人力资本高风险、高回报行业进行投资，通过国家行为来管控经济边际震荡的风险，完善相关的体制机制，减少穷人面临的风险，如疾病、恶劣天气等。

在《世界发展报告2014：风险与机会》中指出，追求机会需要承受风险，风险和机会往往相伴而生，冒险是发展过程的主要组成部分，它可以成为促进个人和社会发展的有力工具。穷人不愿冒风险，害怕改变自己现有的状况，他们会坚持使用保险且比较落后的生产技术和谋生手段，如农村贫困人口害怕失去土地而不愿搬迁到城里生活，生存环境恶劣的居民害怕不能适应新环境而不愿搬迁到一个条件好的地方居住。没有固定收入、仅有少量储蓄和较少资产的贫困家庭，不仅抗击金融和经济风险的能力较低，对食品价格的上涨也较为敏感（脆弱）。如截至2015年年底，2008年至2009年全球金融危机导致的极端贫困人口增加了5300万，这些人口多数生活在发展中国家。陷入贫困陷阱的家庭对未来的负面冲击比较敏感，保持健康是他们一切活动的基础，且缺少改善当前状况的机会。因此，有必要发展和完善医疗保险，提高穷人抵御风险的能力，以保持他们具有可持续发展的条件。为应对风险和追求发展的机会，如表2-4所示，有些国家采取了相应的应对措施，如扩大健康保险的覆盖率，使资助惠及更多的贫穷人口。

表2-4 几个采取健康保险措施帮助贫穷人口抵御风险的发展中国家

国家	措施
哥伦比亚	为最贫穷的人口提供免费或者高额补贴的健康护理。
印度	要求为贫穷人口支付少许的象征性费用（登记费和保险费总和的5%）。
印度尼西亚	提供覆盖所有贫穷人口和接近贫困线的人群的健康保险。

续表

国家	措施
墨西哥	为非体制内的家庭提供全额健康保险补贴。
泰国	任何非体制内的家庭只需缴纳少许象征性费用。
土耳其	国家负担所有贫穷人口的保险费用。
越南	贫困线以下的人群获得全额健康保险补贴，接近贫困线人口获得部分补贴。

在《世界发展报告2015：思维、社会和行为》中指出，认知和观念对消除贫困具有重要的作用。贫困与物质匮乏如影随形，使贫困人口不得不放弃食物和最低标准的住房而栖身困境之中。贫困使人无法抓住机会，获得脱贫良机，较低的收入使人常感到无能为力，得不到尊重，对生活不抱希望[1][2]，觉得生命毫无意义，对未来充满不确定性，过度关注当前状况，喜欢活在当下，缺少冒险精神。[3] 一个典型的事例是，通常来自贫困家庭的学生，其学术思想和就业目标一般都会比较低。[4] 贫困对个人未来的发展产生损害，加重认知负担，使贫困人口无法进行深度思考。如果一个人每天都需要尽最大努力后才能获得基本的食物和洁净水等生活必需品，他就没有时间和精力对未来的人生进行深思熟虑。与富人相比，穷人更依赖于自动决策，通常在农业收割前举债，丰收后还债，极大地限制了他们的认知能力。[5] 造成极大的认知资源消耗，从这个意义上来说，贫困等于向人们征收"认知税"。发展对策就是

---

[1] A. Appadurai, "The Capacity to Aspire: Culture and the Terms of Recognition", in *Culture and Public Action*, Palo Alto Ca: Stanford University Press, 2004, pp. 61-84.

[2] D. Ray, Aspirations, *Poverty, and Economic Change*, Oxford: Oxford University Press, 2006, pp. 89-91.

[3] J. Haushofer, E. Fehr, "On the Psychology of Poverty", *Science*, Vol. 344, No. 6186 (May 2014), pp. 862-867.

[4] N. Cuyon, E. Huillery, "The Aspiration Poverty Trap: Why do Students from Low Social Background Limit Their Ambition? Evidence from France", Unpublished, 2014.

[5] A. Mani, S. Mullainathan, & E. Shafir (eds.), "Poverty Impedes Cognitive Function", *Science*, Vol. 314, No. 6149 (August 2013), pp. 976-980.

要减少或消除贫困给人们带来的"认知税",使人在作出决策时错开认知能力的低谷时期。贫困还会使人们产生一种特有的心智模型,穷人经常会透过它来认识自己,进而失去对更美好生活憧憬的能力,错失各种发展机会。① 因此,消除贫困需要改善贫困人口的决策能力、心理素质和社会障碍,把扶贫干预措施与深陷贫困状态的人们的决策需求联系起来,帮助他们作出合理的选择,如促进学习、提高劳动技能、积极参与减贫项目等,使他们认识到自己所拥有的发展潜力,或者不让他们长时间沉浸在自己所处的困境之中。②

在《世界发展报告 2016:数字红利》中指出,信息技术带来的数字红利可以帮助解决贫困问题。在信息通信革命进程中,最贫困的家庭不是先考虑得到洁净的水和干净的厕所,而是拥有一部手机,如 2015 年处于世界最贫困的 20%的家庭中,已有 70%的人拥有手机。数字技术的广泛应用与普及,给生活带来更多的便利和选择,并为贫困和弱势群体提供以前任何时候都无法企及的机会。不过数字技术通过改善沟通和信息共享使极端贫困人群受益的同时,还有许多无法利用数字技术、无法参与数字经济进程、被信息社会抛弃、与社会越来越脱节的人。在信息基础设施薄弱的国家,信息技术并未使生产率得到提高,也无法减少社会的不平等现象。因此,必须加大信息基础设施建设,实现全民数字连通,通过数字红利促进经济增长,创造更多的就业机会和带来更多的服务。数字红利是使用数字技术后产生的广泛发展效益,包容、效益和创新已成为数字技术促进经济社会发展的主要机制,因为数字技术改善服务供给,为促进经济社会发展带来更多的机会。然而,要让所有人都能受益于数字技术,包括快速沟通获得信息资源,获得免费电子产品,通过电子商务平台降低协调成本,降低公司、个人和公共部门的交易成本,

---

① A. Appadurai, "The Capacity to Aspire: Culture and the Terms of Recognition", In *Culture and Public Action*, Palo Alto Ca: Stanford University Press, 2004, pp.61-84.
② World bank, *World Development Report* 2015: *Mind, Society, and Behavior*, Washington DC: World Bank, 2015, pp.99-104.

推动商务创新，提高经济效益，充分享受数字革命带来的红利，就必须消除横亘于前的数字鸿沟，尤其是解决互联网的快速接入问题。

数字技术改善服务，为政府和个人提供沟通和信息交换的平台和通道，不断扩大的信息资源库能够降低交易成本，通过信息平台检索、共享信息，并与政府机构和他人互动，实现经济主体间更为完善的组织协作，进一步消除信息交互障碍，能够实现更为高效、创新和更加包容的发展。如通过阿里巴巴在线购物平台，在农村开设一个简易网上商店，可以带动整村的居民加入，大幅度降低交易成本，加速实现农村物资、商品流通，并进一步拓展农产品外销市场。

然而，数字革命并没有深入大多数人的生活，据 2016 年世界发展报告的数据显示，全球只有 15% 的人口能使用宽带互联网，发展中国家的网民主要通过手机访问互联网而不是互联网宽带。目前缩小互联网接入差距的效果并不明显，如谷歌索引用户主要是美国、加拿大和欧洲国家用户，占所有用户数的 85%。非洲互联网用户是中国香港特别行政区用户的 50 倍，但撰写维基百科词条的香港特别行政区用户比整个非洲的用户还要多。所以仅仅通过普及数字化技术是很难消除数字鸿沟的，因为消除数字技术普及率差距相对容易，而消除数字能力差距更为困难。

因此，减缓贫困，需要消除数字鸿沟，不仅需要发展信息技术，让所有人都接受良好教育，掌握数字技术，充分共享信息技术带来的数字红利；还需要完善"非数字配套机制"，如法律监管，富有活力的商业环境，拥有利用数字技术的基本技能，帮助劳动者把握数字技术带来的机遇，实现全民普及互联网并能够负担互联网的接入费用；具有规范的市场秩序、良好的商业环境，以及强化劳动者信息技术技能培训，具备较高的人力资本。[1]

---

[1] World Bank, *World Development Report* 2016: *Digital Dividends*, Washington DC: The World Bank, 2016, pp. 5-11.

(二) 联合国的反贫困计划

联合国在四个"发展的十年"（1960年至1990年）之后，提出两个"消除贫困十年"。

第一个"消除贫困十年（1997年至2006年）"。虽然世界一些地区的减贫工作取得了可喜的进展，但各地的进展速度不同，发展不均，一些发展中国家的贫困人口有增无减，多数为妇女和儿童，特别是撒哈拉以南非洲最不发达国家尤为突出。因此，国际社会通过《联合国千年宣言》《发展筹资问题国际会议蒙特雷共识》《2005年世界首脑会议成果》等文件，确定通过国际、区域和国家努力消除贫穷的机制，特别是"千年发展"目标影响最为深远。

贫困与发展成为2000年9月世界各国领导人参与联合国千年首脑会议的首要议题，与会代表最后作出了一个划时代的承诺，"不遗余力地帮助男女老少同胞，摆脱凄苦堪怜和毫无尊严的极端贫困状况"，以人为本，把人的需求放在第一位，让人有尊严地生活，消除贫困，不落下一个人。为消除文盲、贫困、饥饿、妇女歧视、不断恶化的环境，与会领导商量并确定了一套有时限、能够测量的目标和指标框架，包括消灭极端贫穷和饥饿、普及小学教育、降低儿童死亡率等8项目标在内的千年发展目标。①

第二个"消除贫困十年（2008年至2017年）"。明确贫困是当今全球面临的最严峻的挑战，消除贫困是促进可持续发展，特别是促进发展中国家可持续发展的重要条件。敦促国际社会、各国政府，以及所有人行动起来，协调一致，支持并落实消除贫困的有关国际社会商定的发展目标，如"千年发展目标"；每个国家必须承担起自身应有的责任，把全球方案、政策、措施作为国家发展的有利补充，促进本国经济社会的发展；加强联合国在推动国际合作消除贫困、促进国际社会发展中的领导作用；按照联合国有关经济、社

---

① 《消除贫困，联合国千年发展目标及2015年后进程》，见http://www.un.org/zh/millenniumgoals/reports.shtml。

会等领域主要会议和首脑会议达成的议题和成果要求,实施综合、全面的消除贫困活动;为保障发展中国家发展资金的来源,敦促发达国家履行官方发展援助承诺,到2015年实现官方发展援助资金达到GDP0.7%的目标。

2001年5月,联合国在布鲁塞尔召开以"援助最不发达国家"为主题的会议上提出,缩小数字技术差距是49个最不发达国家脱贫的主要对策。2001年6月,联合国开发计划署UNDP(United Nations Development Programme)在《人类发展报告》中对各国信息技术差距的严重程度进行了详细分析后指出,贫困国家与发达国家存在较大的信息技术差距,导致富国越来越富裕,穷国越来越贫穷,消除数字鸿沟势在必行。

联合国儿童基金会指出,数字技术正改变着我们生活的世界,并成为改变弱势群体命运的关键。通过数字技术可以为他们提供全新的交流、学习和表达意见的机会,不过它又会形成一条鸿沟。在全世界互联网用户中,有三分之一是儿童,很多儿童还没有学会说话和走路时就已经留下了很多数字足迹。因此,在互联网环境下长大的儿童,很难想象没有互联网的生活会是一种什么样的情景。不过此时还有数百万儿童被排除在互联网世界之外。2016年全球有3.64亿人没有使用过互联网,这主要集中在非洲,欧洲仅有4%的青年没有使用过互联网,而非洲没有使用过互联网的青年高达60%。同时,能够接入互联网并不代表实现了机会均等,数字鸿沟在穷人与富人、农村与城市、受教育与未受教育,以及男性与女性之间映射出更大的社会裂痕,2016年全球男性互联网用户比女性多12%。[①] 因此,消除贫困,必须首先消除数字鸿沟。

(三)世界经济论坛的反贫困建议

2000年7月,世界经济论坛组织在冲绳8国集团首脑会议上提交了《从

---

① UNCF (United Nations Children's Fund), *The State of the World's Children* 2017: *Children in a Digital World*, New York: UNICEF Division of Communication, 2017, pp. 6-9.

全球数字鸿沟到全球数字机遇》的报告，并在发表的《全球信息社会冲绳宪章》中指出，世界发达经济体与发展中经济体的人均收入差距呈进一步扩大趋势，为帮助发展中国家实现经济发展，消除技术鸿沟是可供选择的唯一有效手段。需要通过有效政策和管理措施，促进企业对信息技术的投资，完善信息技术基础设施，通过国际间、非政府组织、产业界和国家间的合作，鼓励发展中国家使用信息技术设备和技术，支持通过信息技术进行教育和人才培养。①

（四）对中国反贫困的启示

从世界银行和联合国等国际组织的反贫困计划和建议来看，众多国际组织都比较重视贫困问题，也提出了许多反贫困措施，如世界银行在20世纪50年代提出需要加强基础设施建设，20世纪80年代提出要发挥市场作用，2000年提出需为贫困人口创造机会，赋予贫困人口权利，2014年提出要降低贫困人口风险，2015年提出要重视教育和观念的作用，2016年提出要利用数字红利，反贫困措施随着经济社会和时代的发展，在不断发展变化和完善，特别是随着信息技术的发展，由于不同人群在使用信息技术和信息资源的过程中形成数字鸿沟，不断加大贫富差距的背景下，世界银行和联合国都指出，要消除贫困，就必须消除横亘于前的数字鸿沟，让贫困人口也能够充分共享信息技术带来的数字红利，让所有人都能接受良好教育，包括妇女和儿童，掌握数字技术，消除信息障碍，实现更为高效、创新和包容的发展。

---

① UT G8, *Digital Opportunities for All: Meeting the Challenge, Report of the Digital Opportunity Task Force (DOT Force) Including a Proposal for a Genoa Plan of Action*, University of Toronto Unless Otherwise Stated, 2001, pp. 1–13.

第三章　欠发达地区贫困与数字鸿沟关联度分析

对现状的分析，有利于明确研究靶向，做到有的放矢，更好地为下一步的研究作准备。中国欠发达地区主要集中在中西部少数民族聚集地区、边疆地区、革命老区，而作为集老、少、边、穷为一体的云南，是中国欠发达地区的典型代表。本章以集全国各种贫困类型为一体，贫困面广、贫困程度最深的云南省为案例，通过问卷调查和扶贫大数据库中的数据，分析贫困和数字鸿沟现状、致贫原因等，提高研究对象的代表性和研究成果的普适性。在问卷调查中，随机抽样30个农村，再从每个村抽取10户居民进行入户调查，样本覆盖云南16个州市。

一、云南的反贫困历程

和全国的反贫困历程同步，云南进行有计划、有组织的大规模扶贫开发是在1985年之后，这段时间也是云南经济快速发展、贫困人口迅速减少的时期。

1978年至1985年主要是体制改革推动扶贫开发。由于农村经济体制改革和农产品价格的快速提高，激发了农民生产劳动的积极性，促进了农村经济快速发展，农产品产量得以迅速增加，促进农村收入的快速提高，解决了众多贫困人口的温饱问题，使未解决温饱问题的贫困人口从占全省人口总数的二分之一迅速缩小到占人口总数的三分之一。

1986年至1994年实施有组织、有计划的大规模扶贫开发，云南农村贫困人口稳步减少，贫困人口从1986年的1200多万（绝对贫困人口为974万人[①]）减少到1994年的783万。

1995年至2000年制订并实施《云南七七扶贫攻坚计划》，在全省扶贫攻坚重点县中确定506个脱贫攻坚乡，采取一系列扶贫攻坚政策措施，加速农村贫困人口脱贫，贫困人口从1994年年底的783万减少到2000年的337.5万。从1986年到2000年的15年间，共计减少绝对贫困人口636.5万。

"十五"（2001年至2005年）和"十一五"（2006年至2010年）时期为解决温饱和巩固温饱同时并进阶段。围绕《中国农村扶贫开发纲要（2001—2010年）》和《关于加快新时期扶贫开发工作的决定》，从云南的实际出发先后制定并实施了《云南省农村扶贫开发纲要（2001—2010）》《关于采取特殊措施加快我省7个人口较少民族脱贫发展步伐的意见》《关于实施"兴边富民工程"的决定》等纲要和文件后，云南绝对贫困人口由2000年年底的337.5万下降到2005年的248.4万。在2006年合并贫困测度标准后，贫困人口为670.8万，通过扶贫攻坚，2009年下降到540万。

2010年采用扶贫新标准后，贫困人口为1468万。制定并实施了《云南省农村扶贫开发纲要（2011—2020年）》《关于举全省之力打赢扶贫开发攻坚战的意见》《关于深入贯彻落实党中央国务院脱贫攻坚重大战略部署的决定》《云南省农村扶贫开发条例》等纲要和文件，结合云南省情，积极推进精准扶贫、精准脱贫。

围绕"两不愁、三保障、一高于、一接近、一扭转"[②]的目标，2010年

[①] 国家的绝对贫困标准1985年为人均纯收入低于206元的农村人口。

[②] "两不愁"是指不愁吃、不愁穿；"三保障"是指保障其义务教育、基本医疗和住房；"一高于"是指贫困地区农民人均纯收入增长幅度高于全国平均水平；"一接近"是指基本公共服务主要领域指标接近全国平均水平；"一扭转"是指扭转发展差距扩大趋势。

至 2013 年全省共计投入 305.33 亿元扶贫专项资金进行脱贫攻坚，2013 年至 2015 年又投入 244.3 亿元扶贫专项资金对 56 个贫困乡、3201 个贫困村的脱贫工作进行整乡、整村推进，对 3 万人实施异地搬迁，对 15 个连片特困县进行综合开发精准扶贫。仅 2015 年就减少了 100 万贫困人口，"十二五"期间累计脱贫 540 万人，全省 88 个贫困县全部实现通电、通电话。

"十三五"期间围绕民族地区、革命老区、边疆地区、四大集中连片特困地区中最贫困的群体、最困难的地方、最迫切需要解决的问题，集中力量脱贫攻坚。截至 2018 年，3 年共投入扶贫资金 333.8 亿元，发放金融精准扶贫贷款 2558.76 亿元，实现 15 个贫困县摘帽，5068 个贫困村出列，374 万人脱贫，每年平均脱贫 124 万人，贫困发生率从 2015 年的 14.03% 下降到 2018 年的 5.39%，每年平均下降 2.88 个百分点。

同一时期，云南少数民族聚集地区脱贫攻坚也取得了显著的成绩，少数民族聚集地区贫困人口由 2014 年的 293.8 万人减少到 2018 年的 86.5 万人，下降了 70.6%，共计 27 个贫困民族自治县中，已有 14 个摘帽。截至 2018 年年底，全省还有 181 万建档立卡贫困人口，贫困人口占全国贫困人口总数的 13.1%，还未脱贫摘帽的 40 个贫困县全为国家重点扶持贫困县，其中有 11 个贫困县的贫困人口超过 5 万人，2 个超 20 万，"三区三州"的怒江傈僳族自治州贫困发生率接近 15%。

又经过两年的脱贫攻坚，2020 年 11 月云南最后一批 10 个贫困县（其中民族自治县 7 个）已达到贫困县退出标准，符合贫困县退出条件，至此，云南 88 个贫困县全部脱贫摘帽，区域整体贫困和绝对贫困问题得到彻底解决。

从以上反贫困历程可以看出，一直以来，云南是我国扶贫开发和精准扶贫的主战场，是贫困人口规模较大、贫困县数量最多、贫困发生率最高的省份，农村贫困、民族贫困、边境贫困交织在一起，形成复杂的扶贫开发局面，脱贫和巩固脱贫攻坚任务异常艰巨。

二、贫困现状分析

从贫困人口分布、收入、年龄、职业、家庭构成以及贫困地区基础设施、基本医疗保健等方面分析欠发达地区贫困现状。通过改革开放以来所实施的大量扶贫开发工作，虽然贫困地区基础设施建设得到了极大改善，医疗卫生服务系统得到了较大完善，但相对于全国其他地区，还需进一步补齐基础设施和医疗卫生服务短板；分布于边远、少数民族地区的贫困人口，多为健康劳动力，收入偏低，如何提高基本可行能力，激发内生动力，增加收入，是扶贫开发工作的重点。

（一）已脱贫人口收入情况

从脱贫人口的收入情况来看，已脱贫人口存在明显的脆弱性，许多居民并没有稳定收入，若现有脱贫纾困政策不能持续实施，或者碰到自然灾害、重大疾病，将会再次返贫。如表3-1所示，从云南省曲靖市××贫困县××贫困乡的统计数据来看，多数已脱贫人口的人均纯收入刚过国家贫困线，如人均纯收入在3000—3999元/年的已脱贫人口比例为56.5%，年人均纯收入超过1万的仅为6.8%，对比全国农村人均可支配收入（13432元），贫困人口收入还比较低，脱贫存在极大的脆弱性，极易返贫。若按全国人均可支配收入的五等份来划分，多数已脱贫的人口还处于全国人均可支配收入的最低一层，并没有脱离低收入者的范畴，依然属于相对贫困人口。

表3-1 已脱贫人口收入分布情况

人均纯收入（元/年）	3000—3999	4000—4999	5000—5999	6000—6999	7000—7999	8000—8999	9000—9999	>=10000
已脱贫人口占比（%）	56.5	17.6	8.9	5.0	2.7	1.1	1.4	6.8

数据来源：抽样调查数据。

(二) 贫困人口分布情况

云南地处中国西南边疆,与越南、老挝、缅甸相邻,是我国连接南亚、东南亚的大通道和"一带一路"的重要节点。云南共有16个州市,25个世居少数民族、15个独有民族,8个民族自治州、29个民族自治县、140个民族乡,少数民族人口占全省总人口4770.5万的33.37%。按1978年的人均100元/年标准计算,当时云南大约有2000万贫困人口,贫困发生率超过65%。① 经过改革开放40多年的努力,云南扶贫开发工作取得了巨大的成绩。特别是"十二五"以来,云南扶贫攻坚成绩斐然,累计投入各类规划项目资金7408.62亿元,农村贫困人口呈持续快速下降趋势。全省农村贫困人口规模从2010年年末的1468万人减少至2019年年末的66万人,9年累计脱贫1408万人,贫困发生率从2010年的39.6%下降至2019年的1.8%,9年累计下降37.8个百分点,年均下降4.2个百分点。

"十三五"以来,在中央和地方各级财政的支持下,通过结对帮扶、精准施策,贫困地区基础设施和生活条件得到了极大改善,贫困程度也得到了极大缓解。然而,由于历史积淀较深,作为一个集边疆、民族、山区、贫困四位一体的欠发达省份,云南还是全国农村贫困面最广、贫困人口最多、贫困程度最深的省份之一,特别是深度贫困地区,脱贫固效、防止返贫、巩固脱贫攻坚成果,缩小相对贫困的任务依然艰巨。截至2019年年底,云南还是5个贫困人口超50万的省份之一,是全国贫困人口最多的省份,且还是3个贫困发生率超过1.5%的省份之一②,贫困发生率远高于全国的0.6%,深度贫困地区"三区三州"的怒江傈僳族自治州贫困发生率还有近10%。

---

① 按1978年人均100元/年标准计算,全国有2.5亿贫困人口,云南农村贫困人口2000多万,占全国贫困人口总数2.5亿的8%,贫困发生率超过65%。
② 据2020年《中国贫困检测报告》的数据显示,2019年年底贫困人口超50万的省份有云南(66万)、贵州(53万)、四川(52万)、河南(51万)、广西(51万)。贫困发生率超1.5%的省份有甘肃(2.2%)、云南(1.8%)、新疆(1.7%)、贵州(1.5%)。

在国家 11 个集中连片特困区中，有 4 个①覆盖云南除玉溪市之外的所有 15 个州市，共 91 个县，集中了全省 89.59% 的贫困人口。其中迪庆藏区贫困人口占全省贫困人口总数的 1.98%，滇西片区占 39.9%，石漠化片区占 11.48%，乌蒙片区占 36.23%。贫困发生率最高的地区为藏区（22.87%），其次为乌蒙片区（19.74%），以及滇西边境山区（12.75%）和石漠化片区（11.49%）。全省共有 88 个集中连片特困县，73 个国家级扶贫重点县，以及 7 个省级扶贫重点县，片区规划县和扶贫重点县数位居全国第一，是全国扶贫攻坚的主战场。2016 年全省贫困县所占比例为 68.22%，其中怒江傈僳族自治州、迪庆藏族自治州、临沧市和文山壮族苗族自治州的所有县（市）均为贫困县。2018 年贫困县数已经下降到 40 个，40 个贫困县全为重点扶贫县，占全省 129 个县的 31.01%，在 2016 年的基础上下降了 37.21 个百分点。2016 年贫困村所占比例为 27.98%，其中怒江傈僳族自治州贫困村占比最高，为 73.97%，其次是迪庆藏族自治州的 54.94%、昭通市的 51.54%，至 2018 年，贫困村所占比例已大为减少，不过深度贫困地区怒江傈僳族自治州的贫困村所占比例还有 46.28%，还有近一半的行政村没有脱贫摘帽，迪庆藏族自治州没有脱贫摘帽的贫困村占 24.69%、昭通市没有脱贫摘帽的占 25.30%。

又经过两年的脱贫攻坚，云南的绝对贫困和区域性整体贫困问题得到全部解决，不过省内城乡居民收入差距、云南省与东部沿海省份的居民可支配收入差距依然较大，相对贫困依然存在，相对贫困人口最多的地区仍是原来的深度贫困地区；同时，已脱贫人口的返贫率较高，巩固拓展脱贫攻坚成果形势依然严峻。

深度贫困地区主要集中在边远山区和少数民族聚集地区，如怒江傈僳族自治州和迪庆藏族自治州既是全省少数民族人口占比最高的地区，也是贫困程度最深的地区。由于云南特殊的地理位置和历史原因，很多少数民族都是直过民族，即从原始部落直接过渡到社会主义社会，历史上本身就比较贫困，

---

① 四个连片特困地区分别为迪庆藏区、滇西边境山区、石漠化片区和乌蒙片区。

且多居住于山区，地理环境恶劣，交通不便、信息闭塞，脱贫工作进展相对缓慢。2016年深度贫困地区怒江傈僳族自治州的贫困发生率接近30%，即3个人中，约有1人是极端贫困人口，其次是迪庆藏族自治州和昭通市，5个人中至少有1人为极端贫困人口。2016年贫困发生率超过10%的还有普洱市、红河哈尼族彝族自治州、曲靖市和文山壮族苗族自治州，贫困发生率最小的是较为富裕的昆明市、玉溪市和西双版纳傣族自治州，其余6个州市的贫困发生率介于6.14%—8.38%之间。除昆明市外，其余地区的贫困发生率均高于3%。

在国家相关政策的大力扶持和地方政府的不断努力下，各少数民族的贫困状况已经得到了较大改善，虽然贫困程度较深的地区依然是远离省会城市的边远农村和民族聚集地区，如三区三州的怒江傈僳族自治州、迪庆藏族自治州和昭通市等，但云南主要少数民族贫困人口占贫困人口总数的比例已经远低于少数民族人口占总人口的比例，如图3-1所示。

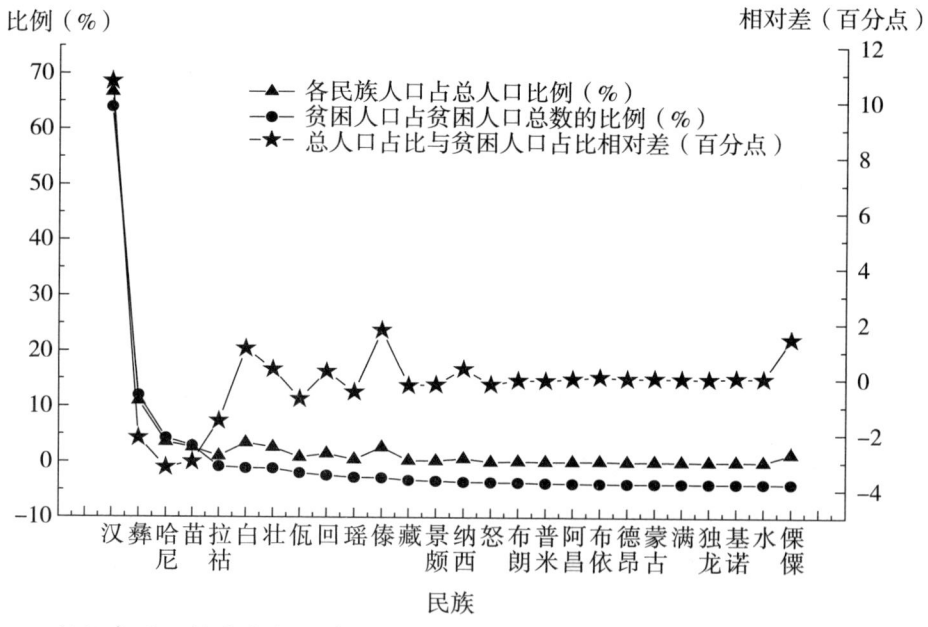

数据来源：扶贫大数据库。

图3-1　2018年云南各民族贫困人口占比与人口占比分布情况

(三) 贫困地区收入与消费情况

云南省不仅人均收入和消费支出远低于全国，恩格尔系数也比全国高1.7个百分点，"三区三州"深度贫困地区的实际情况更为严重。2019年全省居民人均可支配收入为22082元，仅高于西藏（19501元）、甘肃（19139元）、贵州（20397元），位列全国倒数第四位。云南省贫困地区居民人均可支配收入和消费支出分别为10771元和8844元，分别为全国贫困地区人均可支配收入和消费支出的92.5%和85.7%，全省居民人均可支配收入和消费支出的48.8%和56.0%，以及全国人均可支配收入和消费支出的35.0%和40.9%。集中连片特困地区居民人均可支配收入和消费支出分别为全国农村居民人均可支配收入和消费支出的65.8%和59.2%，扶贫重点居民人均可支配收入和消费支出分别为全国农村居民人均可支配收入和消费支出的61.8%和63.3%。

在集中连片贫困地区中，云南藏区农村居民人均可支配收入最低，人均可支配收入和消费支出均仅分别为全国居民人均可支配收入和消费支出的32.3%和43.7%，云南省人均可支配收入和消费支出的45.0%和59.7%，以及全国贫困地区人均可支配收入和消费支出的85.8%和94.1%。与2016年相比较，如表3-2所示，贫困地区无论是居民家庭人均可支配收入还是人均消费支出都有较大幅度的提高。不过，贫困地区农村家庭人均可支配收入和消费支出增长的幅度都小于全国农村、云南和全国平均水平，且贫困程度越深的地区，增幅越小，说明贫困地区与其他地区间的贫富差距在逐渐拉大。

贫困地区食品消费支出占比高，教育和交通通信支出相对较少，与2016年相比，2019年贫困地区人均消费支出有较大幅度增长，然而实际增加的支出却远小于其他地区，如表3-2所示，"十三五"以来云南贫困地区人均消费支出增长了1401元，但全省居民人均消费支出却增长了3034元，全国居民人均消费支出增长了2743.7元。2016年云南贫困地区人均消费支出为全省和全国的55.96%和36.69%，2019年分别减少到了53.87%和38.67%，除连片特困地区藏区有所增加外，其他贫困地区都有较大幅度下降，但差距依然明显。和全国其他贫困地区一样，云南贫困地区居民消费支出主要集中在食品和居住上，2019年食品和住宅消费比例分别占消费支出的33.83%和20.95%。虽然有些消费支出比例接近或者超过全国平均水平，但绝对数仍然远低于全国平均水平，如交通通信费与全国平均水平差0.3个百分点，但实际差1665.4元；家庭人均教育支出差0.1个百分点，实际差1291.7元。

表3-2 2016年和2019年云南省贫困地区与全国人均收入与支出变化情况

	云南藏区	云南集中连片特困地区	云南扶贫重点县	云南贫困地区	全国贫困地区	云南农村	全国农村	云南	全国
2019年居民人均可支配收入（元）	9921	10843	10802	10771	11567	11902	16021	22082	30733
2016年居民人均可支配收入（元）	7088	7762	7635	7847	8452	9020	12363	16720	23821
2016年至2019年间人均可支配收入增加量（元）	2833	3081	3167	2924	3115	2882	3658	5362	6912
2019年居民人均消费支出（元）	9417	8861	8696	8844	10011	10260	13328	15780	21559
2016年居民人均消费支出（元）	5658	6000	6105	6275	7331	7331	10130	11769	17111
2016—2019年间人均消费支出增加量（元）	3759	2861	2591	2569	2680	2929	3198	4011	4448

数据来源：2017年、2020年云南和全国"国民经济和社会发展统计公报"、《云南省调查年鉴》《农村贫困检测报告》。

集中连片贫困地区中，2016年藏区居民人均消费支出最低，仅为5185元，不仅远低于全省和全国的平均水平，仅为全省和全国居民人均消费支出的46.22%和30.3%，也远低于全国和全省贫困地区，分别只占全省和全国贫困地区居民人均消费支出的82.63%和70.73%；消费支出主要用于改善居住和食品消费，食品消费支出占比比全国居民平均水平高出7个百分点，居住支出占比比全国平均水平高出2.96个百分点；交通通信支出占比比全国平均水平低2.92个百分点，但实际支出绝对值却只有全国平均水平的23.7%；教育支出只有全国平均水平的32.32%。与2016年相比，2019年云南藏区消费水平有了较大幅度提高，如表3-3所示，消费支出在2016年的基础上提高了4233元，其中，食品消费支出增加了1457元，教育支出增加了1309元，居住支出增加了638元。2019年藏区家庭人均消费支出占全国贫困地区平均水平的94.1%，比2016年提高了23.37个百分点，分别占全省和全国平均水平的59.68%和43.68%，分别比2016年提高了15.62和13.38个百分点。

表3-3 2016年至2019年贫困地区人均生活消费支出变化情况

	云南	全国	云南贫困地区	云南藏区	全国贫困地区
食品消费支出（元）	816	933	560	1457	554
交通通信（元）	169	135	86	204	126
家庭人均教育支出（元）	1024	1309	581	1309	630
生活用品及服务（元）	245	237	121	186	137
居住（元）	715	524	482	638	397
衣着（元）	520	598	328	100	373
医疗保健（元）	425	595	365	212	416
其他（元）	97	118	45	127	48
合计	4011	4449	2568	4233	2681

数据来源：2017年、2019年《云南省调查年鉴》《云南统计年鉴》《中国农村贫困监测报告》。

从食品消费结构来看，如表3-4所示，随着生活水平的提高，农村贫困地区居民食品消费量在逐渐下降，对如牛羊肉、水产品等富含高蛋白类食品的消费量在增加,但与城镇居民相比还有不少差距。

表 3-4 贫困地区食品消费变化情况

	2016 年		2019 年	
	云南城镇家庭人均食品消费	云南贫困地区农村居民人均食品消费	云南城镇家庭人均食品消费	云南贫困地区农村居民人均食品消费
粮食(千克)	109.35	153.99	100.32	143.8
鲜菜(千克)	112.56	82.11	93.68	70.57
食用油(千克)	9.68	5.56	7.31	5.69
猪肉(千克)	23.2	27.35	22.33	29.61
羊牛肉(千克)	3.67	1.67	3.89	1.98
家禽(千克)	8.5	6.78	7.09	7.17
鲜蛋(千克)	5.57	4.13	4.99	4.33
水产品(千克)	6.07	2.11	6.46	2.93
酒(千克)	4.25	*	3.77	*

数据来源:2017 年、2020 年《云南省调查年鉴》;*为数据缺失。

(四)贫困人口的年龄和健康状况

从扶贫大数据库的统计数据来看,绝大多数贫困人口都是具有劳动能力、健康的群体,贫困人口中有 61.19% 的居民具有劳动能力,其中技能型贫困人口仅占很少一部分,仅约为 0.28%,而年龄偏小和偏大不具有劳动能力的人口占 38.81%,真正丧失劳动能力的贫困人口仅为 2.55%。从年龄上来看,全省 60 岁以下的贫困人口占贫困人口总数的 86.91%,其中 18 岁以下的贫困人口占 22.21%;而 61 岁以上的贫困人口仅有 13.09%。残疾和疾病患者占 10.62%,其中患有长期慢性病的贫困人口约占 6.74%,患有重大疾病的贫困人口占 1.44%,残疾的占 2.44%,而 89.38% 的贫困人口身体健康。因此,扶贫开发和巩固脱贫成果需要提高身体健康贫困人口的就业能力。

(五) 贫困人口的职业和家庭构成

从入户调查的数据来看，贫困人口主要以农业为主。如图3-2所示，农村居民主要从事种植业的人口占46%，而贫困人口从事种植业的比例为60.5%，高出农村居民从事种植业人口14.5个百分点。因此，要解决农村贫困问题，需要提高农业信息化水平或者提高农村劳动力再就业技能。

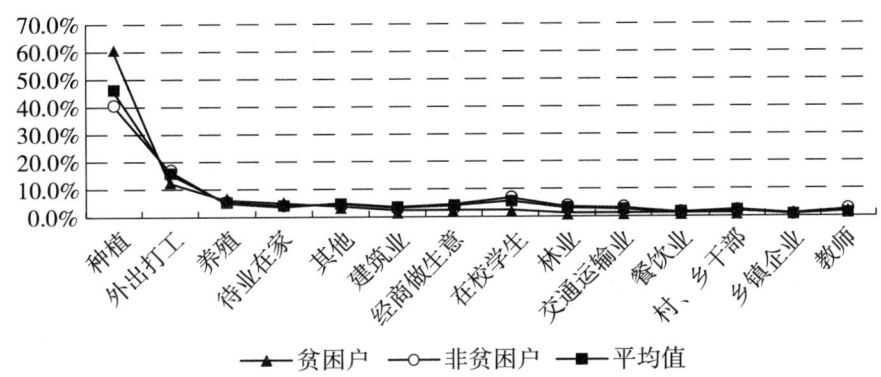

数据来源：抽样调查数据。①

图3-2 贫困人口职业分布情况

从家庭组成成员来看，如表3-5所示，家庭成员越多的家庭越贫困，四口之家的贫困户比例最高，为44.4%，五口及以上占40.7%，比非贫困户高出3.3个百分点，家庭成员少于三位的贫困户仅占1.2%。

表3-5 贫困户家庭成员构成情况

	一口	两口	三口	四口	五口及以上	总计
贫困户（%）	1.2	1.2	12.3	44.4	40.7	100
非贫困户（%）		2.7	13.2	46.6	37.4	100
总计	0.3	2.3	13.0	46.0	38.3	100

---

① 本章中未注明数据来源的统计数据均为抽样调查统计数据。

（六）贫困地区基础设施及医疗服务状况

脱贫攻坚工作以来，尤其是"十三五"以来，贫困地区基础设施及医疗卫生状况得到了较大改善，如表3-6所示，不过与全国贫困地区相比，云南除居住条件改善和小学入学的便利程度略高于全国贫困地区外，其余指标都低于全国贫困地区平均水平。

表3-6 贫困地区基础设施建设与发展情况

项目	2016年		2019年	
	云南省贫困地区	全国贫困地区	云南省贫困地区	全国贫困地区
居住竹草土坯房的农户比重（%）	4.45	4.5	0.9	1.2
所在自然村进村主干道路硬化的农户比重（%）	59.02	96	97.6	99.5
所在自然村能便利乘坐公共汽车的农户比例（%）	47.63	49.9	59.6	76.5
所在自然村上小学便利的农户比例（%）	16.68	15.1	92.2	91.9
所在自然村上幼儿园便利的农户比例（%）	73.74	79.7	86.9	89.9
所在自然村垃圾能集中处理的农户比例（%）	37.15	50.9	75.9	86.4
所在自然村有卫生站的农户比例（%）	84.75	91.4	89.1	96.1
饮用水集中净化处理的自然村比例（%）	24.82	40.8	41.5	60.9
使用管道水的农户比重（%）	76.56	67.4	87.8	89.5
饮用水困难的农户比重（%）	20.6	13.1	6.7	*
自然村通宽带比例（%）	71.13	79.8	93.9	97.3
百户计算机拥有量（台）	6.06	15.1	8.4	17.7

数据来源：2017年、2020年《中国统计年鉴》《中国农村贫困监测报告》《云南调查年鉴》。

截至 2019 年，云南贫困地区自然村已全部通公路，但进村主干道硬化比例只有 97.6%，还有 2.4% 的自然村进村主干道路没有硬化，比全国贫困地区高出 1.9 个百分点；贫困地区还有 40.4% 的自然村不方便乘坐公共车，比全国贫困地区高出 16.9 个百分点；还有 7.8% 的自然村农户不方便上小学，13.1% 的农户不方便上幼儿园；24.1% 的自然村不能集中处理垃圾；饮水困难的农户比重还有 6.7%，12.2% 的农户不能使用管道水，不能集中净化处理饮用水的自然村比例还有 58.5%；10.9% 的自然村没有卫生站；自然村通宽带的比例为 93.9%，比全国贫困地区低 3.4 个百分点。

从以上贫困地区基础设施建设和医疗服务现状分析来看，通过脱贫攻坚工作，贫困地区交通、生活、通信、医疗等基础设施得到了较大改善，特别是信息基础设施建设发展较快，不过与全国其他地区相比还有一定差距。

三、致贫原因统计分析

（一）缺少技术和能力已成为致贫的主因素

统计数据显示，扶贫攻坚阶段，发展资金匮乏、缺少技术支持和劳动力、自身发展能力不足和疾病等已成为致贫的几个最主要因素，而水利、交通等基础设施已成为致贫的次要因素。如图 3-3 所示，缺少资金致贫的贫困户占 32.2%，缺少技术支持的占 20.81%，缺少劳动力的占 10.55%，因病致贫的占 9.52%，自身发展力不足的占 6.11%。

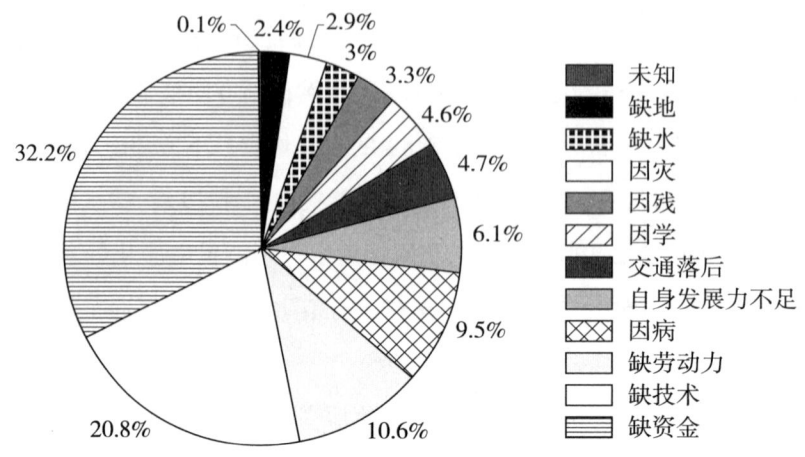

数据来源：扶贫大数据库。

图3-3　2016年贫困人口致贫原因分布情况

从2016年至2018年致贫原因变化结果来看，如图3-4所示，干旱和自然灾害致贫的比例从2016年的13.76%下降到2018年的5.24%，自身条件限制、缺少劳动力致贫的比例从2016年的27.02%下降到2018年的16.66%，交通不便致贫的比例从2016年的5.59%下降到2018年的4.27%，因学致贫的比例有所上升，从2016年的3.82%上升到2018年的5.62%，疾病和残疾致贫的比例从2016年的16.28%下降到2018年的12.79%，缺少土地致贫的人口基本保持不变，而缺少技术支持和资金致贫的人口比例快速上升，缺少资金致贫的贫困人口比例从2016年的18.48%上升至2018年的32.5%，缺少技术支持而致贫的贫困人口比例从2016年的8.58%快速上升至2018年的20.93%，上升幅度最大，资金和技术成为两个最主要的致贫因素。

进一步分析发现，扶贫资金投入不足虽然是一个最主要的致贫因素，但目前所投入的扶贫资金产出弹性①和贡献率②不高却是一个不争的事实。如"十二五"期间，云南省共投入各种财政扶贫专项资金244.3亿元，投放信贷扶贫资金74.53亿元，共计318.83亿元；"十三五"期间，仅2017年一年就累计投入扶贫专项资金117.1亿元，若将这笔资金全部投向2017年已脱贫的100万人口，则人均投入扶贫资金高达11710元，远远高于2016年国家贫困线标准3000元/人·年。再如"十二五"时期，昆明市共计脱贫19.32万人，累计投入各种扶贫资金共计262.35亿元，人均投入扶贫资金高达2.72万元/年。而2018年迪庆藏族自治州香格里拉市投入扶贫资金44.14亿元，解决3548户14144人的贫困问题，人均投入3.12万元。

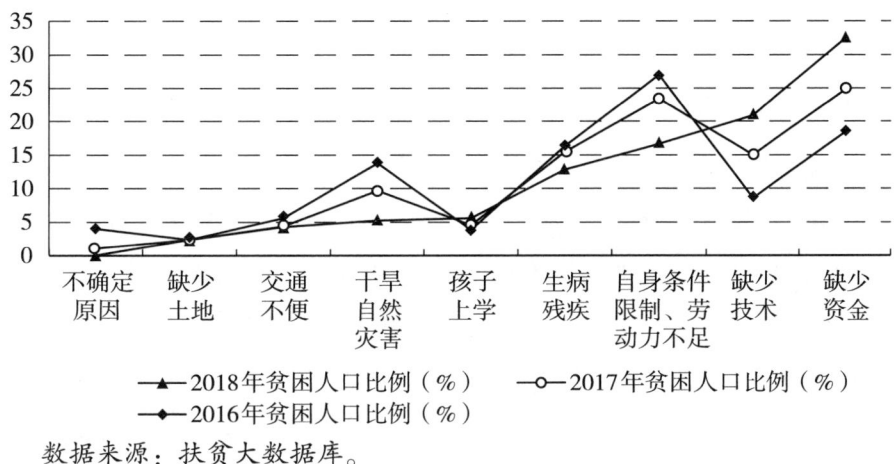

数据来源：扶贫大数据库。

图3-4 2016年至2018年贫困人口致贫原因变化情况

通过以上分析可以看出，基础设施落后已不再是致贫的主要原因，解决贫困人口内生动力才是扶贫开发的关键。因此，巩固拓展脱贫攻坚成果，解

---

① 产出弹性是指当所有其他投入要素保持不变时，一种投入要素的既定百分比变动所引起的产量的百分比变动。
② 贡献率是分析经济效益的一个指标，即产出量与投入量之比，比值越大，共享率越高。

决相对贫困,在保持现有国家纾困政策和扶贫资金投入不变的情况下,需管理和利用好已有扶贫资金,提高扶贫资金的产出弹性和贡献率;同时,急需进一步提高低收入人群的文化和技术素养。

(二)教育落后迟滞信息技术发展,加剧贫困

贫困地区教育落后,水平不高,导致人们文化素质低,无法掌握信息技术技能实现现代化生产,低产出低收入,长期处于贫困状态。统计数据显示,虽然云南省的九年制义务教育巩固率与全国平均水平差别不大,但人均教育投入和毛入学率差异比较大。无论是片区规划县、扶贫重点县,还是各州市,越贫困的地区教育投入越少,入学率越低。

1. 教育投入少,入学率低

不仅家庭人均教育投入少,财政教育投入也不高。2019年云南省家庭人均教育支出1950元,仅为全国家庭人均教育支出的77.60%;农村家庭人均教育支出更少,仅有1254元,分别为全省和全国家庭人均教育支出的64.31%和49.90%。2019年云南省教育预算支出1069.49亿元,占云南省地方一般公共预算支出的15.80%,虽然这一比例高出全国1.23个百分点,但人均教育预算支出比全国少8.03%。不仅教育投入低,教育扶贫覆盖面也不大,对困难学生的补助不高。所实施的营养膳食补助和"两免一补"政策的主要对象是义务教育阶段的农村学生,营养餐补助标准仅为每人每天4元,免除义务教育阶段学生学杂费(小学70元/生·学期,初中90元/生·学期,特教生70元/生·学期)和补助寄宿制学生生活费(小学1000元/生·年,初中1250元/生·年),对迪庆藏族自治州和怒江傈僳族自治州在校学生以及昭通市镇雄县、彝良县和威信县的建档立卡经济困难家庭学生实施14年免费义务教育,免除普通高中阶段建档立卡经济困难家庭学生的学杂费。

2019年云南省贫困地区家庭人均教育支出占人均消费支出的12.26%,虽然比例高于全国的11.66%,但实际支出金额只有全国平均水平的43.14%。如

表3-7所示，集中连片特困地区、片区规划县和扶贫重点县不仅是贫困发生率比较高的地区，同时也是教育相对落后的地区。不仅家庭人均教育支出占消费支出的比例低于全省和全国水平，实际支出的值更是远低于全省和全国平均水平。如云南藏区家庭人均教育支出占消费支出的比重分别比全省和全国平均水平低3.60和4.02个百分点，而实际支出值只有全省和全国平均水平的40.55%和28.61%；石漠化地区家庭人均教育支出占消费支出的比重分别比全省和全国的平均水平低0.41和0.83个百分点，而实际支出只有全省和全国平均水平的50.82%和30.85%。

表3-7 2019年贫困地区教育投入与教育发展情况

	国家扶贫重点县	片区规划县	少数民族自治县	云南藏区	滇西山区	石漠化地区	乌蒙片区	云南	全国
家庭人均教育支出（元）	1095	1103	1080	719	1018	901	1291	1773	2513
学前三年教育毛入学率（%）	76.54	77.43	74.91	73.87	75.24	74.12	77.53	84.27	83.4
高中阶段毛入学率（%）	68.77	69.68	70.17	74.89	78.36	79.26	81.21	84.33	89.5
九年义务教育巩固率（%）	91.63	92.76	91.22	94.59	90.78	92.78	93.7	94.77	94.8

数据来源：2019年《云南调查年鉴》《云南统计年鉴》《中国统计年鉴》。

在连片贫困地区中，藏区是学前三年教育毛入学率最低的地区，分别比全省和全国平均水平低10.40和9.53个百分点；在全省16个州市中，怒江傈僳族自治州是学前三年教育毛入学率最低的地区，仅为74.43%。同样，藏区高中阶段毛入学率也不高，分别比全省和全国平均水平低9.44和14.61个百分点，怒江傈僳族自治州高中阶段毛入学率甚至比藏区还低。总体上，贫困地区九年义务教育阶段巩固率低于全省和全国平均水平。因此，贫困发生率越高的地区，学前三年教育毛入学率和高中阶段教育毛入学率和九年义务教育巩固率也越低。

2. 贫困地区学历层次低

贫困地区较低的入学率导致劳动力受教育年限短、学历层次低，文盲和半文盲率高。截至2019年，云南还有6.1%的行政村没有文化活动室。全省贫困地区劳动力平均受教育年限仅为6.9年，远低于全省的8.47年和全国的10.8年。贫困人口中，文盲和半文盲比例为9.52%，远高于全省平均水平；而具有高中及高中以上学历的人口比例却远低于全省平均水平。落后的教育导致贫困人口较高的文盲率和拥有较低的学历水平，不仅无法掌握必要的信息技术，实施现代化的生产活动，而且还会形成盲从、落后的思想观念。

（三）贫困人口"主动"丧失劳动能力

从贫困人口的健康状况和年龄分布来看，身体健康的贫困人口占贫困人口总数的89.38%，60岁以下贫困人口占贫困人口总数的86.91%，因此，缺少劳动力致贫中的"劳动力"显然不是通常意义下的丧失劳动力，而是人们主观愿意"失去"劳动力。由于文化素养不高，观念落后，极易产生"守贫"思想，而"守贫"思想和落后观念的突出表现是守旧，不思改变，认为贫穷是与生俱来的，想改变也没用，穷人穷乐；不怕穷，宁愿守着穷窝，常言道"金窝银窝，不如自己的狗窝"。在这种特定的生活环境中，容易产生并形成贫困文化，其生活方式和生活状态是凝固不变的，通常表现出土地至上的核心价值观。① 国家统计局2017年对云南8个州市的"直过民族"贫困村进行调查，统计数据显示，59.5%的调查对象对自己的生活现状感到满意，不满意的只有3.5%，认为一般的为35.2%。"直过民族"是云南贫困程度最深的群体，他们不怕穷，但怕不适应搬迁的新环境，怕学习新技术、接受新东西和发展新产业，怕被朝九晚五的作息时间限制自由，以及增加的劳动强度改变

---

① 王兆萍：《贫困文化结构探论》，《求是》2007年第2期。

悠然自得的闲暇时光。总之,对一切生活现状的改变都怕,却对贫困欣然接受。这种思想和观念进一步固化贫困,导致脱贫内生动力不足,贫困人口没有动力去改变贫穷的现状,也不愿改变现状。

长期生活在贫困环境下所养成的这种习惯最终会形成一个自我维持的文化体系,它体现出穷人的行为、态度、心理感受和价值规范等。① 这种习惯一经养成,便趋向永久化,难以打破,很难接受新的生产和生活方式,形成一种低水平的经济平衡。② 若穷人长期处于这种环境中,就无法改变自己的境遇进而摆脱贫困。③④ 正如艾青在《双尖山》中所写:"一个世界两条道路,一条走向愚昧贫困,一条走向繁荣富强。"

因此,治贫先治愚,急需通过教育提高贫困人口的文化素养,掌握信息社会基本的生存技能与信息共享方式,破除信息共享鸿沟,营造一个正常、良性的因果循环累积氛围,逐步改善贫穷落后的观念⑤,树立通过自己的努力改变贫困状况,通过自己的劳动发家致富的光荣信念。

四、贫困地区数字鸿沟现状分析

进行脱贫攻坚工作以来,虽然贫困地区信息技术基础设施得到了极大改善,信息技术的应用也逐步得到普及,很多家庭用上了4G手机和宽带网络,极大改善了贫困地区的通信、交流和交易方式,很多家庭已经能够通过网上购物平台购买商品,已经有部分家庭能通过网络外销农特产品。信息网络技

---

① 罗遐:《1980年代中期以来中国贫困问题研究综述》,《学术界》2007年第6期。
② S. Dike, "La Vida en La Colonia: Oscar Lewis, the Culture of Poverty, and the Struggle for the Meaning of the Puerto Rican Nation", *Centro Journal*, Vol. 26, No. 1 (Spring 2014), pp. 172-191.
③ Mark R. Rank, Hong-Sik Yoon, Thomas A. Hirschl, "American Poverty as a Structural Failing: Evidence and Arguments", *Journal of Sociology & Social Welfare*, Vol. 30, No. 4 (March 2003), pp. 1-29.
④ 孟照海:《教育扶贫政策的理论依据及实现条件——国际经验与本土思考》,《教育研究》2016年第11期。
⑤ [瑞典]冈纳·缪尔达尔、[美]赛思·金:《亚洲的戏剧——南亚国家贫困问题研究》,方福前译,商务印书馆2015年版,第78页。

术的广泛应用,极大地促进了扶贫攻坚工作,但是与发达地区相比,无论是信息基础设施建设、信息资源的获取,还是信息技术的应用,都还存在较大差距。随着经济社会的不断发展,这种差距并没有得到进一步缩小,而是在进一步扩大,就像城乡收入差距一样。由于文化程度低,不具备使用新的信息技术能力,极大地限制着贫困地区居民充分共享信息技术革命带来的数字红利,迅速缩小与富裕人口间的差距。

(一)信息基础设施落后

如表3-8所示,截至2019年,云南贫困地区通有线电视信号的自然村比例为86.7%,还有5.3%的家庭没有电视机,1.5%的居民没有电话;虽然通宽带的自然村比例为93.9%,但使用移动宽带的用户比例只有74.3%,通过计算机接入宽带的用户仅有5.2%,互联网普及率不到55%。

表3-8　2019年贫困地区信息基础设施建设及信息技术应用状况

	云南	全国	云南省贫困地区	全国贫困地区
移动宽带用户比例(%)	78.8	93.4	74.3	*
计算机入网比例(%)	32.2	49.1	5.20	*
互联网普及率(%)	61.2	71.6	54.3	*
计算机(台/百户)	33.5	53.2	7.8	17.1
通有线电视自然村比例(%)	*	*	86.7	98.9
通宽带自然村比例(%)	*	*	93.9	95.4

*表示数据缺失。
数据来源:2020年《云南调查年鉴》《中国农村贫困监测报告》《中国统计年鉴》。

据《中国统计年鉴》的数据显示,2019年全国城镇居民计算机拥有率为72.2台/百户,而云南省城镇居民计算机拥有率仅为64.2台/百户;全国农村居民计算机拥有率为27.5台/百户,而云南省农村居民计算机拥有率仅为8.8台/百户,不到全国农村居民拥有率的三分之一,仅约为云南省居民计算机拥有率的 26.27%，不到全国居民计算机拥有率的 20%。在云南省的 16 个州市中，昆明市农村人均计算机拥有率最高，为 29.9 台/百户，最低的昭通市仅有 4.1 台/百户，仅为昆明市的 13.8%。大理白族自治州城镇居民计算机拥有率最高（88.9 台/百户），其次是昆明市（86.6 台/百户），最低的怒江傈僳族自治州仅为 49.68 台/百户。云南贫困地区居民计算机拥有率仅为 7.8 台/百户，比全国贫困地区居民计算机拥有率低 9.3 台/百户，云南贫困地区每百户居民计算机拥有量仅为全省和全国每百户居民计算机拥有量的 23.28% 和 14.77%。

2019 年云南省电视和广播覆盖率接近 100%，不过贫困地区通有线电视的自然村比率只有 86.7%，还有 13.3% 的自然村没有通有线电视，比全国贫困地区没有通有线电视的自然村比率高 13.4 个百分点。在所有 16 个州市中，只有昆明市和玉溪市的电视和广播覆盖率达 100%。

云南贫困地区虽然所有自然村都已通电、通电话，但还有少部分地区没有解决宽带网络通信问题。截至 2019 年年底，通宽带网络的自然村比例为 93.95%，低于全国贫困地区 1.5 个百分点；通宽带网络自然村比率最高的地区为昆明市（98.32%），其次是西双版纳傣族自治州（95.33%），通宽带网络比例高的地区都是较为富裕的地区；最低的昭通市仅为 47.3%，还有 42.7% 的自然村没有通宽带网络，其次是怒江傈僳族自治州，还有 45.6% 的自然村没有通宽带网络，通宽带网络比例低的地区也是深度贫困地区。

2019 年云南贫困地区互联网普及率仅为 54.3%，分别比全省和全国互联网普及率低 6.9 和 17.3 个百分点，其中通过移动电话接入互联网的比例和通过电脑接入互联网的比例也远低于全省和全国平均水平。

区域内，不同地区间互联网普及率存在较大差异。深度贫困地区互联网普及率明显低于其他地区，如图 3-5 所示，相对富裕的昆明市、玉溪市和西双版纳傣族自治州等地区互联网普及率远高于较为贫困的怒江傈僳族自治州、迪庆藏族自治州和昭通市。

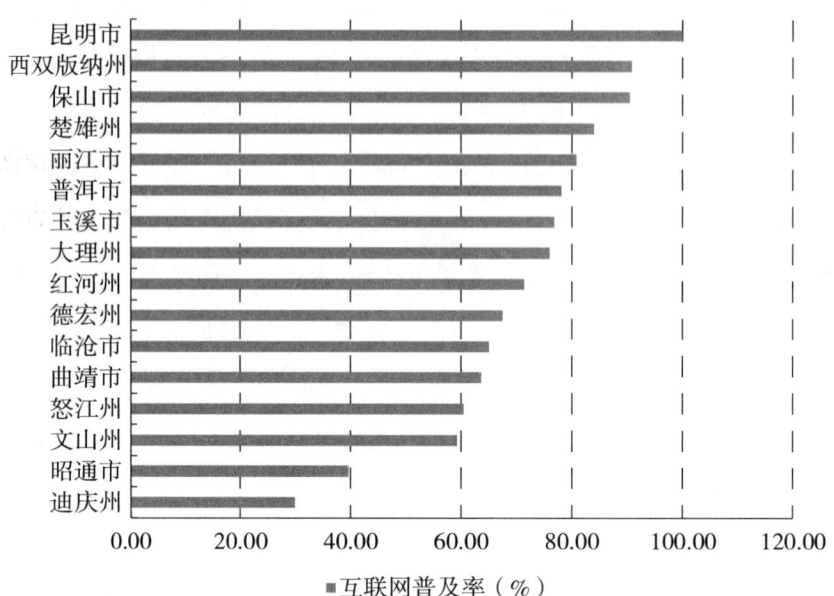

数据来源：2020年《云南省调查年鉴》和云南省各州市《国民经济和社会发展统计公报》。

图3-5 云南各州市2019年互联网普及率分布情况

从抽样调查的统计数据来看①，由于农村居民缺少计算机设备，以及无力支付高昂的宽带网络信息资费，致使接入宽带网络的用户不多。如表3-9所示，农村地区宽带用户少，而接入宽带的贫困户更少，多数用户主要是通过使用手机套餐流量接入互联网，还有超过50%的贫困户没有使用过网络。农村公共Wi-Fi建设相对落后，通过Wi-FiI接入互联网的用户也不多。

---

① 本书中的调查数据为作者设计完整的调查问卷，进行入户调查所得的结果，共计入户调查对象为300户农村居民。包括第四章第二节和第三节所使用的未注明出处的数据均为入户调查的数据。

表 3-9　农村居民接入互联网的情况

	手机套餐流量	宽带	公共 Wi-Fi	从不联网	总计
贫困户（%）	40.7	0.3	1.0	58.0	100
非贫困户（%）	55.7	9.6	5.9	28.8	100
总计	51.7	7.3	4.7	36.7	100

统计数据显示，2019 年贫困县 4G 信号用户比例仅为 62.9%，远远低于非贫困县的 82.4%，而 2G 和 3G 信号比例分别为 10.2% 和 17.8%，远高于非贫困县的 3.9% 和 7.8%，贫困县还有 9.1% 的地区没有手机信号，远高于非贫困县的 5.9%。因此，贫困县的信息基础设施较非贫困县落后。

（二）农村地区信息设备使用效率低

1. 信息通信费用支出少

从 2019 年居民人均消费支出统计数据来看，云南集中连片特困地区人均交通通信费支出仅为全省人均交通通信费支出的 48.87%，为全省农村人均交通通信费支出的 71.68%。从集中连片特困区来看，乌蒙片区、石漠化地区和藏区农村人均交通通信费支出较低，分别为 936 元、1238 元和 1192 元，分别只有全省农村人均交通通信费支出的 56.28%、74.44% 和 71.68%，全省人均交通通信费支出的 38.38%、50.76% 和 48.87%，以及全国人均交通通信费支出的 32.70%、43.26% 和 41.65%，扶贫重点县人均交通通信费支出为 1180 元，分别为全省农村、全省、全国人均交通通信费支出的 70.96%、48.38%、41.23%。

2. 智能手机使用效率低

农村绝大多数居民已购置有手机，仅有 8% 的居民没有手机或者居住在没有手机信号的地方。多数居民的手机能使用 4G 信号，占 69.7%，还有 22.3% 的居民手机只能使用 2G 和 3G 信号。从手机用途来看，无论是建档立卡贫困户还是非贫困户，对手机用途的看法差异不大。绝大多数用户的手机主要用来进行通信交流和游戏娱乐，进行学习、共享农业和农产品信息的用户较少。如表 3-10 所示，仅用于通信交流的居民占 47.7%，用于视频、游戏娱乐的居民占 19.9%，二者共计占 67.6%，而用来学习、了解农业和农产品信息的居民只有 18.4%，用于网店、购物的居民比较少。因此，农村居民的智能手机并没有得到有效使用，其功能没有得到较好发挥，多数仅作为通信工具来使用。

表 3-10　手机的主要用途

	通信交流	视频、游戏娱乐	学习	浏览新闻	了解农业和农产品信息	购物	不确定	网店	总计
贫困户（%）	51.40	16.10	7.70	7.70	10.90	5.60	0.00	0.60	100
非贫困户（%）	46.10	21.40	11.20	8.60	7.40	3.90	0.90	0.50	100
总计	47.70	19.90	10.50	8.50	7.90	4.20	0.70	0.50	100

注：此调查为多项选择，要求被调查对象按重要性选出前三项，然后按权重计算后得到表中的统计结果。

3. 互联网使用效率不高

农村地区使用过互联网的用户为 63.3%，还有 36.7% 的用户从未用过互联网，其中，曾使用过互联网的建档立卡贫困户仅为 42%，58% 的用户没有使用过互联网，而没有使用过互联网的非贫困户仅为 28.8%，二者存在较大差异。虽然多数农村居民认为互联网具有快速、及时获取信息的优势，更喜欢通过互联网共享信息，但目前在农村贫困地区的信息传输和共享中，互联网并没有完全取代传统媒体的地位，互联网的优势和作用没有得到充分发挥。

从获取信息的意愿偏好来看，如表 3-11 所示，网络逐渐成为农村贫困地区获取信息的主要方式，不过非贫困户与贫困户之间存在不少差距，由于受受教育水平、信息技术技能,以及信息设备等因素的限制,贫困户比非贫困户更喜欢通过传统方式如广播电视和专业人员讲座来获取信息。有超过50%的非贫困户喜欢通过互联网获取信息,喜欢通过广播电视和专业人员讲座的方式获取信息的非贫困户占41.6%,而通过传统书籍获取信息的用户较少;仅有不到45%的贫困户喜欢通过互联网获取信息,通过广播电视和专业人员讲座的方式获取信息的贫困户占52.9%,几乎没有贫困户选择通过传统书籍来获取信息。

表3-11 信息获取方式偏好

	网络	广播电视	专业人员讲座	传统书籍	其他	总计
贫困户(%)	44.1	35.3	17.6	0	2.9	100
非贫困户(%)	51.9	33.3	8.3	3.8	2.6	100
总计	50.5	33.7	10.0	3.2	2.6	100

进一步研究发现,农村地区多数用户上网的主要目的是微信聊天,如表3-12所示,其次是浏览新闻和游戏娱乐,用于学习、查阅信息、销售农特产品的用户比例不高,三项比例合计仅为18.01%,其中用来销售农特产品的比例仅为1.16%,用来开网店的用户更少,而用来销售农特产品和开网店的贫困户比例都不到1%。相对来说,购物、开网店、销售农产品、浏览新闻的贫困户比例比非贫困户少,而微信聊天和游戏娱乐的贫困户比非贫困户多,说明很多贫困户上网的目的性不是太强,有少部分贫困户确实有脱贫致富的意愿,有超过10%的贫困户上网是为了学习科学技术知识,查阅信息也有7.94%。

表 3-12 上网的主要目的

	微信聊天	浏览新闻	游戏娱乐	学习科学技术知识	购物	查阅信息	销售农特产品	不确定	开网店	合计
贫困户（%）	29.41	18.82	22.35	12.06	7.35	7.94	0.59	0.59	0.88	100
非贫困户（%）	28.53	21.67	20.71	9.94	9.36	6.22	1.28	1.22	1.09	100
总计	28.68	21.16	21.00	10.32	9.00	6.53	1.16	1.11	1.05	100

注：此调查为多项选择，要求被调查对象按重要性选出前三项，然后按权重计算后得到表中的统计结果。

虽然身处信息时代，但农村居民主要是通过诸如亲戚朋友和电视广播等传统方式来获取农业生产和产品销售信息，二者合计占43.8%，贫困户和非贫困差异不大，不过贫困户更依赖电视广播一些；如表3-13所示，而通过互联网和微信短信等社会性媒体获取农业生产和产品销售信息的比例并不高，二者合计为34.1%，其中，贫困户仅为28%；另外，获取农业生产和产品销售信息时，贫困户比非贫困户更依赖农业推广部门。

表 3-13 获取农业生产和产品销售信息的主要渠道

	亲戚朋友	电视广播	互联网	微信短信	农业科技人员	农业推广部门	报纸杂志	不确定	其他	无	总计
贫困户（%）	20.9	22.9	16.5	11.5	5.9	8.2	5.3	0.0	5.9	2.9	100
非贫困户（%）	22.9	20.9	18.7	16.8	5.1	3.1	2.9	1.7	5.3	2.6	100
总计	22.5	21.3	18.3	15.8	5.3	4.1	3.3	1.4	5.4	2.6	100

注：此调查为多项选择，要求被调查对象按重要性选出前三项，然后按权重计算后得到表中的统计结果。

4. 网购和开网店的居民少

虽然很多农村居民拥有4G手机，但经常网购的居民比例不高，多数居民还没有网购的经历。如表3-14所示，经常网购的居民比例不到20%，其中，贫困户与非贫困存在较大差异，经常网购的非贫困户有19.2%，而经常网购的贫困户仅为9.9%。没有网购经历的贫困户比例高达70.4%，而没有网购经历的非贫困户只有52.5%，差距非常大。

表3-14 网上购物情况

	经常购买	有时购买	没有购买过	总计
贫困户（%）	9.9	19.8	70.4	100
非贫困户（%）	19.2	28.3	52.5	100
总计	16.7	26.0	57.3	100

如表3-15所示，在农村，几乎没有居民有网店，超过九成的居民没有在网上销售过农特产品或物品，偶尔通过网络销售物品的用户也比较少，比例仅为7.3%。有网店的贫困户为0%，几乎没有贫困户通过网络销售过物品。相对来说，与实体店相比，网络销售农特产品成本低，影响大，收益高，这是农村急需补上的短板。

表3-15 有网店和网上销售物品情况

	有网店	偶尔卖	没有卖过	总计
贫困户（%）	0	2.5	97.5	100
非贫困户（%）	1.4	9.1	89.5	100
总计	1.0	7.3	91.7	100

（三）贫困人口信息使用效率偏低的原因分析

限制贫困人口使用网络的主要原因不是资费，而是贫困人口缺少技能，无法从网络中获取所需信息，以及网络缺少适合农村居民所需的信息等。

1. 缺少技能和相应的设备

从调查的数据来看，如表3-16所示，网络资费不是影响农村居民网络使用的主要原因，缺少操作技能和相应的设备才是最主要的影响因素。只有57%的农村居民能正常使用网络，其中，能正常使用网络的贫困户仅为37%，远低于非贫困户的64.4%；不会操作的农村居民占28.7%，其中不会操作的贫困户比非贫困户高14.8个百分点；没有设备的农村居民占5.3%，其中没有设备的贫困户比非贫困户高出7.9个百分点。

表3-16　不使用网络的主要原因

	能正常使用	不会操作	没有设备	不感兴趣	上网费用太贵	总计
贫困户（%）	37.0	39.5	11.1	2.5	9.9	100
非贫困户（%）	64.4	24.7	3.2	4.1	3.7	100
总计	57.0	28.7	5.3	3.7	5.3	100

2. 无法获取必要的信息

农村居民获取信息最大的困难是不会操作、网络中缺少必要的信息。如表3-17所示，有近三成的居民不会操作，无法获取信息，其中不会操作的贫困户占32.4%，非贫困户占28.4%；认为缺少必要信息的居民占21.7%，其中贫困户占23.5%，非贫困户占21.3%；认为网上资源少的居民占19.6%，其中，贫困户占8.8%，而非贫困户占21.9%，二者的差距异常悬殊，主要是上网的贫困户太少，不常使用网络，因此，不完全了解网络资源的多寡；不少居民缺少上网设备，其中，缺少网上设备的贫困户超过1/5。

表3-17　上网获取信息时遇到过的主要困难

	缺少必要的信息	不会操作	不会打字	网上资源少	缺少设备	总计
贫困户（%）	23.5	32.4	11.8	8.8	23.5	100
非贫困户（%）	21.3	28.4	13.5	21.9	14.8	100
总计	21.7	29.1	13.2	19.6	16.4	100

3. 认识不足，缺乏获取信息的主动性

总体来看，农村居民对互联网的认识基本持正面看法，认为互联网没有用的居民不多，如表3-18所示，认为网络对生活没有用的居民仅占3.7%，贫困户与非贫困户的看法基本相同；多数认为网络能方便沟通、拓展知识面、解决生产生活中的问题，不过认为能提高收入的居民不太多，比例低于5%，其中仅有1.2%的贫困户认为网络能提高收入，因此，农村居民还没有完全认识到网络对我们的生活带来的影响，特别是通过网络带货、宣传、销售农特产品，能迅速提高收入，改善生活。

表3-18　网络对生活的主要影响

	方便沟通	拓宽知识面	解决生产生活中的问题	提高技能	能提高收入	没有用处	不确定	其他	总计
贫困户（%）	26.2	23.8	25.0	14.4	1.2	4.1	0.9	4.4	100
非贫困户（%）	30.6	25.5	18.6	12.5	5.0	3.7	2.9	1.2	100
总计	29.8	25.2	19.7	12.8	4.3	3.7	2.6	1.7	100

注：此调查为多项选择，要求被调查对象按重要性选出前三项，然后按权重计算后得到表中的统计结果。

从调查的数据来看，主动获取信息的用户少。如表3-19所示，多数农村居民认为，由于生产、生活需要或者通过新闻了解后才会去获取农业和科技信息，合计比例为64.2%，而学习他人做法，主动获取信息的用户比例不高，仅为15.3%，其中，贫困户比例不到10%，而由于生活需要，被迫获取信息

的贫困户比例超过 50%。

表 3-19 获取农业和科技信息的主要原因

	生产生活需要	学习他人做法	新闻介绍	没有需要	总计
贫困户（%）	55.9	8.8	26.5	8.8	100
非贫困户（%）	39.7	16.7	20.5	23.1	100
总计	42.6	15.3	21.6	20.5	100

4. 缺少培训和信息公共服务系统

如表 3-20 所示，无论是贫困户还是非贫困户，只有较少用户参加过当地政府和机构组织的互联网技术应用培训，比例为 8.4%，其中，参加过培训的贫困户比例仅为 2.9；而没有参加过培训的居民占大多数，其中，认为没有相应组织机构和不了解的用户比例合计占 56.9%，说明农村地区没有相应的培训机构和组织，或者即使有相应的机构和组织，但开展的培训工作较少，导致农村居民缺乏获取信息的能力，以致网络和信息资源利用率偏低。

表 3-20 参加过当地政府和机构组织的互联网技术应用培训情况

	参加过	没有参加过	没有相应组织	不了解	总计
贫困户（%）	2.9	32.4	32.4	32.4	100
非贫困户（%）	9.6	35.3	21.8	33.3	100
总计	8.4	34.7	23.7	33.2	100

如表 3-21 所示，只有 17.9% 的用户经常收到过当地政府、服务机构推送的有关农业和农产品的信息，偶尔收到的比例为 41.6%，没有收到过的用户占 40.5%，二者合计高达 82.1%，贫困户和非贫困看法基本相同，说明农村缺少推送农业和农产品信息的机制和公共服务系统。

表 3-21　有关农业和农产品信息发送和接受情况

	经常收到	偶尔收到	从没收到过	总计
贫困户（%）	17.6	41.2	41.2	100
非贫困户（%）	17.9	41.7	40.4	100
总计	17.9	41.6	40.5	100

从以上分析结果可以看出，农村居民不仅信息设备落后，缺少信息技术培训导致信息技能匮乏，还缺少信息推送的公共服务体系机制，导致信息使用率低，无法共享信息技术革命带来的数字红利，快速改善生活状况。

五、数字红利与数字鸿沟对贫困的影响

信息技术革命带来数字红利，助力扶贫开发，促进反贫困工作；但人们在信息技术和信息使用中的差异所形成的数字鸿沟，进一步加大贫富差距，加深贫困。

（一）数字红利加速反贫困

从全国互联网普及率可以看出，信息技术快速发展和信息广泛应用，主要是在 2010 年之后。从 2000 年至 2005 年和 2010 年至 2019 年两个时间段的贫困发生率也可以看出，2010 年之后贫困发生率下降的速度明显加快了不少。

在不考虑其他因素的情况下，从表 3-22 可以看出，在 2000 年至 2005 年间，贫困地区信息化发展程度较低，互联网技术和信息资源应用对扶贫开发工作的影响较小，从云南各个州市的贫困发生率变化情况来看，2000 年至 2005 年间也是贫困发生率下降速度较慢的时期。2010 年之后，由于互联网和信息技术应用的快速普及，信息技术和信息资源应用对扶贫开发工作的促进作用较为明显，这段时间贫困发生率下降速度较快。如迪庆藏族自治州的贫困发生率在 2000 年至 2005 年间每年平均下降 3 个百分点，而 2010 年至 2019

年间每年平均下降率提高了 6.25 个百分点；昆明市的贫困发生率在 2000 年至 2005 年间每年平均下降 0.89 个百分点，而 2010 年至 2019 年间每年平均下降率提高了 0.79 个百分点；西双版纳傣族自治州在 2000 年至 2005 年间每年平均下降 0.65 个百分点，而 2010 年至 2019 年间每年平均下降率高了 1.91 个百分点，其他地区的情况也类似，2010 年至 2019 年间贫困发生率下降速度明显快于 2000 年至 2005 年间。

表 3-22 2000 年至 2005 年和 2010 年至 2019 年云南各州市贫困发生率变化情况①

地区	2000 年至 2005 年间每年平均下降值（百分点）	2010 年至 2019 年间每年平均下降值（百分点）
保山	1.67	3.84
楚雄	1.08	3.43
大理	1.10	3.77
德宏	0.99	3.16
迪庆	3.00	9.25
红河	1.74	5.52
昆明	0.89	1.68
丽江	1.46	4.43
临沧	3.17	5.12
怒江	2.70	9.07
普洱	2.65	6.21
曲靖	1.36	3.24
文山	1.64	3.11
西双版纳	0.65	2.56

---

① 注：在没有特别申明的情况下，本书中的简写为：保山为保山市、楚雄为楚雄彝族自治州、大理为大理白族自治州、德宏为德宏傣族景颇族自治州、迪庆为迪庆藏族自治州、红河为红河哈尼族彝族自治州、昆明为昆明市、丽江为丽江市、临沧为临沧市、怒江为怒江傈僳族自治州、普洱为普洱市、曲靖为曲靖市、文山为文山壮族苗族自治州、西双版纳为西双版纳傣族自治州、玉溪为玉溪市、昭通为昭通市。

续表

地区	2000年至2005年间每年平均下降值（百分点）	2010年至2019年间每年平均下降值（百分点）
玉溪	0.69	1.60
昭通	2.25	6.80

数据来源：2011年至2020年《云南调查年鉴》。

从全省的情况来看，2000年至2005年间云南省贫困发生率每年平均下降1.69个百分点，每年平均下降6.23%；而2010年至2019年间贫困发生率每年平均下降3.82个百分点，在2000年至2005年的基础上提高了2.13个百分点；每年平均下降9.55%，在2000年至2005年的基础上提高了3.32个百分点。如图3-6所示，2010年至2019年间贫困发生率下降速度最快的地区分别是昆明市、玉溪市、西双版纳傣族自治州等信息化发展较快、互联网普及率较高的地区。

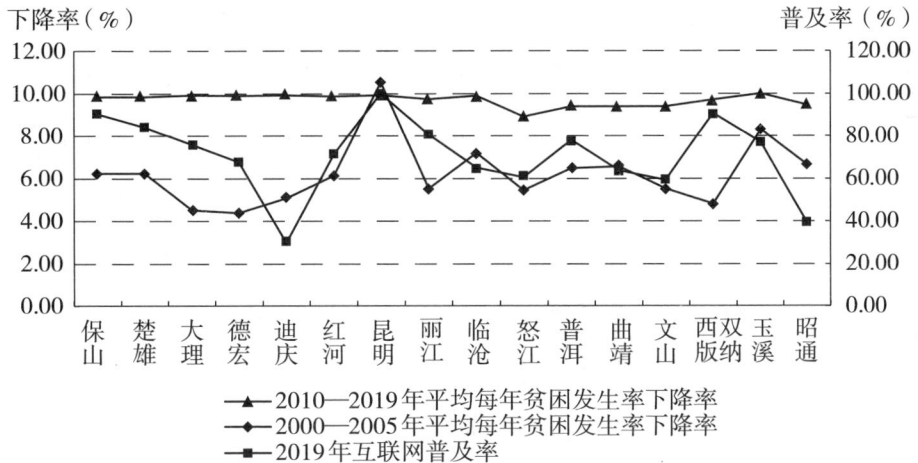

数据来源：2001年至2020年《中国农村贫困检测报告》《云南调查年鉴》《中国互联网络发展报告》。

图3-6 云南省各州市互联网普及率与贫困发生率变化情况

除信息化较为发达、贫困发生率较小的昆明市外，2010年至2019年间和2000年至2005年间贫困发生率下降率差值越大的地区，也是互联网普及率越高的地区，说明互联网普及率越高，信息和信息技术对扶贫开发工作的影响越明显。

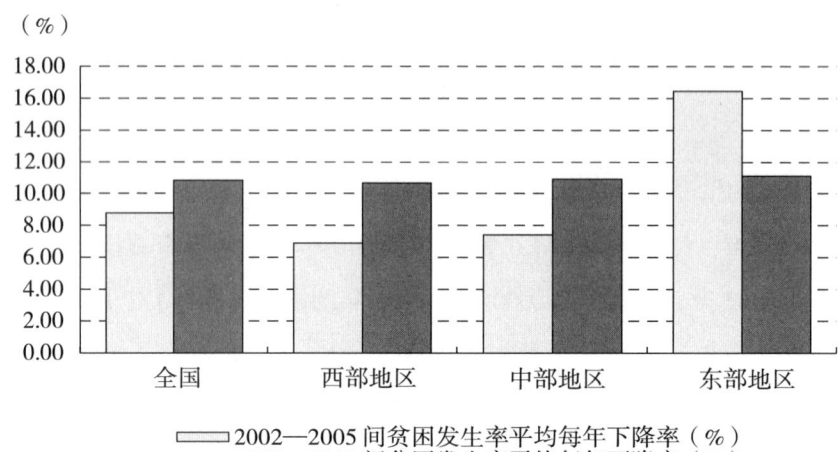

数据来源：2001年至2020年《中国农村贫困监测报告》。

**图 3-7 2002 年至 2005 年和 2010 年至 2019 年
东中西部地区贫困发生率变化情况**①

从全国的情况来看，提高收入能明显改善贫困状况，不过信息技术的快速发展也能够加速贫困状况的改善。如图 3-7 所示，2010 年前，主要是经济快速发展促使农村地区贫困状况迅速改善，2002 年至 2005 年间全国贫困发生率每年平均下降 8.78%，其中西部地区每年平均下降 6.9%，中部地区每年平均下降 7.41%，东部地区每年平均下降 9.45%。2010 年后，经济快速发展与信息技术革命带来的数字红利叠加，促使人们充分利用信息技术实现信息资

---

① 注：统计数据不包含台湾、香港和澳门地区，其中东部地区包括北京、天津、河北、辽宁、上海、江苏、浙江、福建、山东、广东、海南；中部地区包括山西、吉林、黑龙江、安徽、江西、河南、湖北、湖南；西部地区包括内蒙古、广西、重庆、四川、贵州、云南、西藏、陕西、甘肃、青海、宁夏、新疆。

源共享，加速农村地区贫困状况的改善，2010年至2019年间全国贫困发生率每年平均下降10.85%，在2002年至2005年的基础上提高了2.07个百分点，其中西部地区每年平均下降10.69%，中部地区每年平均下降10.92%，东部地区每年平均下降11.11%，分别在2002年至2005年的基础上提高了3.79、3.51和1.66个百分点。因此，在信息和信息技术广泛应用后，全国中、东、西部地区贫困发生率下降的速度明显加快，说明信息与信息技术的广泛应用对扶贫开发工作有明显的促进作用。

(二) 数字鸿沟加深贫困

如图3-8所示，对比2019年云南16个州市的互联网普及率和贫困发生率统计数据可知，贫困发生率最高的地区如怒江傈僳族自治州、昭通市，同时也是信息化发展水平最低的地区；较为富裕的地区如昆明市、玉溪市，同样是信息化发展水平较高的地区，无论是互联网普及率、通宽带行政村比例、农村家庭居民电脑拥有率以及广播、电视覆盖率等，都远高于其他较为贫困的地区。

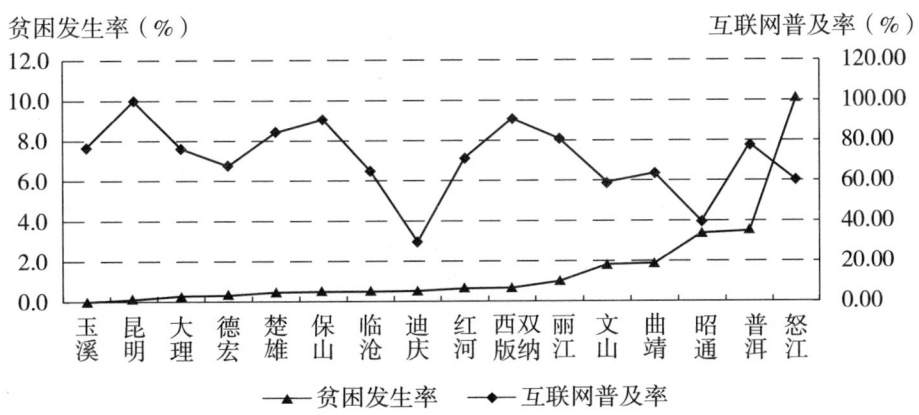

数据来源：2019年《云南调查年鉴》、云南省各州市《国民经济与社会发展报告》。

图3-8　2019年云南各州市贫困发生率与互联网普及率分布情况

对 2010 年至 2019 年间云南 16 个州市贫困和数字鸿沟的部分数据进行交叉立链表分析，结果显示，如表 3-23 所示，贫困发生率、贫困县所占比例、贫困村所占比例与互联网普及率、农村和城镇居民计算机拥有量、电视和广播覆盖率呈显著负相关性，贫困发生率、贫困村和贫困县所占比例越高的地区，互联网普及率越低，农村和城镇居民计算机拥有量越小，电视和广播覆盖率越低。说明越贫困的地区，互联网普及率越低，信息设备拥有率和信息共享率也越低。

表 3-23　贫困与部分数字鸿沟指标交叉皮尔逊相关性检验结果

	贫困发生率	贫困县所占比例	贫困村所占比例	宽带互联网普及率	城镇居民计算机拥有量	农村居民计算机拥有量	电视覆盖率	广播覆盖率	通宽带网络自然村占比
贫困发生率	1	.600**	.649**	-.731**	-.663**	-.559**	-.593**	-.721**	-.553**
贫困县所占比例	.600**	1	.826**	-.642**	-.498**	-.471**	-.342**	-.498**	-0.011
贫困村所占比例	.649**	.826**	1	-.697**	-.551**	-.652**	-.332**	-.477**	-0.141
宽带互联网普及率	-.731**	-.642**	-.697**	1	.669**	.686**	.459**	.598**	.252**
城镇居民计算机拥有量	-.663**	-.498**	-.551**	.669**	1	.748**	.473**	.544**	.430**
农村居民计算机拥有量	-.559**	-.471**	-.652**	.686**	.748**	1	.483**	.538**	.266**
电视覆盖率	-.593**	-.342**	-.332**	.459**	.473**	.483**	1	.888**	.456**
广播覆盖率	-.721**	-.498**	-.477**	.598**	.544**	.538**	.888**	1	.462**
通宽带网络自然村占比	-.553**	-0.011	-0.141	.252**	.430**	.266**	.456**	.462**	1

"**""*"分别表示估计系数在 0.01 和 0.05 水平下显著。

第四章　数字鸿沟与贫困的静态和动态关系实证分析

识别贫困和数字鸿沟，关键在于如何测度贫困和数字鸿沟。国内外学者对贫困和数字鸿沟的测度有多种方法，本章在前人研究的基础上，构建贫困和数字鸿沟测度指标，计算出贫困和数字鸿沟的综合指数，然后讨论贫困和数字鸿沟存在的静态和动态相互作用关系。

一、贫困的测度与指标构建

作为认识和理解贫困的有效工具和方法，贫困的测度为制定反贫困策略提供科学的依据。要减缓或消除贫困，使用何种方法来测度和衡量贫困就显得尤为重要。由于贫困存在多态性、综合性、相对性和发展性等特征，这给贫困的测度带来困难。对贫困的研究内容不同，研究视角不同，测度方法和标准也就不一样。

要测度贫困，必须先识别贫困，一般是根据预先给定的标准来判断、识别谁处于贫困之中，然后再对贫困的组成要素进行聚类分析求出贫困指数，通过比较贫困指数来区分各类贫困。识别贫困的典型做法是先确定贫困线，然后评价个体的收入是否达到这个标准，如果低于此标准，就属于贫困人口。聚类分析的基本方法是选择一个或一系列贫困指标或贫困测度指标，评价个体的状况处于何种程度。贫困的测度指标主要有贫困发生率、贫困差距率等单一贫困测度指数，以及 HPI 人类贫困指数、CH-M 指数、PMI 多维贫困指数等综合指数。

贫困测度指标的选择取决于贫困测度的目的和扶贫措施的安排，若需要了解某个地区的相对贫困人数，为制定宏观政策提供依据，贫困发生率就是一个重要的指标；若想了解某一家庭的贫困状况，其收入和国家贫困线就是重要的衡量指标。当贫困的识别方法从单一维度贫困测度向多维度贫困测度转变时，人们对贫困的认识也变得更全面、更科学。

（一）单一贫困测度指标

1. 贫困线（Poverty Line）

识别和理解贫困，首先要解决一个问题，何为贫困？通行的做法是，使用"消费标准"（Consumption Norms）或者"贫困线"来确定贫困，即收入水平低于贫困线或者消费水平低于消费标准的人。[①]

贫困线是人们最早用来测度贫困的标准，即使现在也被广泛使用。据现有可查阅的资料来看，西博姆·朗特里是第一个从家庭、个人收入以及支出的角度提出并构建个体家庭贫困线标准的学者。他认为，如果一个家庭或者个人的收入不能维持其身体正常需要的最低生活必需品的消费支出时，那么这个家庭或个人就会陷入贫困之中，而这个消费支出水平即为贫困线。他的计算方法是，当时一个英国五口之家维持其家庭成员身体正常所需的最低支出费用为每周 21 先令 8 便士，此标准便是当时英国的贫困线。[②]

众所周知，贫困线首先是一个营养学标准，即满足生活基本需求的最少

[①] [印] 阿玛蒂亚·森：《贫困与饥荒——论权利与剥夺》，王宇、王文玉译，商务印书馆 2001 年版，第 17 页。

[②] S. Rowntree, *Poverty: A Study of Town Life*, London: Macmillan, 1901, p.101.

单位卡路里的食品、最低的消费品、最低的福利水平、或最少的生活资料等。① 如中国1978年的贫困线为每人每天需摄入2100卡路里热量，折算为小米的价格为100元/人·年。1979年世界银行三位经济学家提出贫困的国际营养标准，即每人每天2250卡路里。② 通过换算，1979年联合国确定的贫困线为200美元/人·年。1976年国际劳工组织制定了一条贫困线标准，即西欧为500美元/人·年，拉丁美洲为180美元/人·年，非洲为115美元/人·年，亚洲为100美元/人·年。有的学者用蛋白质标准来衡量贫困，如20世纪80年代，美国每人每天至少需要97克蛋白质，印度每人每天至少需要48克蛋白质，加纳每人每天至少需要43克蛋白质等。③世界银行通过考虑各国相对价格差异的汇率，使用购买力评价（Purchasing Power Parity，以下简称PPP）来确定贫困线，即按1985年的购买力计算，1990年的国际贫困线标准为每人每天1美元，之后根据价格水平的上涨，不断作出调整，从每人每天1美元（1985年PPP）调整为1.08美元（1993年PPP）、1.25美元（2005年PPP）、1.9美元（2011年PPP）和2.5美元（2017年PPP）。

阿玛蒂亚·森认为，通过上述最低限度生活水平来衡量贫困的方法过于单一，且只考虑生存问题，贫困的测度存在局限性，因为人们的需求不仅只有食品，还有其他非食品。

世界银行首席经济学家马丁·瑞沃林（Martin Rivolin）在《贫困的比较》一书中提出了修正，即"马丁法"贫困线标准，在贫困线的计算中增加非食物标准，贫困线由食物贫困线和非食物贫困线组成，食物贫困线是指20%的最低收入人口的基本生理需求的营养标准，非食物贫困线是参照恩格尔系数

---

① Aldi J. M. Hagenaars, "The Definition and Measurement of Poverty", In *The Economic Inequality and Poverty: International Perspectives*, Lars Osberg, NY: M. E. Sharpe, 1991, pp.134-154.
② Montek S. Ahluwalia, Nicholas G. Carter, Hollis B. Chenery, "Growth and Poverty in Developing Countries", *Journal Development Economics*, Vol. 6, No. 2（March 1979）, pp.299-342.
③ [美] M.P.托达罗:《第三世界的经济发展》，于同申等译，中国人民大学出版社1988年版，第54页。

来确定除食品消费之外的其他基本生活消费支出。最低营养标准不仅取决于食物的组合与构成，还取决于个体的身体条件、习惯等因素。由于偏好不同，满足人们基本生存所必需的衣着、住房、医疗等非食物费用存在差异，因此，要确定人们最低非食物需求标准也是比较困难的。①②

贫困线还是一个相对的概念，衡量的方法也不是唯一的，如美国通过"食物蓝"来确定贫困线，欧共体1981年把每个消费单位平均收入的50%作为贫困线，国际组织使用社会福利指标水平来确定贫困线等。当通过居民收入平均水平来衡量贫困线时，贫困不仅由贫困人口自身的收入决定，还受他人收入的影响。虽然人们获得的食物、参加的社会活动、获得的最起码的生活和社交条件等资源能够满足正常基本生活需要，但如果没有达到社会平均生活水平的个人、家庭同样处于贫困之中。贫困还是一种剥夺，如果被剥夺公平享受基本社会生活资源、权利和参与社会活动的机会，同样属于贫困。③因此，使用单一贫困线很难准确测度贫困。

虽然贫困线存在诸多不足，但通过收入或支出来确定贫困是最直观、最容易的方法。因此，贫困线得到广泛的使用和推广，并在20世纪70年代占据主流地位，直到今天，贫困线还是一种较为重要的贫困测度方法。通常是使用贫困线来确定收入贫困、绝对贫困或者生存性贫困。

2. 贫困发生率（Head-count Ratio）

贫困发生率（Head-count Ratio，以下简称HR）是最早出现的贫困指数，主要用来衡量一个国家或一个地区的贫困程度，用贫困人口占总人口的比例来表示，即 $HR=q/n$，其中，q 为低于贫困线的人口总数，n 为总人口数，比例越高，说明贫困程度越深，它改善了通过贫困线来测度贫困的缺点。

---

① [印] 阿玛蒂亚·森：《贫困与饥荒——论权利与剥夺》，王宇、王文玉译，商务印书馆2001年版，第20—21页。
② 郭熙保、罗知：《论贫困概念的演进》，《江西社会科学》2005年第11期。
③ P. Townsend, *The Concept of Poverty*, London: Heinemann Educ, 1970, p. 85.

相对于其他指数，HR 的计算和表达式简单明了，且数据容易获得，计算时只需要贫困的状态信息，如通过收入即可得到结果，因此，自人们开始对贫困进行数量研究以来，这一指标就得到了广泛的应用。即使在当前，HR 也是世界上大多数国家和联合国各机构常用的衡量贫困的一个重要指标。

第一，HR 毕竟包含的信息量偏少，只能得到一个粗略的贫困范围，不能反映贫困的强度和深度，即"收入缺口"[①] 不敏感，若不参考富裕人口的收入，即使减少所有贫困人口的收入，贫困人口的数量也不会发生变化，即 HR 保持不变；第二，只考虑贫困人口的总数，而没有考虑贫困人口收入与贫困线的差距，不能准确描述个体或家庭的贫困程度，也就不能确定他们的收入是远离贫困线还是接近于贫困线，如果贫困人口的收入远离贫困线，当他们的收入降低时，HR 虽然不会发生改变，但贫困程度却在进一步加深；第三，当收入从穷人向富人转移时，贫困人口总数没有增加，HR 也保持不变，但这种收入分配却加深了穷人的贫困程度；第四，这种方法不适合以家庭为单位的贫困数据统计，因为当贫困家庭出现劳动力人口死亡时，从统计数据的表象来看，HR 下降了，贫困状况得到了改善，但实际上贫困状况是在进一步恶化。[②]

因此，通过 HR 来制定反贫困政策，对反贫困措施的实施存在误导性，当实施资金救助扶贫时，只能采用统一的分配标准，无法按个体的贫困程度来分配扶贫救助资金。所以，使用 HR 来测度贫困时，需要辅以其他标准，才能更准确地衡量贫困状况。

虽然阿尔迪·J. M. 哈根纳尔斯（Aldi J. M. Hagenaars）对 HR 的计算方法进行了修正，计算中增加了收入的几何平均数以体现贫困内部贫困人口的

---

① "收入缺口"是指一个人的收入与贫困线的差距。
② ［英］杰拉德尔.迈耶：《发展经济学前沿：未来展望》，中国财政经济出版社 2003 年版，第 131—161 页。

敏感度[①]，见式（4-1）。

$$HR = \frac{q}{n} \cdot \frac{\log T - \log u}{\log T} \quad (4-1)$$

其中，q 为贫困人口总数，n 为总人口数，T 为贫困线，u 为贫困人口收入的几何平均数。

不过改进后的 HR 表达式并没有从根本上解决贫困发生率存在的问题，无法反映贫困群体内部的收入不平等以及收入转移动态变化情况。

3. 贫困差距率（Income-gas Ratio）

为解决贫困发生率在贫困测度中的不足，美国社会安全局 1971 年提出贫困差距（Poverty Gaps）的概念，以便更好地反映历史和区域贫困状况。1976年，阿玛蒂亚·森对贫困差距进行标准化处理，得到贫困差距率（Income-gas Ratio，以下简称 IR），见式（4-2）。

$$\text{IR} = \sum_{i=1}^{q} \frac{(z - y_i)}{qz} \quad (4-2)$$

其中，y_i 为贫困人口收入，q 为贫困人口总数，z 为贫困线，$(z - y_i)$ 表示贫困人口收入的短缺状况，即收入差。

IR 反映贫困人口的平均收入差距，能够解释贫困程度，IR 越高说明贫困程度越深。它能为政府的扶贫决策提供依据，即当把贫困人口的收入提高到贫困线之上时，应该帮助他们提高多少收入。然而，IR 对贫困人口收入分配不敏感，无法反映贫困群体内部的收入转移情况，如收入向贫困人口转移，使远离贫困线的贫困人口的收入接近贫困线时，实际上贫困人口的贫困状况得到了改善，但 IR 却保持不变。

[①] Aldi J. M. Hagenaars, "The Perception of Poverty", *Journal of Economics*, Vol. 47, No. 1 (January 1987), pp. 92-98.

詹姆斯·福斯特（James Foster）1984 年对 IR 进行修正，提出 FGT 指数。[①]

$$FGT = \frac{1}{n} \sum \left(\frac{z - y_i}{z}\right)^{a-1} \quad (4-3)$$

其中，y_i 为贫困人口收入，z 为贫困线，n 为贫困人口总数，a 为贫困厌恶指数，即贫困程度，可以取 2、3、4 等值，计算中对相应贫困群体进行加权，最后计算出总的贫困指数。此修正能够反映贫困人口间的收入转移对贫困的影响，但它和 IR 一样，对贫困人数不敏感，不能呈现贫困人口的变化信息；同时，也和贫困发生率一样，不能反映贫困群体内部收入分配不平等问题。

4. Sen 指数（Sen Index）

阿玛蒂亚·森首次使用一套严谨的科学方法来测度贫困，为贫困的测度开创了一个新的时代。1976 年阿玛蒂亚·森对贫困发生率和 IR 的测量方法进行改进，把贫困人口收入排列的序号作为权重赋予收入差距，提出 Sen 指数[②]，见式（4-4）。

$$SI = \frac{2}{(q+1)nz} \sum_{i=1}^{q} (z - y_i)(q + 1 - i) =$$
$$H\left[1 - (1 - I)\left[1 - G_p\left[\frac{q}{q+1}\right]\right]\right] \quad (4-4)$$

其中，q 为贫困人口数，z 为贫困线，$(z - y_i)$ 收入差距，n 为人口总数，权重 $v_i = q + 1 - i$，G_p 为贫困人口的收入分配基尼系数，H 为贫困人口总数，I 为总贫困差或者收入缺口比率（全体贫困人口的收入与贫困线差距的总和）。当 q 较大时，$q/(q+1)$ 接近于 1，则 4-4 式可以简化为：$SI' = H[I + (1 - I)G_p]$。

[①] J. Foster, J. Greer, E. Thorbeche, "A Class of Decomposable Poverty Measures", *Econometrica*, Vol. 52, No. 3 (May 1984), pp. 761–766.

[②] A. Sen, "Poverty: An Ordinal Approach to Measurement", *Econometrica*, Vol. 44, No. 2 (March 1976), pp. 219–231.

若贫困人口收入相同,则 G_p 为 0,则有 $SI' = H \times I$,若贫困人口比例和贫困差保持不变,贫困指数 SI' 与基尼系数 G_p 成正比,P 随基尼系数的增加而增加,贫困差距加大。①

此修正不仅能反映贫困程度,也能反映收入分配的不平等程度。首先,Sen 指数并不直观,且对贫困人口减少的敏感度要远高于贫困差和贫困人口的收入分配变化情况;其次,Sen 指数没有考虑贫困线以上人们的收入分布情况②;当低收入贫困者的收入向较高收入贫困者转移后,使得较高收入贫困者的收入跨过贫困线时,Sen 指数不增反降,与实际情况不符;最后,以收入水平排列的序号为权重,对处于收入不同位置的等量收入转移赋予相同权重,违背了弱转移敏感性原则。

不过,Sen 指数把收入权重放入贫困测度,通过贫困人口总数、贫困差和分配基尼系数组成贫困测度函数,有利于对贫困进行多因素分析,还可对贫困进行类似于基尼系数一样的图形化解释,增强了贫困指数对贫困的解释力,为扶贫政策的制定提供较为科学的依据。

多米尼克·索恩(Dominique Thon)1979 年对 Sen 指数的权重进行调整,提出 T 指数(Thon index)。③

$$T = \frac{2}{(n+1)nz} \sum_{i=1}^{q} (z - y_i)(n + 1 - i) \tag{4-5}$$

T 指数增加($n+1-i$)作为权重,改善了权重确定的合理性,但它对贫困人口数量 q 缺乏敏感性。

高山敬之(Noriyuki Takayama)1979 年引入收入分配函数 $y_i^* = \min(y_i,$

---

① [印] 阿玛蒂亚·森:《贫困与饥荒——论权利与剥夺》,王宇、王文玉译,商务印书馆 2001 年版,第 51 页。

② S. Clark, R. Hemming, D. Ulph, "On Indices for the Measurement of Poverty", *Economic Journal*, Vol. 91, No. 362 (January 1981), pp. 515-526.

③ D. Thon, "On Measuring Poverty", *Review of Income and Wealth*, Vol. 25, No. 4 (December 1979), pp. 429-440.

z），提出 T_a 指数。①

$$T_a = 1 + \frac{1}{n} - \frac{2}{\mu_n^2} \sum_{i=1}^{n} (n + 1 - i) y_i^* \qquad (4-6)$$

其中，μ 为收入分布 $y_i^* = \min(y_i, z)$ 的平均收入水平。

T_a 指数引入收入函数，几何解释简单明了，拓展了贫困研究的视野，但 T_a 指数与收入函数都不是单调函数，当收入水平高于 μ 时，收入分布的不平等程度与 T_a 指数得到的结果恰好相反。

纳纳克·卡克瓦尼（Nanak Kakwani）1980 年增加社会不平等厌恶系数，调整权重函数后得到 K 指数。②

$$K = \frac{q}{nz \sum_{i=1}^{q} i^a} \sum_{i=1}^{q} (z - y_i)(q + 1 - i)^a \qquad (4-7)$$

权重函数 $v_i = (q + 1 - i)^a$，a 为社会不平等厌恶系数，a 越大，表明人们对贫困人口收入不平等的厌恶程度越高，当收入水平越低的贫困人口权重越大时，表明人们越关心收入水平越低的贫困人口。

虽然以上改进措施极大地提高了贫困测度的合理性，但必须看到，贫困不仅仅是经济学中的收入问题，它还涉及权利、个体能力、社会制度、法律、文化等因素。

5. 权利、脆弱性、社会排斥

阿玛蒂亚·森指出，贫困不仅仅是由于收入低下，还有可能是基本权利被剥夺和基本可行能力缺乏所致，包括收入水平、制度安排和公共服务策略等基本可行能力被剥夺后，导致严重的营养不良、过早死亡、流行病泛滥，

---

① N. Takayama, "Poverty, Income Inequality and Their Measures: Professor Sen's Axiomatic Approach Reconsidered", *Econometrica*, Vol. 47, No. 3 (May 1979), pp. 747-759.
② N. Kakwani, "On A Class of Poverty Measure", *Econometica*, Vol. 48, No. 2 (March 1980), pp. 437-446.

以及文盲等。① 不过权利是一个主观概念,不容易被具体界定,难以测度,虽然可以通过抽样调查主观感受来衡量,但无法像收入一样可以使用货币来进行量化。②

自20世纪80年代开始,人们把贫困人口的脆弱性、话语权和社会排斥等引入贫困的概念之中。罗伯特·钱伯斯(Robert Chambers)开创性地对贫困人口的无助和孤立进行研究③,引起人们关注贫困人口在抵御风险和自然灾害,以及抗压能力时的脆弱性,由于缺少应对的手段和缺乏遭受风险打击的能力,时常处于孤立无援的状态。因而,贫困人口只能从事低风险、低回报的工作,使他们进一步被边缘化,处于社会底层,被排斥在社会主流经济、政治、文化活动之外,无法享受应该享有的权利,包括充分参与经济和社会活动;没有稳定的工作,收入低,居住环境差,生存压力大,被隔离在社会政治生活之外,不能享有正常的政治和公民权利等。④

从物质上看,即使有的人拥有足够的收入和生存手段,由于文化生活资料分配不均导致社会结构失衡和社会排斥,他们依然被排除在正常的经济、文化、政治生活之外,包括已经根植于人类幸福观念之中的经济、政治、文化生活,他们依然处于贫困之中。社会排斥源于欧洲,流行于法国,随着时间的推移,逐步延伸到其他国家。20世纪70年代社会排斥主要指长期失业被排斥在市场之外,20世纪90年代社会排斥拓展到权利范畴,指某些群体或者

---

① [印] 阿玛蒂亚·森:《以自由看待发展》,任赜、于真译,中国人民大学出版社2002年版,第15页。
② [印] 阿玛蒂亚·森:《贫困与饥荒——论权利与剥夺》,王宇、王文玉译,商务印书馆2001年版,第68页。
③ R. Chamber, "Poverty and Livelihood: Who Reality Counts?", Enviroument and Urbanization Vol. 7, No. 1 (April, 1995), pp. 173-204.
④ UNDP (United Nations Development Programme), *United Nations Development Programme Poverty Report 2000: Overcoming Human Poverty*, New York: United Nations Development Programme, 2000, pp. 30-35.

个人不能部分或者完全充分享受社会赋予的权利①,被部分或者完全排除在充分的社会参与之外。②

国际劳动所的研究表明,在一些发展中国家,因为社会排斥因素,使人在经济、社会、文化和政治活动中丧失了获得资源的能力,从而导致贫困;在一些发展中国家确实存在因为贫困使人们无法参与社会服务和分享物品,导致社会排斥。因此,社会排斥与贫困相互作用,互为因果。③ 不过,社会排斥很难进行精确定义,只能使用宽泛而模糊的词语来描述,和脆弱性、权利一样,很难使用货币来进行度量,因而只能使用非货币的自我评估方法来进行测度④,如通过问卷调查收入、消费、健康和住房等变化情况来反映社会排斥的程度,一般带有较强的主观性。

(二) 多维度贫困指标

自阿玛蒂亚·森提出能力贫困后,多维贫困的测度逐渐引起学者和政府决策者的重视。不过多维度贫困测度指标目前还没有统一的标准,对指标权重的设定、选取也没有形成统一的看法。具有代表性的指标主要有人类贫困指数、Ch-M 指数、多维贫困指数等。

---

① P. Strobel, "From Poverty to Exclusion: A Wage-Earning Society to a Society of Human Rights", *International Social Science Journal*, Vol. 48, No. 2 (January 1996), pp. 173-189.

② N. Deakin, A. Davis, N. Thomas, *European Foundation. The Public Welfare Services and Social Exclusion: The Development of Consumer Oriented Initiative in the European Union*, Dublin: The European Foundation for the Living and Working Conditions; Luxembourg: Office for Icial Publications of the European Communities (Imprint), 1995, p. 4.

③ C. Gore, José B. Figueiredo, *Social Exclusion and Anti-Poverty Strategies: Project on the Patterns and Causes of Social Exclusion and the Design of Policies to Promote Integration; A Synthesis of Findings*, Geneva: International Institute for Labour Studies, 1996, pp. 14-16.

④ P. Streeten, "Beyond the Six Veils: Conceptualizing and Measuring Poverty", *Journal of International Affairs*, Vol. 52, No. 1 (Fall 1998), pp. 1-21.

1. 人类贫困指数（Human Poerty Index）

研究贫困问题不能只关注收入水平，还需关注人类发展的物质指数。①②美国海外发展委员莫里斯构建了生活质量指数（Quality of Index），也称物质生活指数（Physical Quality of Life Index），即通过三个较容易获得数据的指标来衡量人的基本需求，包括0岁时平均预期寿命、婴儿死亡率和15岁以上人口识字率三个指标，每个指标赋予0—100的数值，然后使用这三个指标的平均数来表示人们的生活水平。③ 这种计算方法简单，符合实际，弥补了仅通过单项指标测度贫困带来的缺陷，然而生活质量指数并没有包含收入，没有完全反映出物质贫困的特征，且在计算过程中进行人为加权平均，无法反映每个指标对贫困的实际影响程度。

康晓光认为贫困不仅需要通过收入贫困指标来衡量，还需要考虑社会贫困指标的作用，个人或家庭贫困是收入贫困和社会贫困相互作用的结果，其中，收入贫困指标主要包括贫困发生率、人均GDP、收入分配基尼系数等，社会贫困指标包括人均寿命、受教育年限、儿童死亡率、入学率、文盲率等。④

联合国开发计划署在1996年的《人类发展报告》中提出能力贫困测量（Capability Poverty Measure，以下简称CPM）综合指数，用来衡量人类发展中的三个基本能力指标，包括5岁以下儿童体重不达标的比例、没有专业人员护理之下出生的婴儿比例，以及15岁以上妇女文盲的比例，三个指标加权计算合成为一个综合指数，即能力贫困指数。通过能力贫困指数可以看出，越贫困的国家，能力贫困指数越高。在修正能力贫困指标的基础上，联合国开发

---

① Morris D. Morris, *Measuring the Condition of the World's Poor: the Physical Quality of Life Index*, New York: Pergamon Press, 1979, p. 175.
② 张永丽、卢晓:《贫困性质转变下多维贫困及原因的识别——以甘肃省皋兰县六合村为例》，《湖北社会科学》2016年第1期。
③ [美] 马尔科姆·吉利斯等:《发展经济学》，李荣昌等译，经济科学出版社1989年版，第107页。
④ 康晓光:《中国贫困与反贫困理论》，广西人民出版社1995年版，第156页。

计划署于 1997 年提出了人类贫困指数（Human Poverty Index，以下简称 HPI），指标包括人均寿命、受教育程度，以及体面生活等内容①，表达式如式（4-8）。

$$HPI(l_1, l_2, l_3) = (w_1 l_1^\beta + w_2 l_2^\beta + w_3 l_3^\beta)^{\frac{1}{\beta}} \qquad (4-8)$$

其中，l_1 为寿命指标，使用 40 岁之前死亡的人口与总人口数的比例来衡量；l_2 为读写能力指标，使用具有读写能力的人口与总人口的比例来衡量；l_3 为生活水平指标，使用可获得医疗服务、安全饮用水和 5 岁以下营养不良儿童的比例来衡量。w 是指标权重系数，$w_1 + w_2 + w_3 = 1$。$\beta \geq 1$ 为调节系数，若 $\beta = 1$，l_1，l_2，l_3 之间可以互换，当 $\beta \to \infty$，取相同权重时，指数方程可以简化为式（4-9）。

$$\begin{aligned} HPI(l_1, l_2, l_3) &= \max(l_1, l_2, l_3) \\ &= [l_1 + l_2 + (l_{31} + l_{32} + l_{33}) \times \frac{1}{3}] \times \frac{1}{3} \end{aligned} \qquad (4-9)$$

l_1 为 40 岁之前死亡的人口比例、l_2 为文盲率、l_{31} 为无法获得医疗服务的人口比例，l_{32} 为没有安全饮用水的人口比例，l_{33} 为 5 岁以下营养不良的儿童比例。

自联合国开发计划署提出 HPI 指数后，越来越多的人思考从社会发展的角度去审视贫困问题，解决贫困不仅仅需要考虑如何促使经济快速发展，还需提高贫困人口的基本素质、构建完善的公共服务保障体系。

HPI 的指标包括预期寿命、儿童死亡率、医务人员比例、医院床位数、蛋白质消耗量、成人识字率、每居室平均人数、每千人报纸发行量、电力消耗量和化肥消耗量等 16 项指标，这些指标主要是衡量满足人们基本需求的物质和服务状况，指标虽然全面，但有些指标很难精确量化并进行计算，且相

---

① UNDP（United Nations Development Programme），*Human Development Report* 1997：*Human Development to Eradicate Poverty*，Oxford：Oxford University Press，1997，pp.25-31.

对于今天人们的物质和服务需求，有些指标显然已经过时了。

同时，HPI 的指标是一个长期变化的结果，对短期效应不太敏感，指数计算的权重带有人为主观性，随意性大。有些指数的基础数据收集比较困难，即使获得相应的数据，不同地区、不同贫困户之间被剥夺的程度也会存在较大差异，因此，在处理数据时，使用平均数作为最后的计算结果，会带来较大的误差，不能真实反映不同地区、不同贫困户的具体情况。①

2. Ch-M 指数

萨蒂亚·R. 查克拉瓦蒂（Satya R. Chakravarty）在贫困差距的基础上，从多维度角度构建 Ch-M 指数，以反映人们在生活方面的基本需求与门槛值的相对差距。②③

$$Ch - M = \frac{1}{n} \sum_{j=1}^{k} \sum_{i \in s_j} a_j \left(\frac{z_j - x_{ij}}{z_j}\right) \tag{4-10}$$

其中，z_j 为各种不同基本需求的门槛值/贫困线，$z_j - x_{ij}$ 为基本需求的差距，S_j 为低于基本需求门槛值的所有个体的集合，a_j 为常量，n 为总人口数。

如果 $\sum_{j=1}^{k} a_j = 1$，基本需求就变成贫困发生率，$H_j = \frac{q_j}{n}$；基本需求的平均贫困差距为 $I_j = \sum_{i \in s_j} \frac{z_j - x_{ij}}{q_j z_j}$，$q_j$ 为贫困人口总数。则指数计算表达式简化为式（4-11）。

$$Ch - M = \sum_{j=1}^{k} a_j H_j I_j \tag{4-11}$$

相对于单一指标，Ch-M 指数扩大了 IR 的使用范围，从多个生活需求的

---

① 郑宝华、张兰英：《中国农村反贫困词汇释义》，中国发展出版社 2004 年版，第 25 页。

② Satya R. Chakravarty, D. Mukherjee, R. R. Ranade, "On the Family of Subgroup and Factor Decomposable Measures of Multidimensional Poverty", *Research on Economic Inequality*, Vol. 8, No. 1 (January 1998), pp. 175–194.

③ Kai-yuen Tsui, "Multidimensional Poverty Indices", *Social Choice and Welfare*, Vol. 19, No. 1 (January 2002), pp. 69–94.

角度来测度贫困更为合理,但和 IR 一样,Ch-M 指数对贫困人口内部状况的审视不敏感,且很多基本生活需求不容易量化。

3. 多维贫困指数

牛津大学贫困与人类发展中心(Qxford Poverty and Human Development Initiative,以下简称 OPHI)主任萨宾娜·阿尔基尔(Sabina Alkire)指出,与能力相关的多维贫困测度方法能够给人们呈现出更为准确的有关贫困人口能力缺失的信息,包括营养、健康、教育、政治和生活等,无论是在福利经济学、社会发展,还是反贫困过程中,如何提高人们的能力都是一种基本的政策选项。[1] 为改进贫困的测度方法,阿尔基尔和福斯特从消费支出、健康、教育、生活燃料、饮用水、卫生设备、污水处理、垃圾处理等 8 个方面对贫困进行多维识别、加总和分解。[2]

联合国开发计划署在人类发展指数和人类贫困指数的基础上,同牛津大学贫困与人类发展中心阿尔基尔团队合作,在联合国开发计划署《2010 年人类发展报告》中提出"多维贫困指数"[3],从健康、教育、生活质量三个维度共计使用 10 个指标对贫困进行测度,其中,教育维度包括受教育年限和儿童失学率,健康维度包括儿童死亡率和营养不良,生活质量包括家用照明、卫生设备、清洁饮用水、住房、生活燃料以及家庭耐用品。[4]

目前,国内外学者所使用的多维贫困指数,基本都是在联合国开发计划

---

[1] S. Alkire, "Choosing Dimensions: The Capability Approach and Multidimensional Poverty", in *The Many Dimensions of Poverty*, Washington DC: United Nations Development Programme (UNDP), 2007, pp. 89-119.

[2] S. Alkire, J. Foster, "Counting and Multidimensional Poverty Measurement", *Journal of Public Economics*, Vol. 95, No. 7/8 (August 2011), pp. 476-487.

[3] UNDP (United Nations Development Programme), *Human Development Report* 2010: *The Real Wealth of Nations—Pathways to Human Development*, New York: United Nations Development Programme, 2011, pp. 25-29.

[4] S. Alkire, G. Robles, "Multidimensional Poverty Index-Summer 2017: Brief Methodological Note and Results", in *The OPHI Briefing* (*MPI Methodological Notes* 44), Oxford Poverty & Human Development Initiative, 2017, pp. 1-15.

署的多维贫困指数的基础上,对相关指标进行拓展、补充和完善,得到一些新的综合多维贫困指数,如乌达亚·R.瓦格拉(Udaya R. Wagle)从贫困发生率、贫困人口的内在能力、经济资源等多个维度来研究美国白人、黑人、西班牙裔、亚裔、印度裔等族群的贫困强度和贫困差距问题,指标包括家庭收入、受教育程度、健康状况、政治参与、社会交往等内容。[1]

莱昂纳多·格斯帕里尼(Leonardo Gasparini)从福利出发,使用收入、主观福利和基本需求三个维度的指标来测度贫困,通过盖洛普统计数据研究拉丁美洲和加勒比海地区个体、低收入和高收入群体在饮用水、照明、固定电话、移动电话、计算机、互联网等方面的差距,说明收入贫困与主观贫困呈显著性正相关关系,并且收入仅是福利复杂结构的一个部分。[2]

约翰·埃莱·阿塔古巴(John Ele-Ojo Ataguba)从健康、教育、家庭规模、收入、就业、安全、不公平待遇等方面测度尼日利亚的贫困,通过FGT方法研究分析各个指标之间的关系。[3]

Val'erie B'erenger从教育、健康、生活标准三个维度测度埃及的贫困,其中教育维度包括入学率和受教育年限;健康维度包括营养和死亡率;生活标准维度包括饮用水、照明、环境卫生、住房、资产等内容。[4] 阿尔基尔同样使用教育、健康、生活标准三个维度的贫困指标测度撒哈拉以南非洲国家的贫困,教育维度包括入学率、5岁儿童失学率;健康维度包括营养和死亡

---

[1] Udaya R. Wagle, "The Counting-Based Measurement of Multidimensional Poverty: The Focus on Economic Resources, Inner Capabilities, and Relational Resources in the United States", *Social Indicators Research*, Vol. 115, No. 1 (January 2014), pp. 223-240.

[2] L. Gasparini, W. Sosa-Escudero, & M. Marchionni (eds.), "Multidimensional Poverty in Latin America and the Caribbean: New Evidence from the Gallup World Poll", *Journal of Economic Inequality*, Vol 11, No. 2 (January 2013), pp. 195-214.

[3] John Ele-Ojo Ataguba, Hyacinth E. Ichoku, Fonta M. William, "Multidimensional Poverty Assessment: Applying the Capability Approach", *International Journal of Social Economics*, Vol. 40, No. 4 (March 2013), pp. 331-354.

[4] Valérie Bérenger, "Using Ordinal Variables to Measure Multidimensional Poverty in Egypt and Jordan", *Journal of Economic Inequality*, Vol. 15, No. 2 (January 2017), pp. 143-173.

率；生活标准维度包括电力、卫生环境、饮用水、住房、生活燃料、资产等内容。①

国内学者王小林从消费支出、健康、教育、生活燃料、饮用水、卫生设备、污水处理、垃圾处理等8个方面对我国的贫困进行测度、计算和分析②，邹薇和方迎风从收入、教育和生活质量三个维度对我国的贫困状况进行测度和分析③，王春超和叶琴从教育、健康、收入、医疗保险四个维度对我国农民工贫困进行测度④，张全红和周强从教育、健康、生活水平和收入四个维度对我国贫困进行测度和分析⑤，郭熙保和周强从收入、教育、就业、健康、医疗服务、生活质量等六个维度来测度贫困。⑥

从以上文献可以看出，多维贫困指数主要是一个社会贫困指标，目前还没有形成稳定、统一、规范的标准，且许多指标内容没有包括比较重要的衡量贫困的一些指标，如贫困发生率。

（三）贫困综合测度指标构建与解释

对贫困的测度和衡量，不仅需要考虑贫困的测量方法，还需考虑现实需要。贫困测度计算方法不同，使用数据不同，结果也不一样。随着贫困概念内涵的演进和变化，贫困测度方法也在发生变化。⑦ 世界上大多数国家、国际机构和学者通常从收入角度出发，使用贫困线来衡量贫困，但贫困线的实际

---

① S. Alkire, C. Jindra, & Gisela Robles-Aguilar (eds.), "Multidimensional Poverty Reduction Among Countries in Sub-Saharan Africa", in *The OPHI (Oxford Poverty & Human Development Initiative) Working Paper*, No. 112, 2017, pp. 1-19.

② 王小林、Sabina Alkire：《中国多维贫困测量：估计和政策含义》，《中国农村经济》2009年第12期。

③ 邹薇、方迎风：《关于中国贫困的动态多维度研究》，《中国人口科学》2011年第6期。

④ 王春超、叶琴：《中国农民工多维贫困的演进——基于收入与教育维度的考察》，《经济研究》2014年第12期。

⑤ 张全红、周强：《中国多维贫困的测度及分解1989~2009年》，《数量经济技术经济研究》2014年第6期。

⑥ 郭熙保、周强：《长期多维贫困、不平等与致贫因素》，《经济研究》2016年第6期。

⑦ 郭熙保：《论贫困概念的内涵》，《山东社会科学》2002年第12期。

计算比理论复杂、敏感。① 贫困更多是一种体验，一个穷人，他要同时忍受众多不利状况或条件，如收入低、营养不良、身体不健康、缺少清洁饮用水和照明、恶劣的工作环境、缺少接受学校教育的机会等，单一指标如收入已不足以反映贫困的真实情况。随着时代的发展、生活水平的改善以及扶贫工作的需要，收入、贫困发生率和贫困差等虽然还是衡量贫困的重要指标，但仅使用其中某个单一指标或者某几项指标很难客观、全面地反映当下的贫困问题。

自阿玛蒂亚·森 1976 年提出"能力贫困"的概念之后，学术界对贫困的研究逐步转向多视角、多维度，贫困不仅仅是单一的收入和支出问题，而是一个多维度的福利贫困和社会贫困问题，即从收入贫困扩展到由于政治制度、法律、文化等所导致的能力贫困、社会贫困、长期贫困，以及脆弱性等，将传统单一的贫困测度拓展到基于公理、福利等的多维测度，对贫困的研究更为细化、深入、全面和科学。多维贫困测度主要是通过构建一个综合贫困图谱，使用同一标准衡量一个国家不同地区以及不同群体的贫困程度，明晰谁贫困、为何贫困、境遇如何等问题。②

联合国开发计划署的多维贫困指数主要是从人类发展的角度来考虑贫困问题，指标内容中并没有包含收入指标。虽然有些学者如张全红、陈立中、郭熙保等在研究中增加了收入指标，但指标中又忽略了贫困发生率、居民支出等重要贫困指标；且教育、卫生等指标本身具有社会公共产品属性，应归为社会贫困维度；同时，当前国内外学者对于如何确定指标的权重并没有形成统一的看法，多数学者主要是采取权重方法进行计算，所得的贫困综合指数不能体现各维度和各指标的重要程度。

因此，在考虑时代性、合理性以及区域特点的基础上，体现贫困的深度、强度和广度，同时考虑数据的可获得性，借鉴前人研究的结果，在他们研究

---

① 茶洪旺：《〈贫困测度与政策评估〉评价》，《经济学动态》2011 年第 12 期。
② 张建华、陈立中：《总量贫困测度研究述评》，《经济学》2006 年第 3 期。

的基础上，构建包括群体结构指数、贫困程度指数、收入贫困指数和社会贫困指数在内的贫困多维指标体系。其中，群体结构指数通过男女性别比和少数民族人口比例两个指标来衡量，因为在实际调研中发现，相对贫困的地区，男女比例相对失衡；少数民族人口占比较大的边远农村地区，自然条件相对恶劣，贫困面较大。贫困程度指数通过贫困发生率、贫困县所占比重、贫困村所占比重、有贫困人口的行政村所占比重、享受最低生活保障人口所占比重等指标来衡量。收入贫困指数通过农村恩格尔系数、人均GDP、农村家庭人均可支配收入、家庭人均教育支出、人均社会消费品零售总额、人均汽车拥有量和农村人均用电量等指标来衡量。社会性贫困指数通过教育支出占一般公共财政预算支出的比例、学前三年毛入学率、小学适龄儿童入学率、高中毛入学率、自来水受益村所占比重、卫生机构、病床数、卫生技术人员数、出生率和死亡率等指标来衡量。具体指标体系及解释如表4-1所示。

表4-1 贫困指标体系及解释

维度	指标	指标解释	指标对综合指数的影响
群体结构 P_1	P11 男女性别比	男性人口与女性人口的比值	正向
	P12 少数民族人口	少数民族占总人口的比例（%）	正向
贫困程度 P_2	P21 贫困发生率	贫困人口占总人口的比例（%）	正向
	P22 贫困县占比	贫困县所占比例（%）	正向
	P23 贫困村占比	贫困村所占比例（%）	正向
	P24 有贫困人口的行政村占比	有贫困人口的行政村所占比例（%）	正向
	P25 低保人口比重	享受最低生活保障居民占总人口比例（%）	正向

续表

维度	指标	指标解释	指标对综合指数的影响
收入贫困 P_3	P31 恩格尔系数	农村家庭食品消费占总消费支出的比例（%）	正向
	P32 人均GDP	地区人均GDP（元/人）	反向
	P33 人均可支配收入	农村家庭人均可支配收入（元/人）	反向
	P34 人均消费	人均社会消费品零售总额（元/人）	反向
	P35 教育支出	家庭人均教育支出（元/人）	反向
	P36 汽车拥有量	每百人汽车拥有量（辆/百人）	反向
	P37 人均用电量	农村家庭人均用电量（千瓦时/人）	反向
社会贫困 P_4	P41 自来水受益村占比	自来水受益村所占比例（%）	反向
	P42 病床数	每万人拥有的病床数（张/万人）	反向
	P43 卫生机构数	每万人拥有的卫生机构数（个/万人）	反向
	P44 卫生技术人员数	每万人中卫生技术人员的数量（位/万人）	反向
	P45 婴儿出生率	平均每千人口中出生的婴儿数（‰）	正向
	P46 婴儿死亡率	死亡婴儿占出生婴儿的比例（‰）	正向
	P47 幼儿园入园率	在园3—5岁幼儿人数与适龄儿童人数的比例（%）	反向
	P48 小学入学率	小学在校生人数与适龄儿童人数的比例（%）	反向
	P49 高中毛入学率	高中在校生数占相应学龄人口总数比例（%）	反向
	P50 教育投入	教育支出占一般公共财政预算支出的比例（%）	正向

通过加权计算出贫困的相对综合指数，从较为全面和科学的视角来审视区域性贫困问题，指数不仅包含传统测度贫困的单一指标，如收入、贫困线、贫困发生率等，还包括凸显地区特色和体现社会贫困的诸多指标，其表达式见式（4-12）。

第四章　数字鸿沟与贫困的静态和动态关系实证分析

$$MPI = w_1P_1 + w_2P_2 + w_3P_3 + w_4P_4 \qquad (4-12)$$

其中，w 为权重，$w_1 + w_2 + w_3 + w_4 = 1$，权重通过主成分分析法来确定。

二、数字鸿沟的测度与指标构建

(一) 数字鸿沟测度指标变化与发展

美国是研究数字鸿沟最早的国家，其国内很多研究机构和学者主要研究不同地区、收入、年龄、种族、性别、残疾和教育程度的人们在电话、电脑拥有率以及互联网普及率方面的差距。[1][2] 联合国教科文组织（United Nations Educational, Scientific and Cultural Organization，以下简称 UNESCO）从性别、年龄、受教育程度、收入差别四个方面考察弱势群体在计算机和互联网应用方面与社会平均水平的差距。[3] 其他国际机构主要从设备接入、应用程度和用户使用水平等方面来研究数字鸿沟[4]，如 OECD 通过信息通信技术和互联网的使用来分析不同国家间存在的数字鸿沟；欧盟委员会通过成员国的数字技术扩散度来衡量欧洲内部存在的数字鸿沟；世界时报信息社会指数和麦康内尔的国际"电子商务就绪测度"采用相似的方法，基于一个综合的基本系列变量，构建一个综合的互联网就绪指数，分析不同地区和不同国家间存在的数字鸿沟。[5]

---

[1] US Department of Commerce, *Falling Through the Net: Toward Digital Inclusion*, Washington DC: Biblio Gov, 2000, pp. 24-32.

[2] Robert D. Atkinson, Randolph H. Court, Joseph M. Ward, *The State New Economy Index*, Washington DC: Progressive Policy Institute, Technology & New Economy Project, 1999, p. 16.

[3] [印] 苏米特拉·杜塔、[法] 布鲁诺·朗万编：《世界经济论坛 2002—2003 年全球信息技术报告》，邱仲潘等译，机械工业出版社 2003 年版，第 45 页。

[4] Geoffrey S. Kirkman, Peter K. Cornelius, & Jeffrey D. Sachs (eds.), *The Global Information Technology Report 2001-2002: Readiness for the Networked World*, Oxford: Oxford University Press, 2002, pp. 31-32.

[5] Mc Connell International LLC, *Ready? Net. Go! Partnerships Leading the Global Economy*, Washington DC, 2001, pp. 1-24.

对于数字鸿沟的测度，早期人们主要是从互联网接入和信息通信技术使用两个维度来分析和测度城乡间的数字鸿沟，考察内容包括固定电话、移动电话、互联网接入和计算机应用等方面。[1][2][3] 随着研究的深入，人们发现数字鸿沟所涵盖的内容不仅仅包含互联网接入和信息通信技术使用两个维度，德赛（M. Desai）等人指出，数字鸿沟还应包含反映网络时代技术进步和农村参与能力的国民信息技术能力和技术发展成就等内容。贾南德拉·纳拉扬（Gyanendra Narayan）认为，除了基础设施接入和信息技术应用外，研究数字鸿沟还应该考虑技术应用的环境，因此，应该从基础设施接入和信息技术应用和应用环境三个维度来考察数字鸿沟[4]，曾晓玲、薛伟贤、黄金等认为，应该从四个维度来测度数字鸿沟更为合理，除接入、应用和环境外，还应包括意识[5][6][7]，《中国数字鸿沟报告2013》通过互联网（25%）、计算机（25%）、彩电（25%）、固定电话（12.5%）、移动电话（12.5%）等指标，按不同的权重计算出区域数字鸿沟综合指数DDI，然后分析各个地区间的差距。另外，有些学者使用信息化指数来测度数字鸿沟，如张彬从技术、经济、政府、教育、社会五个方面来构建信息化指数，通过信息化指数的差异来研究地区间的数字鸿沟。[8]

数字鸿沟导致社会排斥，对健康、教育、信息社会、就业等政策产生影

---

[1] P. Townsend, *The Concept of Poverty*, London：Heinemann Educ, 1970, p. 85.
[2] 孙立芳、李月：《城乡数字鸿沟的微观测度及比较分析——基于对大学新生的调查》，《经济论坛》2008年第14期。
[3] 张新红：《中欧数字鸿沟现状与趋势》，《电子政务》2008年第11期。
[4] G. Narayan, Amrutaunshu N. Nerurkar, "Value-Proposition of E-Governance Services：Bridging Rural-urban Divide in Developing Countries", *International Journal of Education and Development Using Information and Communication Technology*, Vol. 2, No. 3（2008），pp. 33-34.
[5] 曾晓玲、傅文奇：《构建和谐社会中的城乡信息鸿沟问题探讨》，《情报探索》2006年第9期。
[6] 薛伟贤、刘俊：《基于技术扩散模型的区域数字鸿沟演变阶段划分》，《系统工程》2011年第1期。
[7] 黄金等：《国家间数字鸿沟测评指标体系及实证研究》，《上海电机学院学报》2015年第5期。
[8] 张彬：《我国区域信息鸿沟测度的实证研究》，《北京邮电大学学报》（社会科学版）2009年第2期。

响，进而影响人们就业、公平参与的机会，以及经济社会的发展。社会排斥与数字鸿沟相互影响、相互作用，社会排斥带来失业、缺乏技能、收入低、缺少住房、不健康和数字鸿沟。对于个人和家庭而言，数字鸿沟主要是从不同年龄、性别、收入、教育、族群和居住地点等角度来考察互联网接入、互联网使用、信息通信技术使用方面的差异；对于企业和组织团体来说，数字鸿沟主要是从不同部门、员工数、营业额和地理位置等角度来考察互联网接入、互联网使用、信息通信技术使用和信息通信技术基础设施完备程度等方面的差异；对于国家和地区来说，数字鸿沟主要是从不同地理位置、人均GDP、国家大小、人口和语言等角度来考察互联网接入、互联网使用、信息通信技术使用和信息通信技术基础设施完备程度等方面的差异。[1]

从研究方法上来看，安德烈·里奇（Andrea Ricci）最早对数字鸿沟测度过程进行数理化处理，通过对基础指标进行聚类，得到数字技术规模，并以此来解释欧洲国家数字鸿沟的发展轨迹。[2] 不过，尼克莱塔·科洛谢（Nicoletta Corrocher）认为，数字鸿沟是一个复杂的概念，不能通过对简单基础指标进行聚类求解数字鸿沟综合指数，而应该通过簇类分析法计算数字鸿沟综合指数，因为数字鸿沟具有区域性，其测度模型包括数字化规模、环境、接入、价值和差异几个维度。[3] 普拉塔·C. 莫汉蒂（Pratap C. Mohanty）认为，数字鸿沟的测度应该包括三个层次：一是观测对象，在居民间、行业间、区域间有不同的数字鸿沟；二是确定独立变量，根据第一个层次的观测值来设定决定数字鸿沟的系列变量，如居民是观测对象的话，那么年龄、性别、收入、教育、族群等就是一些必须包含的独立变量；三是计算指数，对可操作

---

[1] T. Hüsing, H. Selhofer, Werner B. Korte, "Measuring the Digital Divide: a Proposal for a New Index", in *The 3rd IST Conference*, *Düsseldorf*, *Germany*, 2001, pp. 2630-2646.

[2] A. Ricci, "Measuring Information Society Dynamics of European Data on Usage of Information and Communication Technologies in Europe since 1995", *Telematics and Information*, Vol. 17, No. 1-2 (February-May 2000), pp. 141-167.

[3] N. Corrocher, A. Ordanini, "Measuring the Digital Divide: A Framework for the Analysis of Cross-Country Differences", Journal of Information Technology, Vol. 17, No. 1 (March 2002), pp. 9-19.

的数字鸿沟指标进行解释说明,如互联网的使用等,然后通过合适的方法计算出数字鸿沟的综合指数。①

通过以上文献分析可以看出,数字鸿沟的测度一直是学术界的难题,从不同视角,针对不同对象、不同国家和国际组织使用不同的测度方法。② 早期的研究表明,数字鸿沟测度的关注点主要是网络实际连接、信息通信技术读写能力和技巧,一是通过实际连接量化和分析不同国家或地区的信息通信技术影响因素,从经济和社会两个方面研究鸿沟带来的影响,以及使用可能的纠错方法来消除数字鸿沟③④⑤;二是涉及范围较广,把连通与信息通信技术影响因素、识字率和信息通信技术使用技术结合起来,使用混合方法分析知识和社会的内聚力。⑥ 不过随着人们对数字鸿沟的认识和研究的不断深入,更有效的方法是使用包括所有与数字鸿沟有关的社会、经济、文化等定量信息在内的综合指标来测度数字鸿沟,研究数字鸿沟对经济社会发展带来的影响。

(二) 数字鸿沟测度指标构建与解释

数字鸿沟主要是由于信息化发展的区域不均衡导致不同行业、不同群体在信息检索、处理、应用、分析、综合、评价等方面的差距。多数学者主要

---

① Yousaf H. Mujahid, "Digital Opportunity Initiative for Pakistan", *The Pakistan Development Review*, Vol. 40, No. 4 (December 2001), pp. 911–928.

② T. Hüsing, H. Selhofer, "The Digital Divide Index – A Measure of Social Inequalities in The Adoption of ICT", in *The Conference on Information Systems*, *Information Systems and the Future of the Digital Economy* (*ECIS* 2002), Gdansk, Poland, (June 2002), pp. 1273–1286.

③ U. S. Dept. of Commerce, *Falling Through the Net: A Survey of the "Have Nots" in Rural and Urban America*, US Department of Commerce, National Telecommunications and Information Administration in United States, 1995, pp. 8–9.

④ M. Puma, D. Chaplin, A. Pape, *E-Rate and the Digital Divide: A Preliminary Analysis from the Integrated Studies of Educational Technology*, Washington, D. C: The Urban Institute, 2000, pp. 56–59.

⑤ P. Dickinson, G. Sciadas, "Canadians Connected", *Canadian Economic Observer*, Vol. 17, No. 3 (March 1999), pp. 1–22.

⑥ C. Manuel, "The Internet Galaxy: Reflections on Internet, Business and Society", *Research Policy*, Vol. 32, No. 2 (February 2001), pp. 526–527.

从四个维度来测度数字鸿沟，不过在评价指标内容的选择上有所差异。对当今的信息化社会来说，有些学者设定的指标内容显然已过时，如人均固定电话数、人均电话通话次数等；有些指标的设定对于促进信息应用的作用并不明显，如游戏。因此，指标的设定需要考虑现实性、发展性和科学性，删减过时以及不太突出区域特性的指标，增加凸显区域特点的指标参数，如高速公路密度，通宽带网络行政村比例等内容。借鉴国内外学者设定的数字鸿沟测度指标体系，我们从信息基础设施、信息应用、信息意识和信息环境四个维度来测度数字鸿沟，每个维度包含多个指标参数，通过加权计算出数字鸿沟的相对综合指数，从较为全面和科学的视角来审视区域性数字鸿沟问题，数字鸿沟综合指数计算表达式见式4-13。

$$MDI = w_1 D_1 + w_2 D_2 + w_3 D_3 + w_4 D_4 \quad (4-13)$$

其中，w 为权重，$w_1 + w_2 + w_3 + w_4 = 1$，权重通过主成分分析计算得到。指标体系及解释如表4-2所示。

表4-2 数字鸿沟指标体系

维度	指标	指标解释	指标对综合指数的影响
信息基础设施 D1	D11 公路密度	每平方公里公路的长度（千米/平方公里）	反向
	D12 高速公路密度	每平方公里高速公路的长度（千米/平方公里）	反向
	D13 长途光缆密度	每平方公里长途光缆的长度（千米/平方公里）	反向
	D14 自然村宽带网络覆盖率	开通宽带互联网自然村所占比例（%）	反向
	D15 行政村宽带网络覆盖率	开通宽带互联网行政村所占比例（%）	反向

续表

维度	指标	指标解释	指标对综合指数的影响
信息应用 D_2	D21 互联网宽带普及率	每百户中互联网宽带接入用户数（%）	反向
	D22 4G 移动电话普及率	每百人中 4G 移动电话用户数（%）	反向
	D23 城镇居民计算机拥有量	每百户城镇居民拥有计算机的数量（台/百户）	反向
	D24 农村居民计算机拥有量	每百户农村居民拥有计算机的数量（台/百户）	反向
	D25 人均电信业务量	地区人均电信业务量（元/人）	反向
信息意识 D_3	D31 受教育年限	居民平均所受教育的时间（年）	反向
	D32 文盲率	15 岁以上文盲人口占总人口的比例（%）	正向
	D33 城镇化率	城镇人口占总人口的比例（%）	反向
	D34 在校生人数	每万人中初中以上在校生人数（生/万人）	反向
信息环境 D_4	D41 电视信号覆盖率	能使用电视信号的人口占总人口的比例（%）	反向
	D42 广播信号覆盖率	能使用广播信号的人口占总人口的比例（%）	反向
	D43 研究人员比重	研究人员占总人口的比例（%）	反向
	D44 R&D 研发强度	地区 R&D 经费投入与 GDP 的比例（%）	反向

指标中，信息基础设施说明物理资源的可用性，允许有相应的设施获得数字资源、实施信息交互以及促进数字技术和数字经济的发展，是信息应用的保障，反映出为用户提供信息交互的硬件条件的完备程度，包括高速公路的密度、光纤的密度、宽带网络覆盖率等指标。信息应用主要考察人们获取和利用信息的便利程度，体现人们使用和获取信息的能力，包括信息消费、互联网普及率、居民家庭电脑拥有量、4G 电话普及率等指标。信息意识主要考察人们主动获取信息的意愿，信息意识的高低决定着人们主观使用和获取信息的意愿，由教育水平决定，教育水平越高，信息意识越强，包括城镇化率、受教育年限、文盲率、每万人中在校生人数等指标。信息环境提供相应

的服务和平台保障,引导人们使用信息,促进信息交流和沟通,是鼓励人们使用信息的条件,包括R&D研究人员和经费、电视信号和广播信号覆盖率等指标。

三、 贫困与数字鸿沟指数计算与结果

(一)贫困与数字鸿沟综合指数的计算

在综合指数的计算过程中,为避免人为设定权重的主观性,我们采取主成分分析法来确定各指标的权重。

假设贫困或者数字鸿沟的原指标线性方程如式(4-14)所示。

$$\begin{cases} Y_1 = a_{11}X_1 + a_{12}X_2 + \cdots + a_{1n}X_n \\ Y_2 = a_{21}X_1 + a_{22}X_2 + \cdots + a_{2n}X_n \\ \cdots \\ Y_m = a_{m1}X_1 + a_{m2}X_2 + \cdots + a_{mn}X_n \end{cases} \quad (4\text{-}14)$$

其中,Y为综合指数,X为指标数值。为了消除各指标之间在量纲化和数量级上的差别,通过式(4-15)对线性方程式(4-14)的系数进行无量纲化处理,得到标准化矩阵式(4-16)。在进行无量纲化处理时,若X与Y成反向关系,X的值越大,Y值越小时,为了避免无量纲化处理带来的误差,则X的系数A取相反数即负值,即把X与Y都变成同向关系。

$$b_{ij} = \frac{a_{ij} - \min(a_{ij})}{\max(a_{ij}) - \min(a_{ij})} \quad (4\text{-}15)$$

$$\begin{cases} Y_1 = b_{11}X_1 + b_{12}X_2 + \cdots + b_{1n}X_n \\ Y_2 = b_{21}X_1 + b_{22}X_2 + \cdots + b_{2n}X_n \\ \cdots \\ Y_m = b_{m1}X_1 + b_{m2}X_2 + \cdots + b_{mn}X_n \end{cases} \quad (4\text{-}16)$$

若有 n 个标量随机变量组成 X 列向量，分别用 X_1，$X_2 \cdots X_n$ 来表示，则它们就构成 n 维随机向量 $X = (X_1, X_2 \cdots X_n)'$。假设 μ 为随机向量 X 的均值，第 k 个元素的期望值为 μk，则 $\mu k = E(xk)$，对 X 进行线性变化后可得式（4-17）。

$$\begin{cases} Z_1 = \mu_{11}X_1 + \mu_{12}X_2 + \cdots + \mu_{1N}X_N \\ Z_2 = \mu_{21}X_1 + \mu_{22}X_2 + \cdots + \mu_{2n}X_n \\ \cdots \\ Z_m = \mu_{m1}X_1 + \mu_{m2}X_2 + \cdots + \mu_{mn}X_n \end{cases} \quad (4\text{-}17)$$

主成分是不相关的线性组合 Z_1，Z_2，$\cdots$，Zn，并且 Z_1 是 X_2，$\cdots$，Xn 不相关的线性组合中方差最大者，Z_2 是与 Z_1，X_3，$\cdots$，Xn 不相关的线性组合中方差最大者，$\cdots$，Z_n 是与 Z_1，Z_2，$\cdots$，Z_{n-1} 都不相关的线性组合中方差最大者。

若 R 为协方差矩阵，那么，$R = E\{(X_I - E[X_I])(X_J - E[X_J])\}$，它反映标准化后数据之间相关关系的密切程度，其值越大，则说明有必要对数据进行主成分分析。若使用 R_{IJ}（$i, j = 1, 2, \cdots, n$）来表示原始变量 X_i 与 X_j 的相关系数。那么 R_{IJ} 的值就可以表示为式（4-18）。

$$R_{ij} = \frac{\sum_{k=1}^{n}(X_{kj} - X_i)(X_{kj} - X_j)}{\sqrt{\sum_{k=1}^{n}(X_{kj} - X_i)^2(X_{kj} - X_j)^2}} \quad (4\text{-}18)$$

解特征方程 $|\lambda E - R| = 0$，求出特征值 $\lambda_i (i = 1, 2, \cdots, n)$。则主成分 Z_i 的贡献率为式（4-19）。

$$w_i = \lambda_i / \sum_{i=1}^{n}\lambda_I \quad (4\text{-}19)$$

则综合指数方程为式（4-20）。

$$index_j = \sum_{j=1}^{m} w_i z_j \qquad (4-20)$$

其中，$index_j$ 为综合贫困或者数字鸿沟指数，w_i 为权重，z_j 为主成分，相对指数 $index_j$ 越高，则说明贫困或者数字鸿沟越大。

(二) 贫困与数字鸿沟综合指数结果

1. 贫困指数结果及描述性分析

从全省的整体情况来看，如表 4-3 所示，贫困指数随时间变化在逐步缩小，平均值从 2010 年的 58.52 缩小到 2019 年的 47.82，减少了 18.29%，说明整体贫困状况得到了显著改善。从贫困指数的极差来看，总体极差在缩小，不过极差变化趋势呈先增大后缩小的态势，极差从 2010 年的 13.14 增加到 2015 年的 13.85，然后又从 2015 年的 13.85 减少到 2019 年的 11.04，拐点出现在 2015 年，说明自 2015 年开始，各州市间的差距得到进一步缓解。从指数的排列顺序来看，2010 年至 2019 年间，各州市贫困指数的排列顺序仅有少部分地区发生变化，大多数州市的排列顺序并未发生改变，如 2010 年贫困指数最大的地区为怒江傈僳族自治州，最小的地区为昆明市；2019 年贫困指数最大和最小值的地区依然分别是怒江傈僳族自治州和昆明市。

表 4-3　2010 年至 2019 云南各州市的贫困综合指数值

州市	2010	2011	2012	2013	2014	2015	2016	2017	2018	2019
保山	59.63	58.85	58.08	57.28	56.07	55.21	54.16	52.70	50.37	47.25
楚雄	57.54	56.94	56.51	55.88	55.40	55.14	54.55	53.42	52.13	47.08
大理	58.39	57.63	56.96	56.55	55.88	55.08	54.32	52.36	50.55	47.62
德宏	59.34	58.79	58.29	57.60	56.72	56.26	55.76	54.53	50.88	46.67
迪庆	62.05	61.02	60.44	59.58	58.55	57.71	56.86	55.62	50.93	47.82
红河	58.30	57.45	56.79	56.33	55.70	55.17	54.78	52.36	50.12	47.18
昆明	49.99	49.05	48.27	47.51	46.95	46.32	45.63	44.42	43.02	41.09

续表

州市	2010	2011	2012	2013	2014	2015	2016	2017	2018	2019
丽江	57.11	56.17	55.75	54.93	54.05	53.72	54.25	52.06	50.32	47.63
临沧	61.55	60.41	59.76	59.08	59.33	58.42	57.30	55.36	52.64	50.36
怒江	63.14	62.29	61.59	61.11	60.66	60.17	59.16	57.58	54.94	52.13
普洱	60.95	60.11	59.46	58.80	58.40	58.05	57.36	55.64	53.84	50.76
曲靖	57.05	56.27	55.71	55.40	55.17	54.96	54.50	53.62	51.52	48.74
文山	61.25	60.63	60.18	59.48	58.99	58.41	57.62	55.37	52.74	49.88
西双版纳	56.58	55.13	54.44	53.84	53.19	52.70	52.16	50.77	49.07	46.85
玉溪	51.02	50.22	49.55	48.70	48.19	47.50	46.74	45.93	44.97	42.76
昭通	62.47	61.81	61.25	60.60	59.88	59.42	58.49	57.24	55.43	51.31
最小值	49.99	49.05	48.27	47.51	46.95	46.32	45.63	44.42	43.02	41.09
最大值	63.14	62.29	61.59	61.11	60.66	60.17	59.16	57.58	55.43	52.13
极差	13.14	13.24	13.31	13.60	13.71	13.85	13.53	13.15	12.40	11.04
均值	58.52	57.67	57.06	56.42	55.82	55.26	54.60	53.06	50.84	47.82

从二级指标的权重来看，如表4-4所示，社会贫困的权重最大，其次是收入贫困和贫困程度，而群体结构的权重最小。从指数的变化率来看，全省贫困指数10年间下降了18.14%，而群体结构指数不降反升，主要是农村男性人口比例增加所致，下降幅度最大的二级指标为贫困程度和社会贫困指数，说明近年来随着国家脱贫攻坚力度的加大，社会保障体系的不断完善以及经济社会的发展，不仅提高了农村贫困人口的收入，还改善了农村贫困人口的生活状况，使农村贫困状况得到快速缓解。相对来说，收入贫困指数下降幅度相对较小，且所占权重较大，说明农村贫困人口收入水平还不太高，与城镇居民收入相比还有不少差距。

表 4-4 贫困二级指标权重、指数值和变化率

	权重	2010	2011	2012	2013	2014	2015	2016	2017	2018	2019	变化率（%）
群体结构	4.37	2.85	2.85	2.86	2.86	2.86	2.86	2.86	2.86	2.86	2.86	0.35
贫困程度	25.62	21.11	20.94	20.82	2.86	20.70	20.56	20.40	19.41	17.75	15.62	-26.04
收入贫困	34.78	19.79	19.41	19.19	20.77	18.74	18.57	18.38	18.16	18.00	17.49	-11.64
社会贫困	35.24	14.66	14.47	14.19	18.97	13.51	13.27	12.95	12.63	12.22	11.86	-19.14
合计	100.00	58.42	57.67	57.06	45.46	55.82	55.26	54.60	53.06	50.84	47.82	-18.14

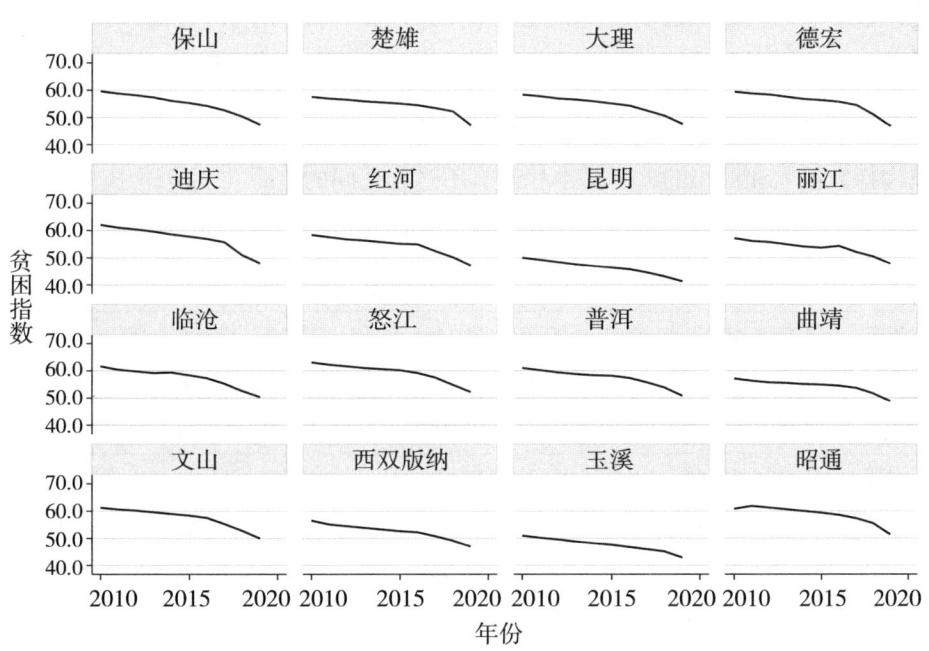

图 4-1 2010 年至 2019 年间云南各州市贫困指数变化情况

从各州市的实际情况来看，如图 4-1 所示，各个地区贫困指数随时间变化在逐步下降，不过下降的速率不同，总体而言，2015 年后下降的速率明显快于 2015 年之前。2010 年至 2014 年间全省贫困指数每年平均下降 0.89%，而

2015年至2019年间每年平均下降2.69%。相对来说，越贫困的地区，贫困指数在2015年之后下降的幅度越大，越是富裕的地区，2015年之前下降的幅度越大，如迪庆藏族自治州在2010年至2014年间，贫困指数每年平均下降1.13%，而2015年至2019年间下降了3.43%，远高于全省平均水平；昆明市在2010年至2014年间，贫困指数每年平均下降1.22%，而2015年至2019年间只下降了2.26%，低于全省平均水平。

2. 数字鸿沟指数结果及描述性分析

整体而言，如表4-5所示，数字鸿沟指数随着时间的变化在逐步缩小，平均值从2010年的58.72缩小到2019年的41.45，减少了29.41%。从极差来看，数字鸿沟指数呈逐步下降的趋势，说明地区间数字鸿沟在逐渐减小，这与贫困指数的变化趋势基本相同。从排列顺序来看，各州市数字鸿沟指数的排列顺序基本相同，如2010年数字鸿沟指数最大和最小的地区与2019年数字鸿沟指数最大和最小的地区基本相同，不过相互间的差距在逐步缩小。

表4-5　2010年至2019年云南各州市数字鸿沟综合指数值

州市	2010	2011	2012	2013	2014	2015	2016	2017	2018	2019
保山	57.07	54.26	52.95	51.74	51.05	49.67	46.99	46.13	43.63	41.51
楚雄	54.41	53.54	52.11	51.17	49.44	48.02	45.88	44.17	41.80	40.45
大理	52.94	50.84	49.53	48.28	47.19	45.25	43.39	42.07	40.28	39.30
德宏	58.29	56.42	54.76	53.18	52.35	50.28	47.45	46.13	43.36	41.23
迪庆	61.17	57.50	56.03	54.24	52.90	51.92	49.97	48.67	46.99	45.10
红河	60.42	57.73	55.53	53.35	51.81	50.23	47.28	45.75	43.91	42.18
昆明	53.65	53.14	50.66	49.13	46.62	45.11	41.01	38.82	36.74	34.70
丽江	63.02	59.29	57.31	54.69	51.95	49.64	46.08	43.75	42.30	40.34
临沧	62.43	60.35	59.20	58.43	57.19	53.90	47.84	45.73	44.11	42.52
怒江	63.24	61.49	59.32	57.08	55.60	54.40	51.80	49.49	47.41	45.10
普洱	61.92	60.34	59.02	57.40	55.85	54.46	51.47	48.28	45.59	43.36

续表

州市	2010	2011	2012	2013	2014	2015	2016	2017	2018	2019
曲靖	58.45	57.13	55.64	53.74	52.81	51.05	48.55	46.70	44.75	42.80
文山	59.42	57.13	55.97	54.66	53.44	50.97	48.37	46.64	44.50	42.76
西双版纳	51.35	49.79	47.82	46.35	45.03	41.76	39.79	38.36	37.36	36.43
玉溪	52.75	50.14	48.60	47.51	46.79	45.03	43.69	41.91	39.42	37.68
昭通	69.07	66.09	62.00	60.26	58.67	57.40	54.45	52.18	50.18	47.80
最小值	51.35	49.79	47.82	46.35	45.03	41.76	39.79	38.36	36.74	34.70
最大值	69.07	66.09	62.00	60.26	58.67	57.40	54.45	52.18	50.18	47.80
极差	17.73	16.30	14.19	13.90	13.64	15.64	14.66	13.82	13.45	13.10
均值	58.72	56.57	54.78	53.20	51.80	49.94	47.13	45.30	43.27	41.45

从二级指标的权重来看，如表 4-6 所示，信息基础设施的权重最大，其余依次为信息应用、信息环境和信息意识。从 2010 年至 2019 年的变化率来看，全省数字鸿沟指数 10 年间下降了 29.41%，其中，变化幅度最大的是信息基础设施，说明贫困地区近几年信息基础设施建设得到了较大改善，其次是信息应用和信息环境也得到了较大改观，不过信息意识下降的幅度较小，说明改善居民信息意识是缩小数字鸿沟需要加强的薄弱环节。

表 4-6 数字鸿沟二级指标权重、指数值和变化率

	权重	2010	2011	2012	2013	2014	2015	2016	2017	2018	2019	变化率（%）
基础设施	37.45	22.38	21.25	20.38	19.42	18.60	17.65	15.97	15.29	14.42	13.67	-38.92
信息应用	31.32	23.01	22.23	21.56	19.42	20.57	19.79	18.84	17.88	16.85	15.89	-30.94
信息意识	14.31	10.57	10.46	10.34	21.07	10.19	10.12	10.02	9.92	9.86	9.78	-7.53
信息环境	16.92	2.76	2.64	2.49	10.26	2.43	2.38	2.30	2.20	2.14	2.12	-23.44
合计	100	58.72	56.57	54.78	70.16	51.80	49.94	47.13	45.30	43.27	41.45	-29.41

从各州市的实际情况来看，如图4-2所示，每地区的数字鸿沟指数随着时间变化在逐步下降，不过下降的速率不同，总体而言，2015年后下降的速率明显快于2015年之前。2010年至2014年间全省数字鸿沟指数每年平均下降2.36%，而2015年至2019年间每年平均下降3.40%。

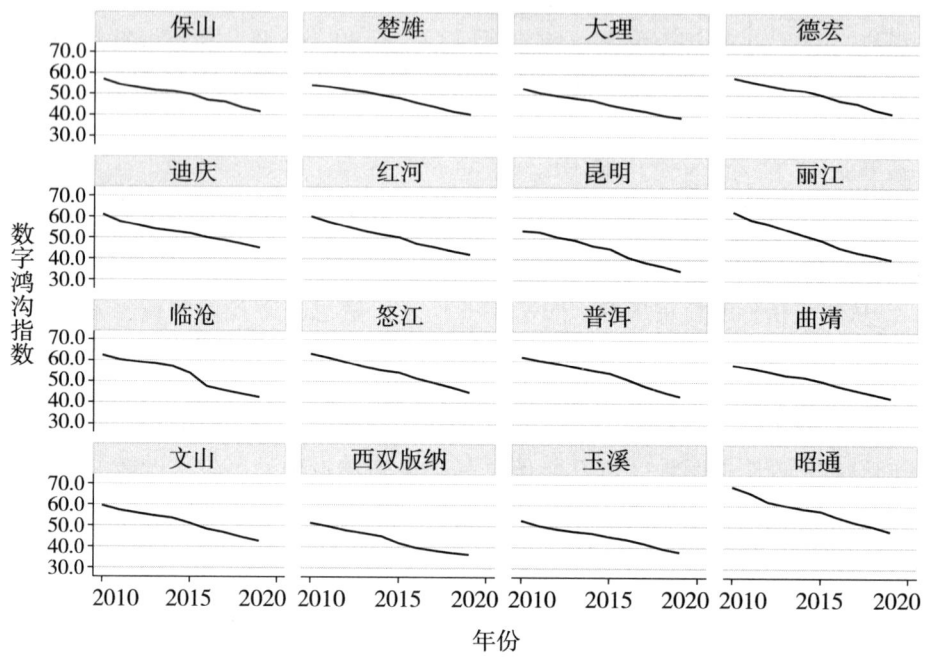

图4-2 2010年至2019年间云南各州市数字鸿沟指数变化情况

3. 数字鸿沟与贫困指数散点图

当把数字鸿沟指数和贫困指数放在一起进行比较时，如图4-3所示，从图中可以看出，贫困指数越大的地区，数字鸿沟指数也越大。如2019年怒江傈僳族自治州既是贫困指数最高的地区，同样也是数字鸿沟指数较大的地区；而昆明市的贫困指数和数字鸿沟指数均为所有州市中最低的地区。

第四章　数字鸿沟与贫困的静态和动态关系实证分析

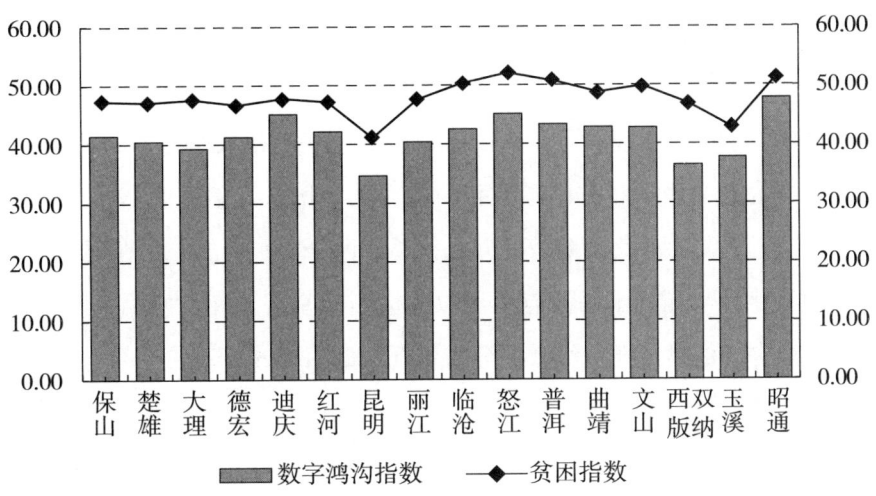

图 4-3　2019 年云南 16 个州市贫困和数字鸿沟指数分布情况

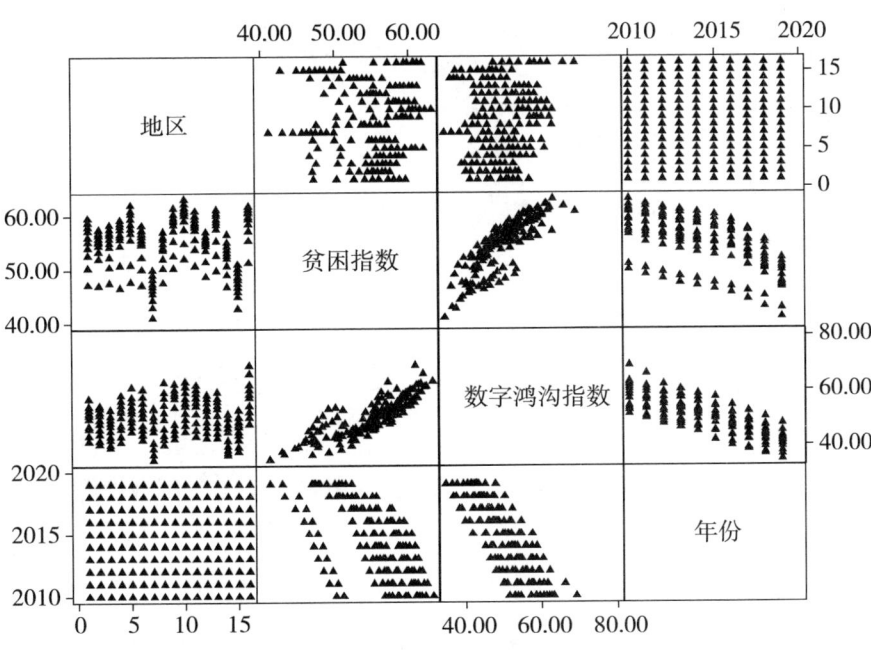

图 4-4　数字鸿沟指数、贫困指数随时间变化散点图

通过 Stata 软件显示 2010 年至 2019 年间云南各州市数字鸿沟与贫困指数

191

随时间变化的散点图，如图4-4所示，区域内数字鸿沟与贫困指数呈同向变化关系，即随着数字鸿沟的变大，贫困在进一步加深；数字鸿沟缩小，贫困进一步减弱。从图中可以看出，贫困指数和数字鸿沟指数明显分为两个层次，第一个层次为数字鸿沟和贫困指数相对较小的地区，其他地区基本处于同一层次，相互间的差距较小。随着时间的推移，两个层次间的差距在逐渐缩小。

通过数字鸿沟和贫困的散点图可以更清晰地呈现出相对富裕、数字鸿沟较小的地区与其他地区在空间上的分布状况，如图4-5所示。

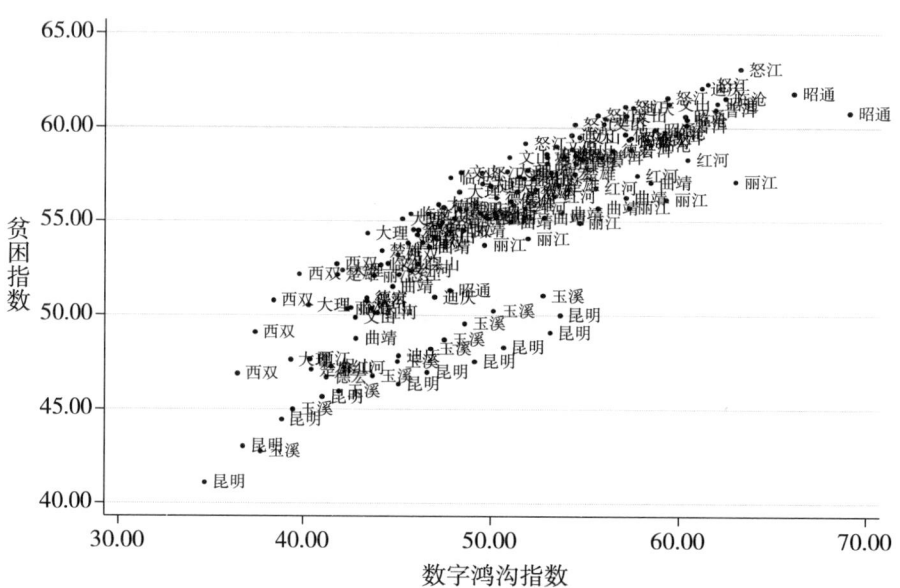

图4-5　2010年至2019年云南各州市数字鸿沟与贫困散点图

从图中可以看出，处于第一层次的地区主要是地处滇中、信息基础设施较好、数字鸿沟较小、经济发展较好、人均收入较高、贫困发生率较小的昆明市和玉溪市；在第二个层次中，信息化发展较慢、信息基础设施较差、经济发展落后、贫困程度较深、数字鸿沟较大的地区处于第二层次的末尾。通过数字鸿沟和贫困指标体系计算得到的数字鸿沟与贫困综合指数能够真实反映出各个地区数字鸿沟与贫困的实际情况。

四、数字鸿沟与贫困静态关系实证分析

(一) 静态关系估计选择

目前，常用的静态关系检验有混合最小二乘（Ordinary Least Squares，以下简称 OLS）、固定效应（Fixed Effects，以下简称 FE）、随机效应（Random Effects，以下简称 RE）、广义最小二乘法（Feasible Generalized Least Squares，以下简称 FGLS）等。若假设检验一般关系模型为 $y_{it} = \alpha + x'_{it}\beta + z'_i\delta + \varepsilon_{it}$，其中，$x_{it}$ 不包括常数项，z_i 是不随时间变化的个体特征（$z_{it} = z_i$，$\forall t$），$u_i + \varepsilon_{it}$ 为复合扰动项，u_i 代表个体异质性的截距项，也叫随机退化变量，是随机变化的特例，ε_{it} 为个体随时间变化的扰动项。

混合估计要求估计方程的各个截距和斜率相同，回归方程估计结果与截距和斜率无关，这是一种比较特殊的估计，通常估计方程很难达到这样的要求。随机效应和固定效应的回归方程估计结果在截距和斜率上有差异，若 u_i 与所有变量和个体特征（x_{it}，z_i）无关则为随机效应。若 u_i 与某个解释变量有关，则为 FE。对于面板数据，通常固定效应检验要优于混合 OLS，对于选择 FE 还是 RE，一般通过豪斯曼检验来确定。如果通过豪斯曼检验确定使用 FE 时，要求各独立变量无差异或者差异较小。

在本研究中，由于同一个地区在不同时期的扰动项可能存在自相关性，而混合 OLS 检验的扰动项是独立的，因此，使用混合 OLS 估计可能存在误差，不精确。同时，由于每个地区的基本情况相同，也有可能存在不随时间变化的遗漏变量。为避免组内包括地域、时间等相关内生性变量带来的误差，导致结果不精确，本书使用 FGLS 进行估计。

假设原模型为 $y_t = \beta_0 + \beta_1 x_{t-1} + \cdots + \beta_k x_{t-k} + \varepsilon_t$，为了减少待估计的参数，假设扰动项为一阶自回归 $\varepsilon_t = \rho\varepsilon_{t-1}$，$|\rho| < 1$，$u_t$ 为白噪声，扰动项 j 阶协方差

为 $\rho_j \equiv Cov(\varepsilon, \varepsilon_{T=J} \mid X)$，则协方差阵为式（4-21）：

$$Var(\varepsilon \mid X) = \begin{pmatrix} \rho_0 & \rho_1 & \cdots & \rho_{n-1} \\ \rho_1 & \rho_0 & \cdots & \rho_{n-2} \\ \vdots & \vdots & & \vdots \\ \rho_{n-1} & \rho_{n-2} & \cdots & \rho_0 \end{pmatrix} \qquad (4-21)$$

若 $\rho = 1$，则 $\{y_t\}$ 不平稳，只有 $|\rho| < 1$，$\{y_t\}$ 才是严格平稳过程。

当 $|\rho| = 1$，则 $y_t = \rho_0 + \varepsilon_1 + \varepsilon_2 + \cdots + \varepsilon_t$，当 $t \to \infty$，则 $Var(y_t) = t\sigma_u^2 \to \infty$，$\sigma_u^2 \equiv Var(\varepsilon_t)$ 时，方差会越来越大，导致 $\{y_t\}$ 不稳定而随机游走。

若 $|\rho| < 1$，同时对原方程两边取方差，可得一阶差分方程 $Var(y_t) = \rho^2 Var(y_{t-1}) + \sigma_u^2$，当 $\rho^2 < 1$ 时，有 $Var(y_t)$ 收敛于 $\dfrac{\sigma_u^2}{1-\rho^2}$，因此可得 $\rho_0 = \sigma^2 = Var(\varepsilon_t) = \dfrac{\sigma_u^2}{1-\rho^2}$，其中 $\sigma_u^2 = Var(u_t)$。

那么 $\rho_1 = \rho\sigma^2$，$\dfrac{\rho_1}{\rho_0} = \dfrac{\rho\sigma^2}{\sigma^2} = \rho$ 为一阶自相关系数，$\rho_2 = \rho^2\sigma^2$，$\cdots$，$\rho_{n-1} = \rho^{n-1}\sigma^2$，由此可得 $Var(\varepsilon \mid X) = \sigma^2 \begin{pmatrix} 1 & \rho & \cdots & \rho^{n-1} \\ \rho & 1 & \cdots & \rho^{n-2} \\ \vdots & \vdots & & \vdots \\ \rho^{n-1} & \rho^{n-2} & \cdots & 1 \end{pmatrix} \equiv \sigma^2 v$，将 V 的逆矩阵分解为 $V^{-1} = C'C$，可得式（4-22）。

$$C = \dfrac{1}{\sqrt{1-\rho^2}} \begin{pmatrix} \sqrt{1-\rho^2} & 0 & \cdots & 0 & 0 \\ -\rho & 1 & \cdots & 0 & 0 \\ 0 & -\rho & \cdots & 0 & 0 \\ \vdots & \vdots & & \vdots & \vdots \\ 0 & 0 & \cdots & -\rho & 1 \end{pmatrix} \qquad (4-22)$$

用 $\sqrt{1-\rho^2}C$ 左乘原模型表达式，并设 $\tilde{y} = \sqrt{1-\rho^2}Cy$，$\tilde{x} = \sqrt{1-\rho^2}Cx$，$\tilde{\varepsilon} = \sqrt{1-\rho^2}C\varepsilon$，可得式（4-23）。

$$\tilde{y} = \sqrt{1-\rho^2}Cy = \frac{1}{\sqrt{1-\rho^2}}$$

$$\begin{pmatrix} \sqrt{1-\rho^2} & 0 & \cdots & 0 & 0 \\ -\rho & 1 & \cdots & 0 & 0 \\ 0 & -\rho & \cdots & 0 & 0 \\ \vdots & \vdots & \vdots & & \vdots \\ 0 & 0 & \cdots & -\rho & 1 \end{pmatrix} \begin{pmatrix} y_1 \\ y_2 \\ y_3 \\ \vdots \\ y_n \end{pmatrix} = \begin{pmatrix} \sqrt{1-\rho^2}\,y_1 \\ y_2 - \rho y_1 \\ y_3 - \rho y_2 \\ \vdots \\ y_n - \rho y_{n-1} \end{pmatrix} \quad (4\text{-}23)$$

$$\tilde{x} = \sqrt{1-\rho^2}Cx = \frac{1}{\sqrt{1-\rho^2}} \begin{pmatrix} \sqrt{1-\rho^2} & 0 & \cdots & 0 & 0 \\ -\rho & 1 & \cdots & 0 & 0 \\ 0 & -\rho & \cdots & 0 & 0 \\ \vdots & \vdots & \vdots & & \vdots \\ 0 & 0 & \cdots & -\rho & 1 \end{pmatrix} \begin{pmatrix} x_{11} & \cdots & x_{1k} \\ x_{21} & \cdots & x_{2k} \\ x_{31} & \cdots & x_{3k} \\ \vdots & & \vdots \\ x_{n1} & \cdots & x_{nk} \end{pmatrix}$$

$$= \begin{pmatrix} \sqrt{1-\rho^2}\,x_{11} & \cdots & \sqrt{1-\rho^2}\,x_{1k} \\ x_{21} - \rho x_{11} & \cdots & x_{2k} - \rho x_{1k} \\ \vdots & & \vdots \\ x_{n1} - \rho x_{n-1,1} & \cdots & x_{nk} - \rho x_{n-1,k} \end{pmatrix} \quad (4\text{-}24)$$

$$\tilde{\varepsilon} = \sqrt{1-\rho^2}C\varepsilon = \frac{1}{\sqrt{1-\rho^2}}$$

$$\begin{pmatrix} \sqrt{1-\rho^2} & 0 & \cdots & 0 & 0 \\ -\rho & 1 & \cdots & 0 & 0 \\ 0 & -\rho & \cdots & 0 & 0 \\ \vdots & \vdots & \vdots & & \vdots \\ 0 & 0 & \cdots & -\rho & 1 \end{pmatrix} \begin{pmatrix} \varepsilon_1 \\ \varepsilon_2 \\ \varepsilon_3 \\ ? \\ \varepsilon_N \end{pmatrix} = \begin{pmatrix} \sqrt{1-\rho^2}\,\varepsilon_1 \\ \varepsilon_2 - \rho\varepsilon_1 \\ \varepsilon_3 - \rho\varepsilon_2 \\ \vdots \\ \varepsilon_N - \rho\varepsilon_{N-1} \end{pmatrix} \quad (4\text{-}25)$$

变换后的扰动项 $\tilde{\varepsilon}$ 满足球形扰动项的基本假设，因此，使高斯—马尔科夫定理①成立，它是 FGLS 变换的一个特例。每个观测值的归回方程如式（4-26）所示。

$$\sqrt{1-\rho^2}\, y = \sqrt{1-\rho^2}\,\beta_1 + \sqrt{1-\rho^2}\,\beta_2 x_{12} + \cdots + \sqrt{1-\rho^2}\,\beta_k x_{1k} + \tilde{\varepsilon}_1$$

$$y_2 - \rho y_1 = (1-\rho)\beta_1 + \beta_2(x_{22} - \rho x_{12}) + \cdots + \beta_k(x_{2k} - \rho x_{1k}) + \tilde{\varepsilon}_2$$

$$\cdots\cdots$$

$$y_n - \rho y_{n-1} = (1-\rho)\beta_1 + \beta_2(x_{n2} - \rho x_{n-1,2}) + \cdots$$
$$+ \beta_k(x_{nk} - \rho x_{n-1,k}) + \tilde{\varepsilon}_n \tag{4-26}$$

因此，可以通过 FGLS 来估计唯一参数 ρ。

（二）FGLS 估计

为了避免伪回归，首先使用普通 OLS 对贫困和数字鸿沟进行估计，并以州市为聚类进行稳健性检验，发现 OLS 标准差远小于稳健性标准差，混合检验 F＝0.0000。因此，同一个地区不同时间内的扰动项可能存在自相关性，而普通标准差假设的扰动项是独立的，因此 OLS 估计存在误差，不精确；或者由于每个地区的基本情况存在差异，也有可能存在不随时间变化的遗漏变量，因此使用 FE 检验优于 OLS。

当考虑把没有观测到的值放入误差选项后，进行随机效应 RE 检验，比较 RE 和 FE 时，发现 Prob＞chi2＝0.0000，说明 FE 优于 RE。但在 FE 模型中，回归估计中滤去了时间不变的特征，数字鸿沟与贫困随时间变化比较明显，加入时间效应进行双向固定效应检验时发现 P＝0.0000，因此固定效应模式中应该包括时间效应。此外，无论是数字鸿沟还是贫困，都存在地域间的差异，边远落后地区比平原、坝子相对贫困，数字鸿沟较大，由此产生解释变量之

---

① 高斯—马尔可夫定理（Gauss-Markov theory）是指在给定经典线性回归的假定下，最小二乘估计量是具有最小方差的线性无偏估计量。

间的内生性问题。因此，应采用 FGLS 进行回归分析，以解决组内包括地域、时间等在内的相关内生性问题。

如表 4-7 所示，通过 FGLS 回归分析结果显示，数字鸿沟与贫困指数的拟合度 $R^2 = 0.9779$ 为最优，由此可得回归方程，index_p = 25.4227 + 0.56911index_d。其中 index_p 为贫困指数，index_d 为数字鸿沟指数。

表 4-7　OLS、EFE、TFE、RE 和 FGLS 检验结果对比

	OLS	EFE	TFE	RE	FGLS
Coef.	.58832*** (18.95)	.51653*** (15.07)	.68825*** (14.33)	.63327*** (16.43)	.56911*** (6.69)
Cons.	25.1551*** (15.69)	28.7602*** (16.71)	20.1371*** (8.32)	22.8977*** (11.64)	25.4227*** (5.88)
R^2	0.7101	0.8267	0.9006	0.9006	0.9779
Std Err	.02991	.03855	.04803	.03855	.08505
Prob>F	0.0000	0.0000	0.0000		
Prob>chi2				0.0000	0.0000

注：贫困为被解释变量，数字鸿沟为解释变量。
"***""**""*"分别表示估计系数在 0.001、0.05 和 0.1 显著水平下显著。

从数字鸿沟与贫困的 FGLS 回归方程可以看出，数字鸿沟与贫困存在显著性正相关关系，数字鸿沟对贫困产生正向影响，贫困随着数字鸿沟的增大而加深，随着数字鸿沟的减小而减弱。

从格兰杰（Granger）因果检验可以看出，数字鸿沟与贫困间存在因果关系，如表 4-8 所示。贫困既是数字鸿沟的格兰杰因，也是数字鸿沟的格兰杰果；数字鸿沟也同样是贫困的格兰杰因和格兰杰果。

表4-8 数字鸿沟与贫困的 Granger 检验结果

Equation \ Excluded	chi2	df	Prob>chi2
lnindex_ p：lnindex_ d	4.020	1	0.045
lnindex_ d：lnindex_ p	29.262	1	0.000

注：lnindex_ p 为贫困指数，lnindex_ d 为数字鸿沟指数。

（三）实证结论

从数字鸿沟与贫困二者的静态关系来看，数字鸿沟与贫困存在正相关关系。

1. 贫困加深数字鸿沟

首先，由于地处贫困地区的农村居民人均可支配收入低，导致食品消费占人均消费支出的比重大，挤占了其他消费支出，包括信息消费支出和信息共享设备的购买，如居民个人计算机和智能 4G 手机设备，导致互联网普及率和信息使用率低；其次，贫困地区人均 GDP 不高，导致地方政府无法投入相应的资金建设信息共享平台和改善本地信息基础设施，包括电信基站、宽带网络光纤、广播和电视网络设施等，信息技术设施落后导致人们无法通过有效的手段和设备来共享信息，发展信息技术产业和信息经济；最后，教育支出减少，农村居民无法享受与城市居民同等的优质教育资源，导致教育资源分配不公平，文盲率高，以致人们无法使用相应的信息设备和有效利用信息资源来创造财富。

2. 数字鸿沟加大贫富差距

首先，由于不断加深的数字鸿沟，导致信息闭塞，形成信息孤岛，无法共享信息，包括自然灾害、天气预报、农业栽培技术等信息，导致农产品产量低以及灾害频发，收入减少；其次，由于缺乏必要的信息基础设施，信息经济和信息技术欠发达，加之缺少必要的信息技术应用能力，导致贫困人口无法共享 21 世纪信息技术革命和新技术飞速发展带来的信息红利，阻碍贫困地区经济社会发展,阻滞农村贫困地区居民可支配收入的增长,拉大与发达地区间的贫富差距。当改善信息基础设施、提高居民的信息技术应用能力,缩小地区间的数字鸿沟,贫困状况也将得到改善,贫富差距也会进一步缩小。

五、 数字鸿沟与贫困动态关系实证分析

(一) PVAR 模型及检验步骤

1. PVAR 模型

面板数据(Panel Data)也称纵向数据(Longitudinal Data),是在一段时间内跟踪同一组个体变化的数据,它包括两个维度,截面维度(n个个体)和时间维度(T个时期)。从解释变量是否对被解释变量的滞后值影响来看,面板数据分为动态面板数据(Dynamic Panel Data)和静态面板数据(Static Panel Data),如果解释变量对被解释变量的滞后值产生影响,则为动态面板数据,否则为静态面板数据。从不同时期样本个数是否相同来看,面板数据分为平衡面板数据(Balance Panel Data)和非平衡面板数据(Unbalance Panel Data),如果每个时期的个体样本数相同,则为平衡面板数据,否则为非平衡面板数据。

在检验过程中,遗漏偏差是一个普遍存在的问题,这是由于个体差异或异质造成的,它们不随时间的变化而变化,而面板数据刚好能够提供一个解决遗漏偏差的策略。由于面板数据具有时间维度,能够跟踪样本个体的变化情况,因此,它提供了多个个体的动态行为信息。同时,由于面板数据具有截面维度,要求每个个体都具有相同的斜率、相同的回归方程,在进行混合回归估计时,忽略了个体间的不可观测值,或者忽略了样本个体的异质性(Heterogeneity)。当为每个个体进行回归时,也就忽略个体间存在的共性,或者不需要足够大的样本来说明总体的特征。面板数据提供一个折中的方法,就是假设个体具有相同的斜率而截距不同,以此来获得个性的异质性,从而

得到个体效应模型（Individual Specific Effect Model）。①

当前，面板向量回归模型（Panel Vector Auto-Regression Model，以下简称 PVAR）已经成为一种比较成熟和流行的分析模型。它最早由赫尔茨·埃金斯（Holtz-Eakin）等在 1988 年提出，之后学者帕萨朗（Persaran）、宾德（Binder）、洛夫（Love）等对 PVAR 模型进行了完善和发展。② PVAR 继承普通向量自回归模型（Vector Auto-Regression Model，以下简称 VAR）优点的同时，还对 VAR 进行了创新和发展③④，把时间序列分析和面板数据分析结合起来，最大限度降低了 VAR 对时间序列长度的限制和要求，突出变量之间的内在影响机制，降低误差对系统的影响，提高了数据分析的精度和准度。

PVAR 通过正交化 IRE 从系统变量中分离出一个内生变量，检验内生变量受其他内生变量冲击的响应程度，并引入个体效应和时间效应来捕捉个体和时间异质性所带来的影响。PVAR 适用于技术差异和经济差距的相关性分析。⑤ 在可供选择工具变量的有效估计中，解决了滞后独立变量对系统变量的作用和影响。

PVAR 不以经济理论为基础，而是以统计数据性质来构建模型，以说明变量之间的动态关系。PVAR 中的每一个内生变量对全部系统内生变量滞后值进行回归，以预测时间系列数据的相关关系以及分析系统中随机扰动项对系统的冲击，能很好地解释动态冲击对因变量的影响。⑥

---

① 陈强：《高级计量经济学及 Stata 应用》，高等教育出版社 2010 年版，第 147 页。

② I. Love, L. Zicchino, "Financial Development and Dynamic Investment Behavior: Evidence from Panel VAR", *Quarterly Review of Economics & Finance*, Vol. 46, No. 2 (May 2006), pp. 190-210.

③ Douglas Holtz-Eakin, "Testing for Individual Effects in Autoregressive Models", *Journal of Econometrics*, Vol. 39, No. 3 (November 1988), pp. 297-307.

④ Douglas Holtz-Eakin, W. Newey, Harvey S Rosen, "Estimating Vector Autoregressions with Panel Data", *Econometrica*, Vol. 56, No. 6 (November 1988), pp. 1371-1395.

⑤ 吴振信等：《技术差距、资本深化与中国区域经济差距——来自面板数据 VAR 模型的证据》，《工业技术经济》2015 年第 8 期。

⑥ M. Arellano, O. Bover, "Another Look at the Instrumental Variable Estimation Error Component Models", *Journal of Econometrics*, Vol. 68, No. 1 (July 1995), pp. 29-51.

包括个体效应和时间效应在内的双向固定效应一般模型如式（4-27）所示。

$$y_{it} = \beta x'_{it} + \delta z'_i + \gamma_t + \varepsilon_{it}(i = 1, 2, \cdots, n; t = 1, 2, \cdots, T) \quad (4-27)$$

其中，i 和 t 分别代表截面个数和观测时间序列，$z_i(z_{it} = z_i, \forall t)$ 为不随时间变化的个体特征，x_{it} 为具有个体特征的随时间变化的自变量，$\varepsilon_{it} = u_{it} + \eta_i$ 为复合扰动项，其中 η_i 为代表个体异质性的截距项，u_{it} 为个体随时间而变化的扰动项，$\{\varepsilon_{it}\}$ 与 η_i 无关，且独立同分布，γ_t 为时间变量，仅随时间变化。$E(u_{it}|x_{it}, , x_{it}, z_i, \eta_i) = 0$，对双向固定效应模型进行变形，消除个体效应变量和时间效应变量对系统变量的影响。

对式（4-27）两边对时间取平均可得式（4-28）。

$$\bar{y}_i = \beta \bar{x}'_i + \delta z'_i + \bar{\gamma}_t + \bar{u}_i + \varepsilon_i \quad (4-28)$$

将式（4-27）与式（4-28）两边进行一阶差分消去个体效应得式（4-29）。

$$y_{it} - \bar{y}_i = \beta(x'_{it} - \bar{x}'_i) + \gamma(t - \bar{t}) + (u_{it} - \bar{u}_i) \quad (4-29)$$

设 $\tilde{y}_{it} = y_{it} - \bar{y}_i$，$\tilde{x}'_{it} = x'_{it} - \bar{x}'_i$，$\tilde{u}_{it} = u_{it} - \bar{u}_i$，$\tilde{t} = t - \bar{t}$ 则有：

$$\tilde{y}_{it} = \beta \tilde{x}'_{it} + \gamma \tilde{t} + \tilde{u}_{it} \quad (4-30)$$

式（4-30）两边对个体求均值得式（4-31）。

$$\bar{\tilde{y}}_t = \beta \bar{\tilde{x}}'_t + \gamma \tilde{t} + \bar{\tilde{u}}_t \quad (4-31)$$

将式（4-30）与式（4-31）两边进行一阶差分消去个体效应得式（4-32）。

$$\tilde{y}_{it} - \bar{\tilde{y}}_t = \beta(\tilde{x}'_{it} - \bar{\tilde{x}}'_t) + (u_{it} - \bar{u}_t) \quad (4-32)$$

设 $\tilde{\tilde{y}}_{it} = \tilde{y}_{it} - \bar{\tilde{y}}_t$，$\tilde{\tilde{x}}'_{it} = \tilde{x}'_{it} - \bar{\tilde{x}}'_t$，$\tilde{\tilde{u}}_{it} = u_{it} - \bar{u}_t$，可得 PVAR 模型的标准形式。

$$\bar{y}_{it} = \beta \bar{x}'_{it} + \bar{u}_{it} \tag{4-33}$$

如考虑滞后期的影响，则方程变为式（4-34）。

$$\bar{y}_{it} = \alpha \bar{y}_{i(t-1)} + \beta \bar{x}'_{it} + \bar{u}_{it} \tag{4-34}$$

在检验中，不考虑时间效应的固定效应模型被称为单向固定效应模型（One-way FE Model），引入时间效应的固定效应模型称为双向固定效应模型（Two-way FE Model）。

检验中若采用混合回归则会带来一些问题。混合回归又称总体平均估计（Population Averaged Estimator，以下简称 PAE），它是把个体效应进行平均处理，假设每个个体拥有完全一样的回归方程，可以像对待截面数据一样进行 OLS 回归分析，如 $y_{it} = \beta x'_{it} + \delta z'_i + \varepsilon_{it}$（$i = 1, 2, \cdots, n$；$t=1, 2, \cdots, T$）。但由于面板数据具有独特的特性，即使假设样本个体间的扰动项相互独立，基本假设个体效应不存在，同一样本个体在不同时期的扰动项之间仍然存在自相关性，因此，不宜使用混合回归检验和分析。

2. 分析步骤

在面板数据系统检验中，PAVR 的估计很少通过自身的变化来进行解释，实践中需要了解面板数据外因变动对每个内生变量的影响。因此，在对面板数据进行检验时，首先需要检验待估计面板数据的 VAR 稳定性，然后才能进行脉冲响应函数（Impulse Response Function，以下简称 IRE）以及预测误差方差分解（Forecast Error Variance Decompositions，以下简称 FEVD）检验。[①] 所以，使用 PVAR 对面板数据进行分析的基本步骤如下：

第一步，变量平稳性检验。对面板时间序列数据进行单位根检验，得到平稳状况和单整阶数，确定最大滞后期。

第二步，GMM 估计分析。广义矩阵（Generalized Method of Moments，以

---

① Michael R. M. Abrigo, I. Love, "Estimation of Panel Vector Autoregression in Stata: Package of Programs", *The Stata Journal*, Vol. 16, No. 3 (March 2016), pp. 778-804.

下简称 GMM)检验内生变量滞后项对当期的影响,获得个体变量之间的回归拟合结果,以及消除时间效应和个体效应对系统数据的影响。

第三步,IRS 分析。通过蒙特卡洛模拟生成 IRS,观测变量之间的互动关系特征。

第四步,FEVD 检验。通过 FEVD 评价个体变量之间相互作用的贡献程度。

(二)平稳性检验

为了保证估计结果的有效性,避免伪回归的出现或者面板数据不平稳带来的误差,进行面板向量自回归实证前,需要对面板时间序列数据实施平稳性检验。平稳性检验中,单位根检验是最常使用的平稳性检验方法。目前,单位根检验有 LLC(Levin-Lin-Chu)检验、Breintung 检验、IPS 检验、ADF-Fisher 检验、PP-Fisher 检验等 5 种,各种检验方法差别不大,因而我们选取 LLC 检验进行单位根检验。检验结果如表 4-9 所示,从 T 值可以看出,数字鸿沟(lnindex_d)与贫困(lnindex_p)的单位根检验结果在 0.01 的置信水平下显著,说明二者在各自截面上的时间序列平稳,数字鸿沟与贫困为同阶平稳时间序列,可以构建 PVAR 模型。

表 4-9　LLC 面板数据单位检验结果

变量	系数	T 值	P>T
lnindex_p	-0.32431	-6.217	0.0000
lnindex_d	-0.26077	-4.849	0.0000

(三)滞后阶数确定

滞后阶检验结果如表 4-10 所示,从检验结果可以看出贝叶斯准则信息量标准(MMSC-Baysina Information Criterion,以下简称 MBIC)、赤池准则信息量标准（MMSC-Akaike Information Criterion，以下简称 MAIC）和汉南·奎因准则信息量标准（MMSC-Hannan and Quinn Information Criterion，以下简称 MQIC）在滞后一期达到最小值，得到一个最小的汉森 J 显著性值，即在给定的时间和自由度范围内，不需要进行再次修正。因此，PVAR 的估计使用滞后一期 GMM 估计即可。

表 4-10 滞后期检验结果

lag	CD	J	J pvalue	MBIC	MAIC	MQIC
1	.9987631	20.80758	.0532701	−31.77674	−3.192419	−17.72995
2	.9991207	9.367092	.3122809	−25.68912	−6.632908	−14.65269
3	.9887721	.0001906	1	−26.29197	−11.99981	−14.27309

（四）GMM 估计

GMM 估计结果如表 4-11 所示。从检验结果可以看出，滞后期数字鸿沟对当期数字鸿沟在 0.01 的置信水平下存在显著性影响，滞后期贫困对当期贫困在 0.01 的置信水平下也存在显著性影响，滞后期数字鸿沟和滞后期贫困对当期数字鸿沟存在显著性正向影响，即数字鸿沟不仅受滞后期数字鸿沟的影响，还受滞后期贫困的影响；滞后期贫困对当期贫困和数字鸿沟产生显著性正向影响，即贫困同样受后期自身的影响，说明人们滞后期的期望和后续的政策措施等对缩小数字鸿沟、减小贫困产生显著影响；而滞后期数字鸿沟对当期贫困存在显著性负向影响，这是因为当人们减少信息设备的购买和信息消费支出时，相对而言，暂时能提高收入，但长远来看，会导致信息匮乏和信息技术技能缺乏，拉大与富裕人群间的数字鸿沟和收入差距。

第四章 数字鸿沟与贫困的静态和动态关系实证分析

表 4-11 GMM 估计结果

解释变量	被解释变量			
	lnindex_p		lnindex_d	
	系数	P 值	系数	P 值
L1. lnindex_p	.8506719*** (16.43)	0.000	0469002** (2.00)	0.045
L1. lnindex_d_D	-.3715573*** (-5.41)	0.000	1.065379*** (29.50)	0.000

注：L1 为滞后 1 期，lnindex_p 为贫困指数，lnindex_d 为数字鸿沟指数。
"***""**""*"分别表示估计系数在 0.001、0.05 和 0.1 显著水平下显著。

(五) IRF 分析

通过 Stata 分析，可得模型特征方程的根为 0.9580254，小于 1，具体检验结果如表 4-12 所示。

表 4-12 特征值稳定条件结果

实数	虚数	系数
.9580254	.0768201	.9611004
.9580254	-.0768201	.9611004

模型特征方程的根都位于单位圆之内，如图 4-6 所示，说明模型稳定，可以进行 IRF 检验。

通过 GMM 和稳定性检验后，需要对数字鸿沟与贫困的 PAVR 进行 IRF 分析，以确定变量的系数和显著水平，进而分析数字鸿沟与贫困的动态相互作用关系。IRF 是通过变量之间的正交化作用，对自变量和因变量的当期值和滞后期值产生影响，反映出变量间的时间滞后效应，以确定模型中变量之间的动态相互作用关系。IRF 图能比较直观地呈现出变量之间的动态作用关系和趋势变化情况。使用 Matlab 软件通过蒙特卡洛模拟（Monte Carlo Draw）1000次，生成 0.05 置信水平下的数字鸿沟与贫困相互作用 IRF 图。如图 4-7 所示，纵坐标表示因变量对自变量的响应程度，横坐标表示设定的响应期，中间曲线为脉冲响应点估计值，阴影部分为脉冲响应一倍的标准置信区间。

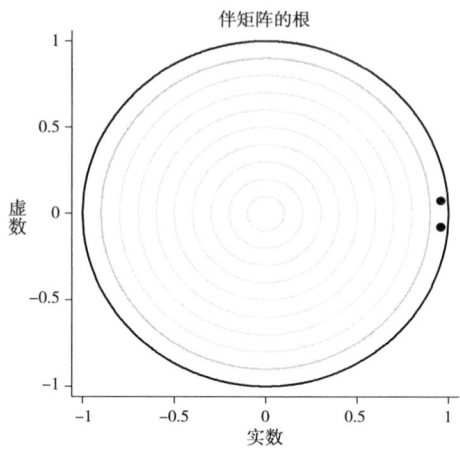

图 4-6　特征值稳定检验结果

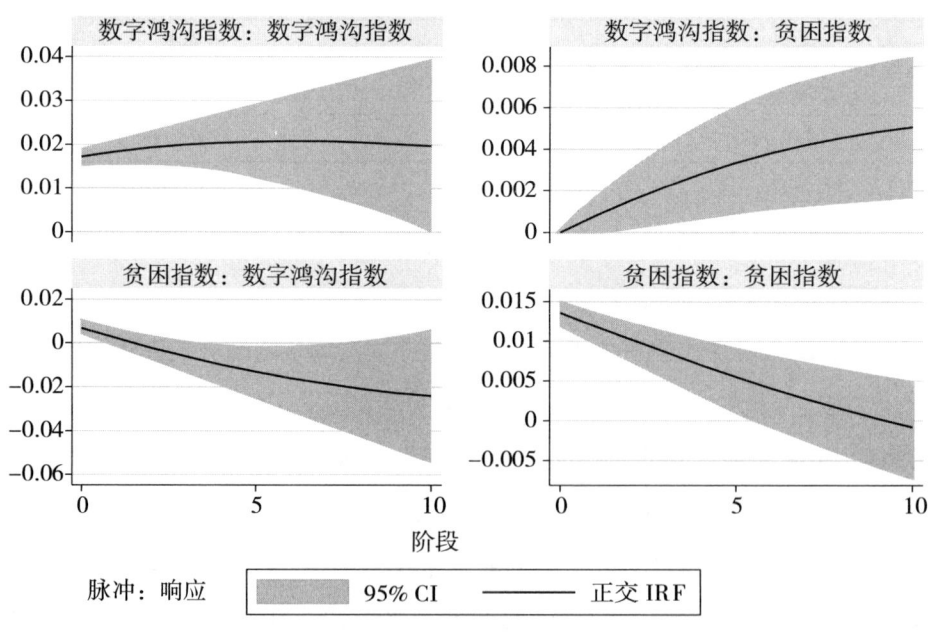

图 4-7　数字鸿沟与贫困的 IRF 图

从图中可以看出，无论是数字鸿沟，还是贫困都会对自身产生显著性影响，形成正向冲击，随着时间的推移，冲击逐步减弱，且影响效果显著，数字鸿沟会进一步增大滞后期数字鸿沟，缩小数字鸿沟会进一步减小滞后期数字鸿沟，缓解贫困也会进一步减轻滞后期贫困。

当期贫困对滞后期数字鸿沟产生正向冲击，而后冲击变为负向，贫困程度加深会进一步加大数字鸿沟，影响呈逐步减弱的趋势，当贫困人口增加信息设备、信息消费支出时，收入会暂时减少，数字鸿沟状况得到改善，表面上看，贫困对数字鸿沟产生负向冲击。

当期数字鸿沟对滞后期贫困产生正向冲击，且影响呈逐步增大的趋势，数字鸿沟增大会进一步加深贫困程度，且延续时间较长，效果显著，说明不改善落后地区数字鸿沟，贫困状况将很难得到改善。

因此，数字鸿沟对滞后期贫困产生显著性影响，贫困也同样对滞后期数字鸿沟产生显著性作用。当贫困加深时，数字鸿沟会随之增大；数字鸿沟增大时，贫困也会随之加深，形成恶性循环。

（六）FEVD 检验

FEVD 是 IRF 分析的基础上，进一步分析不同变量正交化作用对内生变量的影响，进而估计不同冲击对内生变量的贡献和作用。预测 10 个周期内的数字鸿沟与贫困的预测方差分解结果如表 4-13 所示。

表 4-13 数字鸿沟与贫困的预测方差分解结果

响应变量：贫困指数	脉冲变量		响应变量：数字鸿沟指数	脉冲变量	
预测周期	贫困指数	数字鸿沟指数	预测周期	贫困指数	数字鸿沟指数
0	0	0	0	0	0
1	1	0	1	0.0500010	0.9499990
2	.9979976	.0020025	2	0.0613118	0.9386882

续表

响应变量：贫困指数	脉冲变量		响应变量：数字鸿沟指数	脉冲变量	
预测周期	贫困指数	数字鸿沟指数	预测周期	贫困指数	数字鸿沟指数
3	.9929441	.0070559	3	0.0699187	0.9300814
4	.9843692	.0156308	4	0.0935804	0.9064196
5	.9718799	.0281201	5	0.1282555	0.8717445
6	.9552479	.0447521	6	0.1374051	0.8625948
7	.9345082	.0654918	7	0.1858886	0.8141114
8	.9100459	.0899541	8	0.2346583	0.7653416
9	.8826392	.1173608	9	0.2812599	0.7187401
10	.8534268	.1465732	10	0.3244996	0.6755004

从预测方差分解结果可以看出数字鸿沟和贫困相互作用、相互冲击的贡献率，通过比较二者之间相互冲击的贡献率，可得到冲击的重要性和相互影响的结果。

第一，从贫困（响应变量）与贫困（脉冲变量）的预测方差分解检验结果来看，贫困各预测周期方差解释率呈逐步下降的趋势，下降率随预测周期的变化呈逐步上升的趋势，表现为前慢后快，如下降率从第2个预测周期的0.2%上升到第10个预测周期的3.31%。贡献率从第2个预测周期的99.8%下降到第10个周期的85.34%，下降了15.66%，即解释率下降了14.66%。因此，贫困对自身的影响随着时间的推移逐渐减弱，但速度缓慢，说明贫困治理是一个长期而缓慢的过程。

第二，从贫困（响应变量）与数字鸿沟（脉冲变量）的预测方差分解检验结果来看，贫困对数字鸿沟的解释率表现为前低后高，且在前两个预测周期解释率上升速度较快，后期解释率上升速度逐渐趋缓，贡献率从第2个预测周期的0.20%上升到第10个预测周期的14.66%。说明贫困加大数字鸿沟，并对数字鸿沟产生影响，影响虽然缓慢，但可能持续较长时间。

第三，从数字鸿沟（响应变量）与贫困（脉冲变量）的预测方差分解检验结果来看，数字鸿沟对贫困的影响同样是一个长期过程，数字鸿沟对贫困的解释率表现为前低后高，相对而言，数字鸿沟对贫困解释率上升的速度快于贫困对数字鸿沟解释率上升的速度，如数字鸿沟的贡献率从第1个预测周期的5%上升到第10个预测周期的32.45%，明显大于第10个预测周期贫困对数字鸿沟的贡献率14.66%，说明数字鸿沟是影响贫困的重要因素，且影响会持续较长时间。

第四，从数字鸿沟（响应变量）与数字鸿沟（脉冲变量）的预测方差分解检验结果来看，数字鸿沟对自身的贡献率从第1个预测周期的95%下降到第10个预测周期的67.55%。说明数字鸿沟对自身产生较大影响，影响会持续较长时间。

（七）实证结论

数字鸿沟与贫困间存在动态相互作用关系，数字鸿沟不仅对贫困产生正向影响，贫困也同样对数字鸿沟产生正向作用。

1. 数字鸿沟与贫困形成累计循环因果关系

数字鸿沟与贫困相互作用、相互影响。贫困不仅对当期数字鸿沟产生影响，也对滞后期数字鸿沟产生作用，贫困程度加深，数字鸿沟也随之增大；同样，数字鸿沟不仅对当期贫困产生影响，也对滞后期贫困产生作用，随着数字鸿沟的增大，贫困也随之加深，形成恶性循环。

贫困加大数字鸿沟，数字鸿沟进一步加深贫困，使二者各自沿着原有的发展方向发展，在实践中正好诠释了缪尔达尔的"循环积累因果理论"。农村贫困地区由于贫困，缺少信息基础设施，缺少基本的信息设备和缺乏信息消费能力，缺乏使用信息的意识和能力，不具备良好的信息应用环境，导致信息技术利用不充分，信息共享能力和应用能力差，加大数字鸿沟；由于数字鸿沟的存在，无法利用数字革命带来的信息红利促进生产活动，缺少财富创造能力，低投入，低效率，低产出，导致低收入，进一步拉大与富裕地区的贫富差距，加深贫困，形成循环积累因果关系，如图4-8所示。

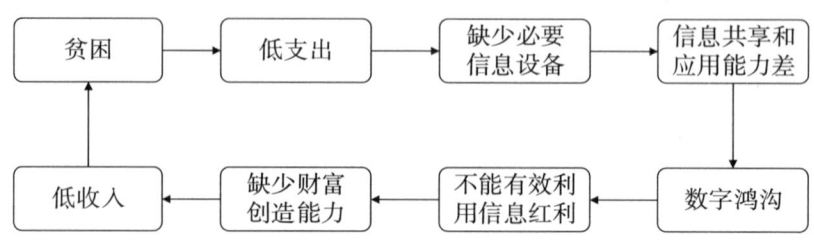

图4-8 数字鸿沟与贫困累积循环因果关系流程

2. 数字鸿沟与贫困间存在显著性相互作用关系

贫困对滞后期数字鸿沟产生显著性冲击，由于贫困无法获得必要的信息设备和缺少使用信息技术的技能，无法获得所需信息资源，进而加大数字鸿沟；数字鸿沟对滞后期贫困产生显著性正向冲击，由于缺少信息设备，缺乏获取信息的能力以及使用信息技术的技能，无法融入信息社会，共享信息革命带来的数字红利提高收入，加大贫富差距，加深贫困。

3. 数字鸿沟对贫困的影响大于贫困对数字鸿沟的影响

数字鸿沟对贫困的影响是一个长期过程，贡献率表现为前期小，后期大，增长速度快于贫困对数字鸿沟贡献率的增长速度，因此，缩小数字鸿沟是治理贫困的一项重要措施。

4. 贫困的治理难度大于数字鸿沟的治理难度

从数字鸿沟与贫困的预测方差分解检验结果来看，贫困对自身产生影响，贡献率缓慢下降，数字鸿沟对自身也产生影响，但贡献率下降的速度明显快于贫困对自身的贡献率，说明治理贫困是一个长期而缓慢的过程，治理难度要比治理数字鸿沟大。

六、缩小数字鸿沟减贫效应实证分析

（一）模型的选择

双重差分（Differences-in-Differences，以下简称DID）法又叫"倍差法"或者"差中差"法，是一种比较重要的政策分析和工程评估评价方法。DID法最早由阿舍菲尔特（Ashenfelter）引入经济学领域。在计量经济学中，DID法常用于公共策略、工程项目等实施效果的定量评估，通过混合界面数据，评价某项政策或者某件事的影响程度。

DID法的原理是通过一个与事实相反的框架来评估政策或者事件发生和不发生对被观测变量的影响。通常把样本分为两个组：一个组为政策或者事件作用对象，即"作用组"；另一个组为非政策或事件作用的组，即"对照组"，根据"作用组"和"对照组"在政策或事件实施前后的相关信息，判断"作用组"在政策或事件作用之后某个指标的变化量，与"对照组"在政策或事件实施前同一指标变化量的差异，以判断政策或事件作用之后的效果，它涉及"作用组"差分与"控制组"差分之差，即"作用组"第一期没有受政策或事件影响，此后政策开始实施、事件开始作用，第二期是政策或事件作用后的结果，"控制组"一直没有受政策或事件的影响，第一期和第二期都是没有政策或事件干预的结果，两次差分的效应就是政策或事件效应。

使用DID法进行政策效应评估的优势，一是DID可以在很大程度上避免内生性问题；二是传统的政策效应评估法主要是通过设置，把某个政策实施与否作为一个虚拟变量，加入回归方程，进行回归分析，而DID模型设置更为科学，更能准确估计出政策实施的效应。

基本的DID基本模型如下：

$$Y_{it} = \alpha_0 + \alpha_1 x_{it} + \alpha_2 d_t + \alpha_3 x_{it} \cdot d_t + \varepsilon_{it} \quad (4-35)$$

其中，x_{it} 为分组虚拟变量，若个体 i 受到施加政策的影响，则 x_{it} 取 1，否则取 0，d_t 为政策实施变量，政策实施前 d_t 取 0，政策实施后 d_t 取 1，$x_{it} \cdot d_t$ 为分组虚拟变量和政策实施虚拟变量的交互项。系数 α_3 反映了政策实施之后的净效应，若为负值，则政策实施后带来负效应，若为正值，则政策实施后产生正效应。通过政策实施前和实施后两组数据的分析，可以得到政策实施后的政策净效应 α_3，如表 4-14 所示。

表 4-14　DID 模型系数

	政策实施前	政策实施后	Difference
作用组	$\alpha_0 + \alpha_1$	$\alpha_0 + \alpha_1 + \alpha_2 + \alpha_3$	$\alpha_2 + \alpha_3$
对照组	α_0	$\alpha_0 + \alpha_2$	α_2
Difference	α_1	$\alpha_1 + \alpha_3$	α_3 (D-in-D)

（二）数据来源及变量选择

1. 数据来源

使用第五章计算出的数字鸿沟与贫困综合指数进行实证分析。

2. 按时间分组的检验模型

所有地区以 2015 年为界分为两组，分析 2015 年以前和 2015 以后缩小数字鸿沟的减贫效应差异，模型见式（4-36）。

$$index\_p_{it} = \alpha_0 + \alpha_1 dd_{it} + \alpha_2 d_t + \alpha_3 dd_{it} \cdot d_t + \varepsilon_{it} \quad (4\text{-}36)$$

$index\_p_{it}$ 为地区贫困指数，若 i 个地区在 t 年实施了缩小数字鸿沟的措施，虚拟变量 dd_{it} 为 1，反之为 0，时间虚拟变量 d_t 取 2010 年之后为 1，2010 年及以前为 0，反映贫困指数随时间发展变化趋势差异，$dd_{it} \cdot d_t$ 交互项度量了贫困地区实施缩小数字鸿沟措施后的减缓效应。

3. 按地区分组的检验模型

从云南各州市数字鸿沟与贫困指数的散点图可以看出，贫困和数字鸿沟指数在地理空间上分为两个层次，基础设施较好和经济较为发达的地区昆明市、玉溪市和西双版纳傣族自治州为第一层，而其他州市为第二层次。政策效应分析也分两个层次进行，对富裕地区和其他地区的减贫效应进行比较。模型见式（4-37）：

$$index\_p_{it} = \beta_0 + \delta_0 du + \beta_1 dt + \delta_1 du \cdot dt + \varepsilon_{it} \qquad (4-37)$$

du 为个体固定效应，为两组样本之间的个体特征变量，du 为 1，表示较为富裕的地区，du 为 0 表示其他地区，dt 为时间固定效应，政策实施变量，政策实施前，dt 为 0，政策实施后，dt 为 1，$du \cdot dt$ 交互项度量了贫困地区实施缩小数字鸿沟措施后的减缓效应。

（三）DID 结果分析

以时间分组的检验结果如下：

$$\begin{aligned}index\_p_{it} = \ &61.99935 - .0575436 dd_{it} - 4.085058 d_t - 4.408929 dd_{it} \cdot d_t\\ &(10.81) \quad\ \ (-0.04) \qquad (-4.49) \qquad\ \ (-3.98)\end{aligned}$$

$R^2 = 0.8052 \quad \text{Prob} > F = 0.0000$

从检验结果来看，数字鸿沟对贫困产生显著性影响。缩小数字鸿沟的减贫效应系数明显大于实施前的系数，检验结果的置信水平小于 0.05，说明缩小数字鸿沟后产生显著的减贫效应，即缩小数字鸿沟能明显减缓贫困，数字鸿沟越小，贫困越轻。因为缩小数字鸿沟能明显降低人们之间的信息差距，共享信息革命带来的数字红利，通过信息网络实现信息共享，不仅对贫困人口带来示范效应，更新观念，还能通过信息技术提高生产力，促使农村数字经济发展，增加收入，进而改善贫困状况。随着农村信息基础设施的进一步完善，农村居民信息素养的进一步提高，能够进一步促进乡村振兴和智慧农村建设，缩小城乡差距，实现城乡一体化发展，进而消除贫困，实现共同富裕。

以地区分组的检验结果如下：

$$index\_p_{it} = 39.24162 - 0.24264du - 2.88357dt - 3.57823du \cdot dt$$
$$(23.61) \quad (-12.33) \quad (-8.15) \quad (-16.74)$$

$R^2 = 0.8623 \quad \text{Prob} > F = 0.0000$

从地区分组检验结果来看，不同地区间缩小数字鸿沟的减贫效应不同，基础条件较好、较为富裕的地区，缩小数字鸿沟的减贫效应相对较高，而基础条件较差、贫困落后的地区，缩小数字鸿沟的减贫效应相对较小。因为富裕的地区信息基础设施相对较好，信息共享水平越高，人们能够充分利用信息技术提高生产力，通过信息共享加快生产，实现快速增收，提高收入，缓解贫困；而落后贫困的地区，由于信息基础设施落后，居民信息素养偏低，不能很好地利用信息技术提高生产力，实现快速增收，缩小与富裕地区间的差距。

因此，缩小数字鸿沟是一项重要的减贫措施。贫困地区不仅需要借助国家和社会力量，完善信息基础设施建设，还需要出台相应政策，减免或降低贫困地区居民的通信费用，促进信息共享；同时，还需强化培训，提高农村贫困居民信息获取和信息技术应用的能力，帮助其利用信息技术提高生产力，通过信息共享缩小数字信息差距，利用数字红利提高收入，减缓贫困。

第五章　数字鸿沟与贫困的空间关系实证分析

从已有的研究成果来看,空间计量经济研究主要涉及五个方面,空间相互依存关系设定、空间非对称关系研究、空间解释变量的设定与研究、不同时间段相互作用关系的空间模拟与区别等。[①] 对空间贫困的研究主要集中在贫困与环境和社会在空间的分布关系,如贫困与空间的位置关系,构建贫困地图和从空间地理的角度提供政策建议等。本章主要从地理空间分布的角度,在贫困指数中加入个体的空间信息,讨论数字鸿沟与贫困存在的空间关系,通过空间计量模型研究数字鸿沟与贫困的空间自相关、空间依存与溢出效应,进一步拓展数字鸿沟与反贫困的研究思路。

一、数字鸿沟与贫困的空间计量研究

(一) 空间数字鸿沟

空间计量经济学理论认为,某个地区空间单元上的某种属性值或者经济

---

① 孙久文、姚鹏:《空间计量经济学的研究范式与最新进展》,《经济学家》2014 年第 7 期。

现象与邻近地区空间单元上同一属性值或经济现象具有相关性。① 因此，凡是空间数据几乎都具有空间自相关性（Spatial Auto-Correlation）或空间依赖性（Spatial Dependence）。② 数字鸿沟具有类似的空间分布特性，不同地域由于地形不同、地理位置差异，造成经济社会发展水平差异，导致发展速度不同，信息化发展表现出明显的地区差异和城乡差距。③ 学者的研究也能证实以上结论。金春枝通过分析我国区域间和城乡间的数字鸿沟后得出，我国东西部间存在较大的数字鸿沟。④ 袁勤俭分析1984年至1998年美国家庭的计算机普及率、互联网普及率等数据后提出，美国空间位置对美国数字鸿沟存在影响。⑤

（二）空间贫困

学术界对贫困的研究经历从单维、综合、多维，再到空间的过程。⑥ 传统意义上，人们主要从收入和经济条件限制来研究贫困，认为贫困是由于低收入导致缺乏基本的生活资料，使得家庭生活无法达到社会最低标准。综合性贫困主要从经济和社会两个维度来研究贫困，贫困不仅收入低，而且还存在缺少就业机会、教育和社会服务等不利条件。⑦

空间贫困是研究贫困的空间分布、贫困与地理、自然等因素之间的关系和规律问题。⑧ 内容包括经济、社会、环境等维度，如位置偏远、隔离、环境

---

① A. Luc, *Spatial Econometrics: Methods and Model*, Dordrecht: Kluwer Academic Publishers, 1988, p.7.
② 吴玉鸣：《空间计量经济模型在省域研发与创新中的应用研究》，《数量经济技术经济研究》2006年第5期。
③ 王俊松、李诚：《我国数字鸿沟的空间表现及原因分析》，《情报科学》2006年第11期。
④ 金春枝、李伦：《我国互联网数字鸿沟空间分异格局研究》，《经济地理》2016年第8期。
⑤ 袁勤俭等：《空间位置对美国数字鸿沟影响分析》，《情报杂志》2004年第9期。
⑥ 李永红等：《六盘山集中连片特困区村域空间贫困及分异研究——以宁夏泾源县为例》，《宁夏大学学报》（自然科学版）2017年第3期。
⑦ 袁媛、许学强：《国外综合贫困研究及对我国贫困地理研究的启示》，《世界地理研究》2008年第2期。
⑧ 陈全功、程蹊：《空间贫困及其政策含义》，《贵州社会科学》2010年第8期。

脆弱、经济发展滞后、缺少地理资本、教育的可获得性、市场的连通性等。① 空间贫困的研究极大地拓展了贫困研究的深度和广度。

对空间贫困的研究可以追溯到 20 世纪 50 年代哈里斯和缪尔达尔提出的空间经济学，即落后地区的经济发展与地理位置相关。②③ 之后人们把自然地理因素纳入贫困的研究中，把空间作为贫困的一个因素，引入贫困的研究中，研究贫困的空间分布，以及空间地理因素对贫困的影响，形成"空间贫困"或者"贫困地理学"等理论。

萨克斯在《贫穷的终结：我们时代的经济可能》一书中提出，地理决定命运，如果一个国家处于土壤贫瘠、环境脆弱、交通不易到达、相对封闭的地理环境中就容易陷入贫困。④ 虽然萨克斯过分夸大了环境对贫困的作用，但是从贫困人口的空间分布来看，的确存在不均衡性，空间属性突出。在世界大多数国家中，贫困人口主要分布在农村地区，特别是地理位置偏僻、生态环境恶劣、公共设施落后和缺乏公共服务的边远农村地区。因此，把贫困置于空间地理中，区域贫困就是在特定时空条件下，贫困人群、生计活动与自然和社会环境要素耦合、演化的自然结果。⑤ 虽然某个地区经济发展了，但仍然存在大量的贫困人口，如撒哈拉以南非洲、南亚地区、中国西部地区等，都是贫困人口主要集中的地区，贫困人口的空间分布特性明显。同时，中国连片贫困地区划定也具有空间属性，它们是具有地理上相连、气候、环境、产业、文化习俗、贫困形成原因相近、脱贫致富周期长的区域。⑥

---

① 刘小鹏等：《集中连片特殊困难地区村域空间贫困测度指标体系研究》，《地理科学》2014 年第 4 期。
② Chauncy D. Harris, "The Market as a Factor in the Localization of Production", Annuals of the American Geographies, Vol. 44, No. 4 (December 1954), pp. 315–348.
③ G. Myrdal, Economic Theory and Under-Developed Regions, London: Gerald Duckworth& Co. Ltd, 1957, p. 90.
④ J. Sachs, The End of Poverty, London: Penguin Press, 2005: 4.
⑤ 丁建军、冷志明：《区域贫困的地理学分析》，《地理学报》2018 年第 2 期。
⑥ 郑长德：《中国少数民族经济发展报告（2014）——集中连片特困民族地区的区域发展与扶贫攻坚》，中国经济出版社 2014 年版，第 199—200 页。

所以,贫困与空间分布具有较大的相关性,特别是地理位置因素能够对收入产生重要影响。① 无论是发达国家还是发展中国家,贫困人口都会形成集聚并长期存在于某些特定区域。② 这种由于地理因素导致贫困的空间集聚被人们称为"空间贫困带"(Spatial Poverty Zone)或者"空间贫困陷阱"(Spatial Poverty Traps)。

从空间地理学来看,贫困更多是由于空间地理因素造成的,偏远的地理位置影响公共设施建设和公共服务供给、投资收益以及经济一体化,进而严重影响农村贫困和农村经济的发展。③ 世界银行乔茨纳·贾兰(Jyotsna Jalan)和马丁·拉瓦雷(Martin Ravallion)对中国南方4个省份1985年至1990年的数据进行回归分析,结果显示,由一系列指标组成的地理资本显著影响农村家庭消费增长,是导致"空间贫困陷阱"的主要因素。④ 由此,马丁·拉瓦雷提出两种假设:一是空间地理对生活水平的提高没有显著性影响,仅仅只是由于具有相似特征的个体在空间位置的集聚;二是空间特征对家庭福利有重要影响,自然条件、气候以及公共产品的供给对贫困有重要影响,个体难以在区域内自由迁移。⑤

经济增长对消除贫困的作用与贫困家庭与经济中心的距离,以及为他们提供的公共设施服务显著相关。⑥ 因为,距离影响家庭购买投入和农特产品销

---

① P. Buys, S. Dasgupta, & Timothy S. Thomas (eds.), "Determinants of a Digital Divide in Sub-Saharan Africa: A Spatial Econometric Analysis of Cell Phone Coverage", *World Development*, Vol. 37, No. 9 (September 2009), pp. 1494-1505.

② 沈茂英:《新时期川滇连片特困藏区扶贫路径研究——基于空间贫困视角的分析》,《决策咨询》2016年第3期。

③ Steven W. Omamo, "Transport Costs and Smallholder Cropping Choices: An Application to Siaya District, Kenya", *American Journal of Agricultural Economics*, Vol. 80, No. 1 (February 1998), pp. 116-123.

④ J. Jalan, M. Ravallion, "Geographic Poverty Traps? A Micro Model of Consumption Growth in Rural China", *Journal of Applied Econometrics*, Vol. 17, No 4 (July/August 2002), pp. 329-346.

⑤ M. Ravallion, Q. Wodon, "Poor Areas, or Only Poor People?", *Journal of Regional Science*, Vol. 39, No. 4 (November 1999), pp. 681-711.

⑥ L. Christiaensen, L. Demery, S. Paternostro, "Economic Growth and Poverty in Sub-saharan Africa Messages From the 1990s", *World Bank Economic Review*, Vol. 17, No. 3 (March 2003), pp. 317-347.

售。凯特·伯德（Kate Bird）的研究表明，城市、经济中心的距离与贫困呈显著性正相关关系，地理位置越偏远，贫困越突出，长期贫困发生率越高，地理位置越接近城市，越有助于缓解贫困。而区位差异和较高的迁移成本导致贫困的持久存在[1][2]，同时，相邻地区的贫困率变化也会对本地区贫困的改变产生影响。[3]

空间因素对农村贫困有着重要的影响，它导致贫困人口的分布具有不平衡特征，由于社会文化、自然环境、农特产品和生产要素市场的可达性、农村人口的就业机会和就业意愿等因素的影响，使贫困人口主要集中分布于边远落后的农村地区，特别是自然生态环境恶劣、所处地理位置偏远、公共设施建设落后和公共服务供给不足的农村地区。从资源禀赋的视角来看，区域的禀赋往往也是解释贫困形成的主要原因，如基础设施建设落后、公共服务供给不足、生态环境落后的区域往往也是贫困的高发区。所以，导致贫困最直接、最久远的初始成因是地域空间的资源禀赋状况。[4]

区域人力资本、物质资本的禀赋影响家庭资本的生产率，造成人力资本或者财富无法达到一定的门槛值，导致空间贫困长期存在。[5] 原因主要有两种：一是自然资源（包括土地资源）匮乏、结构不合理导致贫困；二是资金缺乏，交通、通信、能源等基础设施严重落后致使没有充分开发利用本地的自然资源而导致贫困。[6]

通过改革开放40多年的扶贫开发工作，国内大部分农村贫困已不再是经

---

[1] T. Daimon, "The Spatial Dimension of Welfare and Poverty: Lessons From a Regional Targeting Programme in Indonesia", *Asian Economic Journal*, Vol. 15, No. 4 (December 2001), pp. 345-367.

[2] K. Bird & A. Shepherd, "Livelihoods and Chronic Poverty in Semi-Arid Zimbabwe", *World Development*, Vol. 31, No 3 (March 2003), pp. 59-610.

[3] A. Rupasingha, Stephan J. Goetzbc, "Social and Political Forces as Determinants of Poverty: A Spatial Analysis", *The Journal of Socio-Economics*, Vol. 36, No. 4 (August 2007), pp. 650-671.

[4] 张丽君、董益铭、韩石：《西部民族地区空间贫困陷阱分析》，《民族研究》2015年第1期。

[5] S. Bowles, Steven N. Durlauf & K. Hoff, "Poverty Traps", in *The Handbook of Economic Growth*, Philippe Aghion & Steven Durlauf, Amsterdam: North-Holland, 2005, pp. 295-384.

[6] 罗庆、李小建：《国外农村贫困地理研究进展》，《经济地理》2014年第6期。

济欠发达所导致的面上贫困，而区域性贫困更多的是由于资源禀赋不足、信息闭塞、交通落后等具有空间区域特征约束条件所导致的。

综上所述，数字鸿沟与贫困具有空间分布特性，空间分布对二者具有显著性影响，但目前对贫困与数字鸿沟的空间关系研究，以及数字鸿沟是如何通过空间传导机制对贫困产生影响的相关文献较为少见。虽然已有研究表明，贫困加大数字鸿沟，数字鸿沟加深贫困，形成"富者愈富、穷者愈穷"的马太效应，但研究中没有考虑空间分布和空间集聚所带来的影响，且研究中并没有使用数字鸿沟和贫困的综合指数，仅使用部分指标来代替数字鸿沟和贫困的总体特性。从空间分布来看，数字鸿沟不仅对当地贫困产生影响，也会对邻近其他地区产生作用。因此，在本章的研究中，我们加入空间权重，把贫困与数字鸿沟的关系研究拓展到空间层面，从更为宽泛的空间视角来探究贫困与数字鸿沟间的相互作用关系。通过对贫困与数字鸿沟的空间依存和溢出效应研究，探索数字鸿沟对贫困的深层次影响。

二、模型的选择

传统计量经济学假定空间事物具有均值性，不存在关联性，通常采用忽略空间效应的方法进行模型估计和检验，如普通混合 OLS 等，假定回归模型的 β 系数为常数，导致模型设定存在偏差，因而传统回归模型不适于分析空间数据，因为空间截面数据存在自相关性和异质性。因此，对空间数据的检验和估计需要使用空间模型。

（一）空间自相关模型

莫兰指数是研究变量在同一个分布区内的观测数据之间潜在的相互依赖性的一个重要研究指标，是最常用的空间自相关指标，用来判定一定范围内的空间实体相互之间是否存在相关关系。

常用的莫兰指数法分为全局莫兰指数（Global Moran's I）和局部莫兰指

数(Local Moran's I)。在进行检验时,为避免全局莫兰指数检验对局部状态造成掩盖或者带来不稳定性,实施全局检验后,需要进行局部检验以对全局检验进行补充和说明。全局莫兰指数由澳大利亚统计学家帕特里克·阿尔弗雷德·皮尔斯·莫兰(Patrick Alfred Pierce Moran)1950年提出,局部莫兰指数由美国亚利桑那州立大学地理与规划学院院长安瑟伦(Anselin Local)1955年提出,也称安瑟伦局部莫兰指数。

空间自相关模型主要是通过计算莫兰指数值、z值和p值等进行显著性检验,判断要素的位置,以及要素值的空间自相关聚类、离散和随机性。

1. 全局莫兰指数模型

本章采用佐藤昭弘(Aki-Hiro Sato)的全局空间自相关模型①,表达式为式(5-1)。

$$Moran'I = \frac{n}{\sum_{i=1}^{n}\sum_{j=1}^{m}w_{ij}} \cdot \frac{\sum_{i=1}^{n}\sum_{j=1}^{m}w_{ij}(x_i - \bar{x})(x_j - \bar{x})}{\sum_{i=1}^{n}(x_i - \bar{x})^2} \qquad (5-1)$$

其中,n 和 m 为空间单元个数,x_i 和 x_j 分别表示第 i 个空间单元和第 j 个空间单元的属性值,$\bar{x}$ 表示空间单元属性值的均值,w_{ij} 为二进制空间权重系数,表示第 i 个空间单元和第 j 个空间单元的邻近状况,如果两个空间单元相邻,则 $w_{ij}=1$,不相邻,则 $w_{ij}=0$。若对空间权重进行标准化处理 $w_{ij}^* = \frac{w_{ij}}{\sum_{i=1}^{n}w_i}$,则式(5-1)变型后为式(5-2)。

$$Moran'I = \frac{\sum_{i=1}^{n}\sum_{j=1}^{m}w_{ij}^*(x_i - \bar{x})(x_j - \bar{x})}{\sum_{i=1}^{n}(x_i - \bar{x})^2} \qquad (5-2)$$

---

① Aki-Hiro Sato, *Applied Data-Centric Social Sciences: Concepts, Data, Computation and Theory*, Japan: Springer, 2014, pp.137-138.

当区域个数 n 和 m 足够大时，莫兰指数近似服从正态分布，因此可以使用 Z 检验（也称 U 检验）对其进行验证，如式（5-3）。

$$Z = \frac{Moran'I - E(I)}{\sqrt{2Var(I)}} \quad (5-3)$$

其均值的计算方法为 $E(I) = \dfrac{-1}{n-1}$，方差的计算方法为 $Var(I) =$

$$\frac{\dfrac{1}{2}n^2 \sum_{i=1}^{n}\sum_{j=1}^{m}(w_{ij}+w_{ji})^2 + n\sum_{i=1}^{n}(w_{i\cdot}+w_{\cdot j})^2 + 3(\sum_{i=1}^{n}\sum_{j=1}^{m}w_{ij})^2}{(\sum_{i=1}^{n}\sum_{j=1}^{m}w_{ij})^2(n^2-1)} - E^2(I)。$$

$Moran'I$ 的取值区间为 [-1, 1]，数值越大，表示空间自相关性越强；指数越小，表示空间差异越小；如果指数等于零，则表示空间分布呈随机性，无空间相关性；指数大于零，表示所有地区的属性值在空间上呈正相关性，属性值越大，越容易集聚在一起；指数小于零，表示所有地区的属性值在空间上呈负相关性，属性值越大，越不容易集聚在一起。

2. 局部莫兰模型选择

局部空间自相关性检验是通过 $Moran'I_l$ 来研究某个时间内，特定区域贫困和数字鸿沟的聚集情况，如式（5-4）所示。

$$Moran'I_l = \frac{(x_i - \bar{x})\sum_{j=1}^{m}w_{ij}(x_j - \bar{x})}{\sum_{i=1}^{n}(x_i - \bar{x})^2} \quad (5-4)$$

$Moran'I_l$ 大于零，说明指标值呈正相关性，低指标值地区周围被其他低指标地区包围影响，高指标值地区周围被其他高指标地区包围影响；$Moran'I_l$ 小于零，说明指标值呈负相关性，低指标值地区周围被其他高指标地区包围影响，高指标值地区周围被其他低指标地区包围影响。

(二) SDM 模型

从地理学第一定律可知,任何事物与其他事物存在相关联系,距离较近的事物间比相对较远的事物间关系更相关。[①] 若两个事物间的关系与距离有关,则说明它们之间存在空间外部性,或者溢出效应;若某一地区的观察值间产生影响,且这种影响的强度与相互间的距离相关,则说明它们之间存在空间依赖性。[②]

专家学者构建了多种横截面空间计量模型对空间计量经济学进行研究,主要有广义嵌套式空间模型(Generalized Nested Space Model,以下简称GNSM)、空间自回归模型(Spatial Autoregression Model,以下简称SARM)、空间滞后模型(Spatial Lag Model,以下简称SLM)、空间误差模型(Spatial Error Model,以下简称SEM)、广义空间自回归模型(Generalized Space Self-Regression Model,以下简称SACM)、空间杜宾模型(Spatial Durbin Model,以下简称SDM)、空间杜宾误差模型(Spatial Durbin Error Model,以下简称SDEM)、混合回归—空间自回归模型(Mixed Regressive-Spatial Autoregression Model,以下简称MR-SARM)、空间自回归移动平均模型(Spatial Autoregression Moving Average Model,以下简称SARMAM)等。[③]

SARM 主要反映微观样本内空间相关性,用来解决包含遗漏变量所带来的偏差,以及为了考虑空间异质性,把没有观测到的空间异质性放到随机扰动项中来反映空间相关性。若在 SARM 的基础上加入扩展外生变量,则 SARM 变为 MR-SARM。若考虑扰动项带有一阶自回归,则使用 SACM。若需要针对 SARM 的残差进行空间相关检验,则使用 SARMAM。在时间系列数据中,

---

[①] Wraldo R. Tobler, "A Computer Movie Simulating Urban Growth in the Detroit Region" *Economic Geography*, Vol. 46, No. 2 (January 1970), pp. 234-240.

[②] James P. Lesage, Robert K. Pace, *Introduction to Spatial Econometrics*, New York: CRC Press, 2009, pp. 156-158.

[③] 侯道健:《空间计量经济学的研究范式与最新进展》,《商情》2017 年第 5 期。

SDM 自变量存在滞后性，同样自变量在空间上也存在滞后性，因此，SDM 是通过空间权重矩阵来反映空间元素不仅受自身相关变量的影响，也受相邻相关变量的影响的空间关系模型，它不仅能消除遗漏变量所带来的误差，也不会造成重大偏误。SDEM 主要用来研究解释变量和误差项中同时包含的空间滞后项。[①]

目前在空间面板数据分析和研究中，SLM 和 SEM 使用比较多，不过 SLM 和 SEM 不仅存在内生交互效应（直接效应）及相关误差项可以解释空间模式，外生交互效应（间接效应）及相关误差项也同样可以解释空间模式。因此，詹姆斯·P. 莱萨基（James P. Lesage）建议采用 SDM 对空间数据的检验较为合适[②]，因为 SDM 嵌套了 SARM、SEM 和 SLM，SDM 优于 SEM 和 SLM。[③] 同时，我们不仅需要对贫困与数字鸿沟的空间依存性（内生交互效应）进行检验，还需要对空间溢出效应（外生交互效应）进行检验。如果只考虑内生交互效应而忽略外生交互效应，就会忽略自变量本身的空间依存性，如果误差项的空间依存性被忽略，也会引起效应损失。威廉·H. 格林（William H. Greene）认为，在回归方程中如果忽略一个或者多个解释变量而对剩余变量系数进行估计，那么这个估计也是有偏差和不一致的。[④] 因此，我们采用 SDM 进行数字鸿沟与贫困的空间效应分析，表达式如式（5-5）所示。

$$Y = c + \rho WY + X\beta + WX\theta + \varepsilon \qquad (5-5)$$

其中，$\varepsilon = \lambda W\varepsilon + \mu$，$Y$ 为因变量，c 为常数，W 为空间权重矩阵，WY 为被解释变量之间存在的内生交互效应，WX 为解释变量之间存在的外生交互效应（溢出效应），$W\varepsilon$ 为不同干扰项之间存在的交互效应。ρ 为空间回归系数，大于

---

① 周建等：《空间计量经济学模型设定理论及其新进展》，《经济学报》2016 年第 2 期。
② 姜磊、柏玲：《空间面板模型的进展：一篇文献综述》，《广西财经学院学报》2014 年第 6 期。
③ ［荷兰］J. 保罗·埃尔霍斯特：《空间计量经济学：空间计量经济学从横截面数据到空间面板》，肖光恩译，中国人民大学出版 2014 年版，第 38 页。
④ William H. Greene, *Econometric Analysis* (6th Edition), Upper Saddle Rive: Pearson Prentice Hall, 2005, pp. 19-20.

零为正效应,小于零为负效应。λ 为空间误差回归系数,通过 λ 观测空间依赖作用,即相邻地区因变量 Y 对本地区的影响方向和程度,大于零正向影响,小于零负向影响。θ 为自变量回归系数。μ 为正态分布随机向量。ε 为随机扰动项向量,包括空间固定效应 η_I 和时间固定效应 δ_I,空间固定效应反映空间地理位置变化的影响,而时间固定效应反映时间变化的影响。因此,从模型的假设可知,某一个地点的误差项和解释变量的影响,会通过空间传递到另一地点。只有空间回归系数 ρ 和自变量回归系数 θ 为 0,空间依存和溢出效应才会消失。

空间效应分为直接效应(Direct)和间接效应(Indirect)。直接效应是指一个特定单位中的特定解释变量的变化,会改变这个单位自身的被解释变量;间接效应是一个特定单位中的特定解释变量的变化,会改变其他单位的被解释变量。间接效应被解释为外生变量的一个特定元素的变化对其他单位的被解释变量的影响。如果系数 ρ、β、γ 正好显著,这并不意味着第 K 个变量的间接效应也是显著的;相反,如果这一些系数中一个或者两个是不显著的,其间接效应仍可能是显著的。

上述模型主要用于截面数据,当把截面数据堆叠后,就形成了面板数据,则空间杜宾面板数据模型变为式(5-6)。

$$Y = c + \rho(I \otimes W)Y + X\beta + (I \otimes W)X\theta + \varepsilon \qquad (5\text{-}6)$$

其中,$\varepsilon = \lambda(I \otimes W)\varepsilon + \mu$。

(三)空间权重矩阵

空间权重矩阵的设定对空间效应的检验和分析至关重要,它是空间建模的重要组成部分,其一般数学表达式为式(5-7)。

$$W = \begin{bmatrix} w_{11} & w_{12} & \cdots & w_{1n} \\ w_{21} & w_{22} & \cdots & w_{2n} \\ \vdots & \vdots & \vdots & \vdots \\ w_{m1} & w_{m2} & \cdots & w_{mn} \end{bmatrix} \quad (5-7)$$

如果式（5-7）中矩阵主对角线上的元素均为零，即 $W_{ij}=0$（$i=j$），表示各个区域与其自身并不相邻，如果第 i 区域和第 j 区域相邻，则第 j 区域和第 i 区域也必然相邻，即 $W_{ij}=W_{ji}$，由此形成一个对称矩阵。

在空间效应研究中，通常把权重矩阵看作外生变量。空间权重的设定需要满足一个前提，就是空间依存关系随着距离的增大而衰减。最初的空间权重矩阵主要是基于地理邻近关系来构建的。[①] 直到现在，国内外学者并没有形成统一的空间权重矩阵计算标准，不同的研究者从不同的角度出发，选择不同的权重构建矩阵。学术界常用的有基于地理位置邻近关系的空间权重矩阵、基于地理距离的空间权重矩阵、基于经济距离的空间权重矩阵等。我们主要采用应用广泛的地理位置邻近空间权重，若两个地区相邻，则权重为1；若不相邻则为0。表达式为式（5-8）。

$$W_{ij} = W_{ji} = \begin{cases} 1, & i \in \{j\} \\ 0, & iI \notin \{j\} \end{cases} \quad (5-8)$$

其中，i、$j(i, j = 1, \cdots, N)$ 表示处于不同位置的地区（州市），$\{j\}$ 为与地区 i 邻近的地区（州市），若 j 与 i 相邻，则空间权重矩阵 $W_{ij}=1$，否则 $W_{ij}=0$。

三、数据来源与变量选择

（一）数据来源

2010年前云南数字鸿沟和贫困的统计数据不完整，为避免数据缺失导致

[①] 张可云、王裕瑾、王婧：《空间权重矩阵的设定方法研究》，《区域经济评论》2017年第1期。

统计结果失真，本章所有实证数据为 2010 年至 2019 年间的官方统计数据。数据主要来源于 2011 年至 2020 年《云南省统计年鉴》、2011 年至 2020 年云南各州市年鉴、2011 年至 2020 年《云南调查年鉴》、2010 年至 2019 年云南及各州市国民经济和社会发展统计公报等。

(二) 选择变量说明

贫困与数字鸿沟指数使用第四章所计算的结果。为了更好地比较和研究贫困与数字鸿沟的空间关系，本章纳入另外三个控制变量 GDP 增长率、收入水平和教育水平，从第一章的文献综述可以看出，很多国内外学者的研究表明，以上三个变量与贫困存在显著性关系。本章引入空间权重，通过 Matlab、Geoda 软件研究、检验和分析人均 GDP、收入水平、教育水平、数字鸿沟与贫困的空间关系。

人均国民生产总值 (GDP)，使用各个地区 (州市) 2010 年至 2019 年人均 GDP 来表示。发展经济学理论指出，没有一定的经济增长，人类将只能是共同贫困；不过，即使具有一定的经济增长，也不一定带来共同富裕，关键要看是不是有质量的增长，经济增长能否真正惠及穷人。[①] 因为经济增长具有"亲贫"和"亲富"之分，如果经济增长"亲富"，将会进一步拉大贫富差距；而经济增长"亲贫"，才会快速减缓贫困。

收入水平 (Income)，使用各个地区 (州市) 2010 年至 2019 年居民人均可支配收入来表示。贫困最初是经济学领域的概念，个人收入的高低是判断是否贫困的标准之一，简单地说，贫困就是缺少足够的收入，传统观念认为贫困就是没有足够的收入来满足基本生活消费需要以达到社会要求的最低生活水准，要解决贫困，就需要提高收入，随着居民人均可支配收入的提高，贫困也会进一步减少。

---

① 纪宏、阮敬：《中国反贫困测度理论》，《中国数量经济学年会》，2007 年。

教育水平（Edu），使用在校生人数与总人口的比重来表示。舒尔茨指出，提高穷人的收入，改善穷人的福利状况，关键因素不是土地、能源，而是帮助穷人提高知识水平和人口质量。① 教育带来技术、信息和更多的发展机会，消除贫困文化，更新落后的思想观念，增强人们的自我发展能力，通过教育提高人口素质将会进一步减缓贫困。因此，地区教育水平的高低也是导致贫困的一个主要决定因素，教育还是形成贫困代际传递的主因。通过教育能够使贫困人群脱离自致性的贫困再生产机制，实现"内生性"脱贫，阻断贫困的代际传递②，实现最直接、最为有效的精准扶贫。③

根据以上空间面板数据模型的分析，纳入收入水平、GDP 增长率、教育水平等控制变量后，则 SDM 变为式（5-9）。

$$\ln index\_p_{it} = c + \rho(i \otimes w)\ln index\_p_{it} + \beta_1 \ln index\_d_{it} + \beta_2 \ln gdp_{it} +$$
$$\beta_3 \ln income_{it} + \beta_4 \ln edu_{it} + \theta_1(i \otimes w)\ln index\_d_{it} +$$
$$\theta_2(I \otimes W)\ln gdp_{it} + \theta_3(I \otimes W)\ln income_{it} + \theta_4(I \otimes W)\ln edu + \varepsilon_{it} \quad (5-9)$$

其中，$\varepsilon_{it} = \lambda(I \otimes W)\varepsilon_{it} + \mu_{it}$。贫困指数（$index\_p$）为被解释变量，数字鸿沟指数（$index\_d$）为解释变量，人均 GDP（gdp）、收入水平（income）、教育水平（edu）为控制变量，W 为空间权重矩阵，ρ 为空间回归系数，θ 为自变量回归系数。μ、ε 为正太分布随机扰动项。

四、数字鸿沟与贫困的 SDM 检验与分析

在分析数字鸿沟与贫困空间依存性和溢出效应之前，需要对二者的空间自相关进行检验。

---

① ［美］西奥多·W. 舒尔茨：《论人力资本投资》，吴珍华译，北京经济学院出版社 1990 年版，第 40 页。
② 孟照海：《教育扶贫政策的理论依据及实现条件——国际经验与本土思考》，《教育研究》2016 年第 11 期。
③ 钟慧笑：《教育扶贫是最有效、最直接的精准扶贫》，《中国民族教育》2016 年第 5 期。

(一) 空间自相关检验

1. 全局空间自相关检验

使用 Matlab 软件计算，可得贫困与数字鸿沟的全局 Moran 指数、Z 值和 P 值，如表 5-1 所示。结果显示，贫困的 Moran 指数大于数字鸿沟，说明贫困空间聚集程度比数字鸿沟高，区域发展不均衡和地理空间差异对贫困的影响比数字鸿沟更显著。无论 2010 年还是 2019 年的贫困和数字鸿沟的 Moran 指数都大于 0，Z 值大于 0.05 的置信区间临界值 1.96，具有统计学上的显著性，说明贫困和数字鸿沟具有空间自相关特性，与空间聚集度成正比，贫困地区趋于聚集，富裕地区也同样趋于聚集；数字鸿沟较大或较小的地区也分别集聚，形成高—高（H-H）和低—低（L-L）的空间集聚性。随着时间的变化，贫困和数字鸿沟的 Moran 指数值逐步变小，从 2010 年至 2019 年，贫困的 Moran 指数下降了 32.65%，而数字鸿沟的 Moran 指数却下降了 52.94%，说明二者的聚集度随着时间的推移在逐渐减弱，不过贫困的变化幅度小于数字鸿沟，因此，解决区域贫困的难度大于解决数字鸿沟。

表 5-1 2010 年至 2019 年贫困和数字鸿沟的 Moran 指数

年份	贫困			数字鸿沟		
	Moran's I	Z	P	Moran's I	Z	P
2010	0.196	4.194	0.000	0.119	2.886	0.002
2011	0.169	3.743	0.000	0.116	2.815	0.002
2012	0.165	3.683	0.000	0.092	2.443	0.007
2013	0.163	3.671	0.000	0.089	2.38	0.009
2014	0.160	3.607	0.000	0.087	2.325	0.010
2015	0.147	3.412	0.000	0.080	2.249	0.012
2016	0.144	3.407	0.000	0.075	2.179	0.015
2017	0.133	3.221	0.001	0.072	2.093	0.018
2018	0.129	2.606	0.005	0.070	2.058	0.020
2019	0.132	3.162	0.001	0.056	1.893	0.029

2. 局部空间自相关检验

从2019年贫困和数字鸿沟的散点图分布可以看出，如图5-1、图5-2所示，分布在第一、第三象限内的地区，贫困和数字鸿沟呈正相关空间集聚，表现为空间接近；分布在第二、第四象限内的地区，贫困和数字鸿沟呈负相关空间集聚，表现为空间差异。

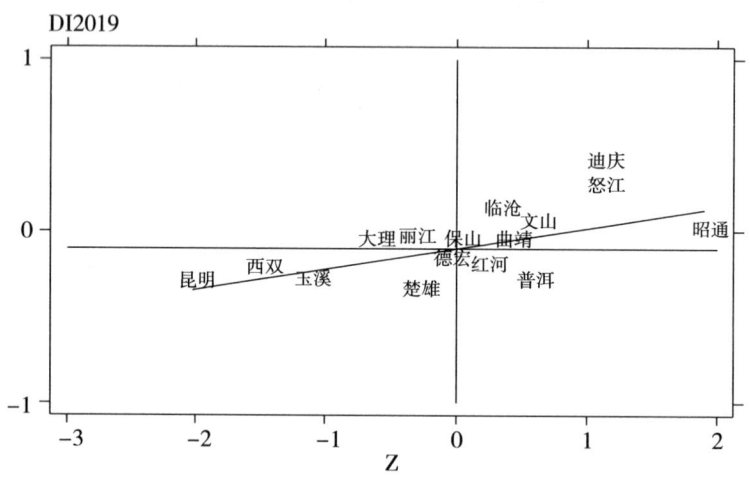

图5-1　2019年数字鸿沟MORAN散点图

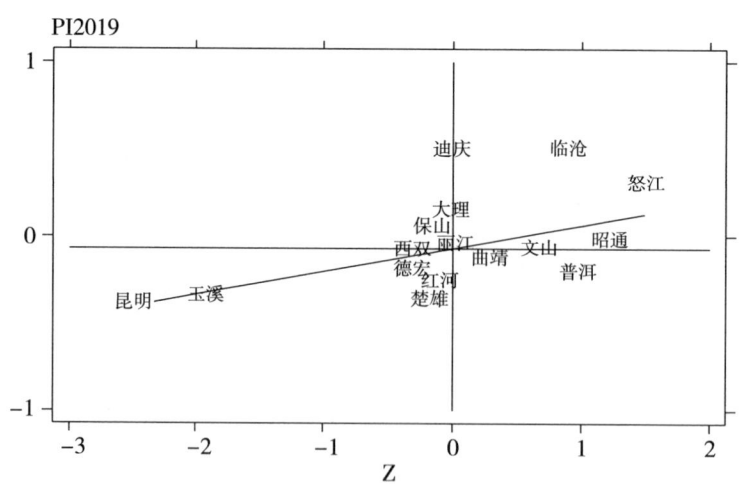

图5-2　2019年贫困MORAN散点图

从散点图可以看出，贫困和数字鸿沟与空间具有紧密相关性，在空间分布上，呈现二元结构，信息化发展程度较高、数字鸿沟较小、相对富裕的地区相互聚集；而贫困程度相对较深、信息化发展程度较低、数字鸿沟较大的地区相互聚集。

贫困和数字鸿沟相对较大的地区主要分布在第一象限，如贫困程度最深和数字鸿沟最大的怒江傈僳族自治州和迪庆藏族自治州，象限内的地区与邻近地区呈现高—高（H-H）空间关系，形成"强化效应"，使区域内的贫困和数字鸿沟在空间分布上得到固化。

相对富裕和数字鸿沟相对较小的地区主要分布在第三象限，较为富裕和数字鸿沟较小的昆明市、玉溪市等，象限内的地区与邻近地区呈现低—低（L-L）空间关系，形成"扩散效应"，使区域内的贫困和数字鸿沟在空间分布上得到进一步减弱。

分布在第二象限内的地区与邻近地区的贫困和数字鸿沟呈现低—高（L-H）空间关系，形成"虹吸效应"。由于自身条件相对较好，收入较高，吸引邻近地区的人才、资金、技术等流向本地区，促进本地区发展，进一步拉大了与邻近地区的贫富差距；同样，本地区信息化的进一步发展，缩小本地区数字鸿沟的同时，会进一步拉大与邻近地区的数字鸿沟。

分布在第四象限内的地区与邻近地区的贫困和数字鸿沟呈现高—低（H-L）空间关系，形成"空心效应"。由于本地区所处地理位置影响较差，缺乏吸引力，导致人才、技术、资金等向发展情况较好的邻近地区流动，导致本地区与邻近地区的贫富差距被进一步拉大。

因此，缩小数字鸿沟，消除贫困，需要重视空间对二者的影响，可通过"扩散效应"发挥空间集聚对减少贫困、缩小数字鸿沟的作用，同时，也需要避免空间集聚对深度贫困地区带来的"强化效应"和"空心效应"，拉大贫困地区与较为富裕地区的差距。

(二) SDM 实证结果分析

迈克尔·宾斯托克(Michael Beenstock)指出,原则上空间面板数据的检验应该使用随机效应,但在实际应用中,空间面板数据的随机效应检验设定往往与现实存在较大差异。[①] 虽然固定效应检验会损失自由度,不过,若样本几乎为全部总体时,这个问题就不突出了。从统计检验的方法来看,面板数据的豪斯曼(Hausman)检验发展了空间数据的豪斯曼检验,空间面板 FE 的参数估计与 RE 的参数估计相同。[②] 因此,空间面板数据的检验使用固定效应较为合适。对于空间面板数据的 FE 估计若采用普通 OLS,则会带来有偏或无效的估计,虽然也可以采用 GMM 估计,但采用最大似然(Maximum Likelihood,以下简称 ML)估计法更为有效[③],它不仅可以有效避免内生性问题[④],还能够充分保证结果的稳健性。因此,我们采用最大似然估计法对空间面板固定效应进行估计和检验。

为避免出现伪回归,确保估计结果的有效性,首先需进行平稳性检验。检验结果如表 5-2 所示,贫困指数(lnindex_p)、数字鸿沟指数(lnindex_d)、人均 GDP(lngdp)、收入水平(lnincome)、教育水平(lnedu)等都能通过 LLC 检验,说明贫困、数字鸿沟、人均 GDP、收入水平和教育水平在各自截面上的时间序列平稳,可以进行 SDM 检验。

[①] M. Beenstock, D. Felsenstein, "Spatial Vector Autoregressions", *Spatial Economic Analysis*, Vol. 2, No. 2 (February 2007) pp. 167–196.

[②] J. Paul Elhorst, "Spatial Panel Models", in *The Handbook of Regional Science*, Manfred M. Fischer & Peter Nijkamp, Berlin Heidelberg: Springer, 2014, pp. 1637–1652.

[③] L. Anselin, *Spatial Econometrics: Methods and Model*, Dordrecht: Kluwer Academic Publishers, 1988, p. 58.

[④] Bruce A. Blonigen, Ronald B. Davies, & Glen R. Waddell (eds), "FDI in Space: Spatial Autoregressive Relationships in Foreign Direct Investment", *European Economic Reviews*, Vol. 51, No. 5 (July 2007), pp. 1303–1325.

第五章 数字鸿沟与贫困的空间关系实证分析

表 5-2 LLC 面板单位检验结果

变量	T 值	P>t	结论
lnindex_p	-12.1720	0.0000	平稳
lnindex_d	-12.2591	0.0000	平稳
lngdp	-9.1852	0.0000	平稳
lnincome	-9.8169	0.0000	平稳
lnedu	-9.1477	0.0000	平稳

FE 检验分为四种类型，无固定效应（No Fixed Effects，以下简称 nFE）、空间固定效应（Spacial Fixed Effects，以下简称 sFE）、时间固定效应（Time Fixed Effects，以下简称 tFE），以及时间空间双固定效应（Spacial-Time Fixed Effects，以下简称 stFE）。我们通过 Matlab 对贫困和数字鸿沟的 SDM 进行以上四种固定效应检验，并加入 OLS 检验进行对照比较，检验结果如表 5-3 所示。

从检验结果的拟合度来看，SDM 检验优于 OLS 检验，对数字鸿沟与贫困进行空间 SDM 检验能更好地反映客观事实。由于瓦尔德空间滞后（Wald_spatial_lag）的估计值为 12.0199，显著水平为 0.0086，说明 SDM 检验结果有效。在 SDM 的四种固定检验结果中，stFE 检验的拟合度最优。

从 stFE 检验结果来看，数字鸿沟与贫困存在显著性正相关关系。数字鸿沟加大信息的不对称性，不能有效促进新技术的应用，贫困人口很难通过新技术和新方法重新组织再生产，提高生产效率，增加收入，进一步固化本地区的贫困；同时，数字鸿沟还通过溢出效应，影响邻近地区的贫困。

贫困与人均 GDP 在 0.01 水平下呈显著性负相关关系。说明 GDP 的增长对贫困人口的生活状况改善具有促进作用，能明显改善区域性贫困。

表 5-3　SDM 空间效应检验结果

变量	OLS	SDM			
		nFE	sFE	tFE	stFE
intercept	3.019525***	2.550121***			
	(13.441704)	(6.757232)			
lnindex_d	.325404***	0.359831***	0.027025	0.357508***	0.120039***
	(7.067178)	(7.861582)	(0.665857)	(9.832634)	(2.663307)
lngdgp	-.1110763***	-0.070487***	-0.083140***	-0.086278***	-0.068023***
	(-9.63794)	(-5.557209)	(-3.466215)	(-9.488587)	(-3.296503)
lnincome	-.0278415**	-0.042397**	-0.037255**	-0.065410***	-0.032905***
	(2.869034)	(-2.078220)	(-2.348409)	(-4.223643)	(-2.456826)
lnedu	-.0066148	-0.008213	-0.014155**	-0.014291*	-0.005818*
	(-0.570208)	(-0.811737)	(-2.371537)	(-1.925843)	(-1.172444)
W*lnindex_d		-0.106400	0.265581***	0.192940**	0.114757*
		(-1.417815)	(4.845612)	(2.443688)	(1.177452)
W*lngdgp		-0.098535***	-0.065288**	-0.071812**	-0.002064
		(-4.171335)	(-2.358586)	(-3.131274)	(-0.059987)
W*lnincome		-0.113218***	-0.018014	-0.114912***	-0.0661319**
		(-5.181291)	(-1.026737)	(-3.981522)	(-2.281545)
W*lnedu		-0.028619*	-0.012967	-0.046790***	-0.002315
		(-1.762152)	(-1.267094)	(-3.880345)	(-0.223662)
W*dep.var.		0.223974**	0.639952***	-0.566955***	-0.114990*
		(2.620079)	(11.451432)	(-6.552255)	(-1.191666)
R-squared	0.8305	0.8773	0.9827	0.9409	0.9881

注：贫困为被解释变量，数字鸿沟为解释变量，人均 GDP、收入水平、教育水平为控制变量。

"***""**""*"分别表示估计系数在 0.001、0.05 和 0.1 显著水平下显著。

贫困与收入水平在 0.01 水平下呈显著性负相关关系。说明收入对贫困具有重要影响，提高居民收入，不仅明显降低本地区的贫困，也能通过溢出效应，影响邻近地区的贫困。

通常，随着本地区教育水平的提高，会进一步减缓当地的贫困程度，不过从检验的结果来看，贫困与教育水平只是在 0.5 水平下呈负相关关系，说明教育水平对扶贫开发工作的作用效果不太显著，贫困地区教育的发展并未在短时间内转化为人才优势，教育促进人才发展、改善区域性贫困不是一个短期行为。

从解释变量对贫困的边际效应结果来看，如表 5-4 所示，数字鸿沟、收入水平和人均 GDP 对贫困具有显著的直接效应，促进社会经济发展、提高居民可支配收入、缩小数字鸿沟，能明显改善区域性贫困。但教育水平对贫困的直接效应和间接效应都不是太显著，说明贫困地区教育扶贫对扶贫开发工作的贡献率不太高，或者由于教育周期长，不能在短时间内转化为脱贫固效的内生动力。

表 5-4 解释变量对贫困作用的边际效应

变量	直接效应	间接效应	总效应
lnindex_d	0.113285**	0.089753*	0.203038**
	(2.531879)	(1.019224)	(1.790215)
lngdgp	−0.067847***	−0.010275	−0.057572*
	(−3.199744)	(−0.321899)	(−1.712398)
lnincome	−0.034122***	−0.065515**	−0.031393*
	(−2.716164)	(−2.372490)	(−1.2080885)
lnedu	−0.005809*	−0.002658	−0.003151
	(−1.133169)	(0.272761)	(0.283498)

注：贫困为被解释变量，数字鸿沟、GDP 增长率、收入水平、教育水平为解释变量。"***""**""*"分别表示估计系数在 0.001、0.05 和 0.1 显著水平下显著。

为了进一步分析数字鸿沟与贫困的空间效应，根据贫困空间自相关检验结果，我们把云南 16 个州市分为三个层次：第一个层次为相对富裕的地区，包括昆明市、玉溪市和西双版纳傣族自治州；第二个层次为中间层，包括保山市、楚雄彝族自治州、大理白族自治州、德宏傣族景颇族自治州、红河哈尼族彝族自治州、丽江市、曲靖市和文山壮族苗族自治州；第三个层次为相对贫困的地区，包括怒江傈僳族自治州、迪庆藏族自治州、普洱市、昭通市和临沧市。不同地区的检验结果如表 5-5 所示，总体而言，数字鸿沟不仅对本地区的贫困产生显著性影响，还通过溢出效应间接作用于邻近地区。从检验的相关系数来看,相对贫困的地区数字鸿沟对本地区的贫困影响最大,而在其他地区,数字鸿沟对邻近地区的贫困影响较大。从总效应来看,相对贫困的地区总效应值高于相对富裕的地区;从直接效应来看,相对贫困的地区直接效应值最大,其次是其他地区,说明越贫困的地区,数字鸿沟对本地区的贫困影响越明显。

表 5-5 不同地区数字鸿沟与贫困的 SDM 空间固定效应检验结果

变量	相对富裕地区	其他地区	相对贫困地区
lnindex_d	0.135060***	0.202508***	0.260826***
	(5.069418)	(2.943425)	(3.598263)
W*lnindex_d	0.099818***	0.577660***	0.171431***
	(9.358519)	(4.241711)	(5.723507)
R-squared	0.9981	0.9780	0.9741
direct	0.126149***	0.141905**	0.305150***
	(4.477066)	(1.997956)	(4.086547)
indirect	0.065389***	0.491968***	0.233934**
	(3.760299)	(4.065263)	(5.268614)
total	0.191539***	0.633872***	0.539084***
	(6.408670)	(4.343861)	(8.169691)

注:数字鸿沟为解释变量,贫困为被解释变量。

"***""**""*"分别表示估计系数在 0.001、0.05 和 0.1 显著水平下显著。

深入分析数字鸿沟二级指标对贫困的空间效应,检验结果如表 5-6 所示,从检验的系数来看,信息环境(lnevir)与贫困在 0.01 水平下呈显著性负相关关系,信息应用(lnappli)和信息意识(lnconsc)与贫困在 0.05 水平下呈显著性负相关关系,但信息基础设施(lninfras)与贫困的依存性不显著。从边际效应来看,直接效应比间接效应明显,信息基础设施、信息应用和信息环境对贫困具有较为显著的直接效应,但信息意识对贫困的作用效应仅在 0.1 的水平下显著。说明加强贫困地区信息基础设施建设,如提高自然村、行政村等宽带网络覆盖率,改善信息环境,提高居民互联网普及率,能够进一步促进地区间的信息共享，提高信息资源使用效率，能显著改善贫困人口的生活状况，进而减缓贫困状况，但由于意识与教育水平有关，贫困地区落后的教育导致劳动力文化素质低，不具备使用信息技术的能力，影响贫困人口对信息技术和信息资源的使用意愿，缺少利用信息技术和信息红利改善自身生活状况的"主动性"。

表 5-6 数字鸿沟二级指标 SDM 检验结果

变量	系数	直接效应	间接效应	总效应
lninfras	−0.001735 (−0.071618)	−0.052826** (−2.341525)	−0.105380* (−1.663143)	−0.158206** (−2.016937)
lnappli	−0.047843** (−2.456527)	0.211696*** (−3.212629)	−0.041006** (−2.057179)	−0.252701*** (−3.143164)
lnconsc	−0.274142** (−2.242355)	−0.270560* (−1.287952)	−0.009969 (−0.146931)	−0.280529 (−1.053767)
lnevir	−0.055824*** (−4.176011)	−0.020490*** (−2.918128)	−0.002292* (−1.400564)	−0.018197** (−2.230451)
R-squared	0.9887			
W*lninfras	−0.043263 (−0.907801)			
W*inappli	−0.102675** (−2.104359)			
W*lnconsc	−0.752103*** (−2.682388)			
W*lnevir	−0.067681** (−2.476020)			
W*dep. var.	−0.018972 (−0.209451)			

注：贫困为被解释变量，数字鸿沟二级指标信息基础设施、信息应用、信息环境、信息意识为解释变量。
"***""**""*"分别表示估计系数在 0.001、0.05 和 0.1 显著水平下显著。

（三）实证结论

通过以上的实证，可以得出以下结论：

（1）贫困和数字鸿沟具有较强的空间自相关性。贫困与数字鸿沟的分布不是随机的，而是遵循一定的规律在空间上形成集聚，与空间聚集度成正比，贫困地区与贫困地区形成聚集，富裕地区与富裕地区形成聚集；数字鸿沟大的地区或数字鸿沟小的地区也分别形成聚集，表现出明显的高—高、低—低空间聚集性。随着时间的变化，贫困和数字鸿沟的空间聚集度逐步减弱，贫困地区与发达地区、数字鸿沟大的地区与数字鸿沟小的地区逐步融合，但贫困聚集度减弱的速度慢于数字鸿沟，说明解决贫困问题的难度大于解决数字鸿沟。

（2）从空间效应来看，贫困与数字鸿沟存在显著性正相关关系，贫困和数字鸿沟不仅对本地区产生影响，也会对相邻地区产生溢出效应，分别对本地区的贫困和数字鸿沟产生影响，导致贫困和数字鸿沟在不同地区产生不同的集聚效应。富裕地区带动周边地区发展，不仅能减缓本地区贫困，也能促使邻近地区改善贫困状况；信息化发展程度较好的地区，同样能够促进邻近地区的发展，缩小相互间的数字鸿沟。而较为贫困的地区不仅会固化本地的贫困，也会影响邻近地区贫困问题的解决；数字鸿沟较大的地区，不仅会延缓本地区信息化的发展，拉大与富裕地区间的信息差距，也会迟滞邻近地区信息化的发展，扩大邻近地区的数字鸿沟。因此，越贫困的地区，数字鸿沟对贫困的影响越显著，深度贫困地区的数字鸿沟不仅显著影响本地区的贫困，还会通过溢出效应显著影响邻近地区的贫困。

（3）数字鸿沟、收入水平、人均 GDP 与贫困存在显著的空间依存和溢出效应。缩小数字鸿沟，不仅能促进本地区发展，显著减缓本地区贫困，也能通过溢出效应，带动邻近地区的发展，明显减缓邻近地区的贫困。不过随着教育投入的不断增加，有不少贫困家庭的孩子走出农村，一人致富全家脱贫，但是对解决区域性贫困的作用不太显著，贫困地区缺少人才的现状并未得到实质性改变，如既是贫困大县，又是教育大县的曲靖市会泽县和宣威市就是很好的例证，据统计，2010 年至 2018 年，会泽县有超过 10000 名学生被全国重点院校录取,仅清华北大就录取了121名,至少32108名学生被本科院校录取;宣威市每年向外输送近万名本科生,众多寒门学子走出了乌蒙山,但两县截至2019年年底还是深度贫困县,主要原因是人才流出量远大于人才回流量,没有改变本地区人力资本匮乏的现实。

(4) 通过对数字鸿沟二级指标与贫困的空间关系分析结果来看,进一步加强贫困地区信息基础设施建设、提高信息使用效率、完善信息环境能显著改善当地的贫困状况,但由于贫困地区教育落后,人力资本匮乏,劳动力较低的文化素养,导致人们缺少使用信息技术和利用信息的意识,进而影响信息技术和信息在扶贫开发中的作用。

从以上结论可以看出,数字鸿沟与贫困的空间效应正好诠释了新经济地理理论中空间经济增长存在的"回波效应"和"扩散效应"。根据法国年鉴派史学大师费尔南德·布罗代尔(Fernand Braudel)的解释,一个经济世界拥有一个极或一个中心[①],它代表一座起着支配地位的城市、都市,或者一个城市群,在规模经济、人力资本和交通成本等因素的影响下,经济世界首先围绕以工业为核心区的中心地带,通过生产规模报酬递增效应,不断积累工业生产活动,促进中心地带的发展;其次是促进中心地带周围的中间地区,即城乡接合部的发展;最后才会扩展到最外围的农业规模报酬不变的地区,即远离城市中心的广大边远落后的农村地区。在区域分工中,中心地带处于核心地位,广大边远农村地区处于从属、依附地位。

在处于中心地带的城市尚未大规模发展之前,它具有较大优势吸引外围周边地区的资本、人才、技术、信息等资源,产生"回波效应",农村地区人才、资本、商品、教育、技术和信息等要素加速流向处于中心地带的城市,使处于从属地位的边远农村地区失去人才、教育、信息和信息技术等重要生产要素,阻碍其经济发展,使农村地区居民的收入长期处于低水平状态。不

---

① 马春文、张东辉:《发展经济学》(第四版),高等教育出版社2016年版,第3页。

断流入的人才、资本、技术、信息等要素资源促使城市经济快速发展，带来需求扩张，不断增加的需求进一步推动投资，投资扩大促进需求的进一步增加，进而导致投资需求扩张，如此循环积累，促进城市经济社会快速发展。

在这样的环境中，区域贸易更有利于经济快速扩张的城市中心地带，不利于落后、贫困的外围边远农村地区，不断提高的城市中心地带的居民收入加大城乡间的不平衡性，导致边远农村地区越来越缺少支撑其经济快速发展的人才、资本、教育、技术和信息服务等要素，严重影响边远落后农村地区的发展，阻碍边远农村地区的发展，拉大与发达地区在收入、教育、信息、技术和信息服务等方面的差距，使农村贫困长期存在。

这种中心外围模式一旦形成，在生产要素规模收益驱使和作用下，城市中心地带和外围边远农村地区经济发展差距将进一步扩大，导致城市中心地带越来越发达，越来越富裕，而边远农村地区越来越落后，越来越贫困。根据空间经济学有关原理以及均等化的产业发展优惠政策，很难改变这种两极分化的发展趋势。

因此，需对边远落后的农村地区实施干预，让处于中心位置的城市发达地区通过"扩散效应"，把服务和贸易扩展到农村地区，让中心地带快速发展的红利惠及处于外围边远农村地区，使"扩散效应"的扩张力量大到可以克服"回波效应"，突破两极分化效应的临界值（阈值），实现跨越式发展，使边远落后的农村地区摆脱贫困循环积累因果关系，形成一个新的能够自我维持的经济扩张中心，使人才、资本、技术、信息服务等要素自动向落后的农村地区流动，致使生产要素在区域间形成合理的均衡配置，加速城市中心地带与外围边远落后农村地区间的融合，消除区域间发展的不均衡性，进而消除贫困，实现共同富裕。

第六章 脱贫固效：缩小数字鸿沟的对策建议

经过 8 年精准扶贫、5 年脱贫攻坚战，2020 年 11 月全国仅剩的 52 个贫困县陆续脱贫摘帽，至此，我国所有贫困县"清零"，消除了区域性整体贫困，现行标准下农村贫困人口全部脱贫，困扰中华民族几千年的绝对贫困问题得到了历史性解决。然而，脱贫摘帽不是终点，巩固脱贫攻坚成果实现全民共同富裕的目标仍然没有达到。如何巩固脱贫攻坚成果，由解决绝对贫困向缓解相对贫困转变，这对我们来说既是一个新奋斗、新生活的起点，又是一个的新挑战。有鉴于此，基于前面几章的研究分析，如何缩小数字鸿沟，实现巩固脱贫攻坚成果与乡村振兴的有效衔接，完成共同富裕的目标，提出以下对策建议。

一、从意识和行动上重视数字鸿沟

数字鸿沟导致社会分层，为社会带来不公平，是致贫的主要因素，贫困人群持续贫困的原因很大一部分是在信息匮乏模式下路径选择依赖所导致的。穷人信息来源单一，加之文化水平不高，信息技术素养能力低，无法分辨信息真伪，容易相信错误信息，不能很好地利用信息为自身服务，提高劳动生产力，增加收入。因此，必须认识到，减小数字鸿沟对于消除绝对贫困、巩固脱贫成果、减缓相对贫困具有重要的作用。

（一）重视数字鸿沟的影响

认识是行动的前提，缩小数字鸿沟不仅是一个技术问题，也是一个认识和行动问题。需要从国家层面重视数字鸿沟对贫困的影响，重视缩小数字鸿沟带来的减贫效应对脱贫固效、解决相对贫困的重要性。首先，应从国家层面制定缩小数字鸿沟、实现社会公平的发展战略。其次，在脱贫固效、缩小贫富差距的政策制定过程中，突出大数据、互联网、人工智能、物联网等信息技术优势，促进农村地区经济社会的快速发展，进一步提高农村居民的收入。最后，作为身处收入底层的农村居民，他们最为缺乏信息资源、信息技术和信息能力，因此，提高农村居民的信息技术和信息能力，进而提升他们的基本可行能力和财富获得的能力，已成为信息社会扶贫开发和缩小收入差距的重要取向。

（二）建立健全缩小数字鸿沟的考核机制

缩小数字鸿沟是精准扶贫的一项重要内容，也是缩小贫富差距、实现共同富裕的重要保障，但尚缺一个必要的考核奖惩机制。需要把缩小区域数字鸿沟作为考核地方各级干部施政成效的一个重要指标，建立奖惩制度和监督机制，对于能够充分利用信息资源，使用信息技术促进地区发展，帮助低收入人口致富的个人和单位进行奖励；对于仅使用传统帮扶措施，不重视信息资源和信息技术利用，没有提高低收入人口的信息技术和信息应用能力的单位和个人进行通报。

二、补齐信息技术教育短板，提高农村居民信息素养能力

从中国互联网发展统计报告的数据来看，互联网用户多数是受过良好教育、掌握一定计算机和互联网知识的中青年，而年龄偏大、缺乏良好教育、

缺少计算机和网络知识的农村居民互联网普及率较低。第三章入户调查的数据分析结果显示，农村贫困人口不愿使用互联网的主要原因，除没有相应的设备外，就是不会操作。第四章信息应用与贫困的关系检验结果显示，二者呈显著性的反向关系。因此，有必要采取措施提高农村低收入人口的信息素养能力。

（一）加强信息技术教育和培训

立足当前，通过包括计算机和网络技术、现代电子商务和农业信息技术应用等内容在内的信息技术应用培训，提高农村居民信息素养能力，缓解农村地区信息技术人才严重匮乏的问题。

成立县级信息技术培训中心，聘请信息技术专家，对具有一定信息技术基础的农村优秀青壮年分批、分期集中培训，让他们成为农村信息技术推广应用的领头人。建立乡（镇）、村信息技术推广应用辅导站，把信息技术应用落实到户，通过集中培训，普及计算机和网络技术知识，扫除技术文盲，促进计算机、网络等信息技术应用大众化，使边远农村地区居民具有通过互联网进行信息检索、加工、处理、评价和应用的能力，在数字化生活中提高财富创造能力。

（二）加大人力资本开发

信息时代，贫困带来信息鸿沟，信息鸿沟助推产生新的贫困。贫困人口文化素质低，缺乏信息技术能力，无疑是形成数字鸿沟的一个主要因素。因此，需要加大边远农村地区人力资本开发，提高农村人口的文化素养，破解数字鸿沟与贫困恶性循环。

在所有农村地区实施14年免费义务教育，实行"两免一补"差异化管理，免除学杂费的同时，进一步提高义务教育和职业教育阶段农村低收入学生的学习和生活补助，加大经济困难家庭学生在大学阶段的学习资助，免除大学学习期间的学费，并给予生活补助。加大"专项"招生力度，在政策允许的范围内，鼓励高校特别是国家双一流大学定向招收一定比例的农村大学生，让更多农村孩子进入双一流大学学习。加大职业教育力度，让没能考上大学或高中的农村孩子直接进入职业学校学习，确保每个农村家庭至少有一人接受职业教育或者职业技术培训，一技在手，终身受益。完善人才奖励激励机制，多种引凤"梧桐树"，吸引社会精英、大学毕业生回流农村，优化产教融合，促使教育链、产业链、创新链和人才链贯通融合，夯实农村产业链基础，促进农村地区经济社会的快速发展。

（三）优化城乡义务教育资源均衡配置

教师是教育行为的主体，提高农村中小学教育水平，必须有一支稳定、教学业务素质高的师资队伍。由于边远农村地区工作条件艰苦，福利待遇差，优秀人才不愿来，经验丰富的老师留不住，师资队伍流动性大，严重影响教育质量。因此，必须采取切实可行的措施提高边远农村地区教师待遇，不仅留住优秀教师，还能吸引更多勇于奉献的大学生到农村工作，筑牢农村义务教育发展的基础。进一步提高农村教师工作津贴，根据离城区远近、交通便利和生活条件艰苦程度，划分不同等级，使边远农村地区乡村教师平均工资高于城市同等级别的教师。职称评定向边远农村地区乡村教师倾斜，只要师德、师风良好，无教学事故，到规定年限即可获得相应职称，享受相应待遇。建立乡村教师周转房（免费）制度，将农村幼儿、中小学、教学点教师的住房纳入保障性住房计划，提供便于教学、工作以及保障退休生活的周转房，改善农村教师生活条件。表彰教育先进集体和先进个人时，为边远农村地区乡村教师预留一定比例的名额，鼓励社会资本建立农村教师专项奖励基金，对农村教育先进集体和先进个人进行物质奖励。为连续在农村地区工作满20年的教师颁发荣誉证书进行精神奖励，享受每年一次到发达地区教学单位带假公费考察学习的机会；工作满30年且无违规违纪记录的教师，提升2级工资，允许自愿提前退休。

城乡教育信息资源均衡发展是 21 世纪教育均衡发展的前提，缩小数字鸿沟，需要进一步优化教育信息资源公共产品供给，让边远落后的农村地区儿童也能共享优质的教育信息资源。构建国家级义务教育信息资源公共服务平台，免费为农村中小学师生提供服务，通过使用在线教学资源，丰富课堂教学内容，实现教学模式和方法的变革。帮助农村儿童熟悉数字教育软件和智能教学终端设备的使用，使他们能够通过在线课堂共享优质的教师资源。鼓励农村家庭通过远程教育平台，实现终身学习，不断提升自身信息素养能力。

三、完善农村信息基础设施建设，缩小接入鸿沟

缩小数字鸿沟急需解决农村宽带网络接入鸿沟，让边远农村地区也能接入高速网络，共享信息服务平台所带来的生活、工作便利和创业、就业机会。

（一）加大贫困地区信息基础设施建设投入力度

建设高质量的信息基础设施是缩小数字鸿沟、消除贫困、实现共同富裕的必要条件，它还能够充当催化剂，改善和提高其他反贫困措施的效用。然而，建设高质量的信息基础设施需要巨额资金投入，尤其是信息化基础设施较为落后的农村地区，相对地方财政收入来说，建设资金更像个天文数字。

为此，建议中央财政和省级财政每年划拨一定比例的专项资金专门用于农村落后地区的信息基础设施建设。设立西部农村信息基础设施建设专项基金，引入民间资本，通过政府、企业、非政府组织、国际机构的合作，加大对农村落后地区信息基础设施建设的投入。鼓励企业进行自身信息化建设的同时，积极支持边远农村地区的信息化建设，以缓解边远农村地区信息基础设施建设资金匮乏的瓶颈问题。实施城市单位与行政村结对帮扶，把城市单位更新换代淘汰的计算机维护、升级后，捐献给农村居民使用，帮助农村居民解决上网硬件设施缺乏的问题。

（二）完善农村信息应用服务平台

随着数字技术的广泛应用与普及，信息应用服务平台不仅给人们的生活带来更多便利和选择，也为弱势群体提供前所未有的机遇。它从农村地区自然资源禀赋出发，结合低收入者的实际需求，激发其内生发展动力，实现可持续发展。如通过阿里巴巴在线购物服务平台，一个自然村只需开设一个简易网上商店，就可以带动整村居民加入由此带来的产销一条龙服务，大幅度降低交易成本，加速实现农村物资、商品流通，拓展了农特产品的外销市场。

信息应用服务平台属于公共产品，需要政府投资建设并完善。通过信息应用服务平台为所有农村居民提供信息服务，如及时向农村居民推送农业生产、病虫妨害、招工就业、气候变化、农产品销售等信息。在做好个人隐私保护的情况下，通过信息应用服务平台及时公布低收入人群的紧急需求，消除信息传输渠道限制带来的信息不对称问题，低收入人群无法顺利输出帮扶需求信息，而社会组织、团体和个人等无法获得需要帮扶的信息，造成社会公众与帮扶对象之间的供需脱节，导致急需帮扶的人没有得到及时帮助。通过信息应用服务平台定期向社会公布落后地区发展和帮扶成效信息，接受社会监督，防止信息瞒报、隐报以及数据造假，精准数据。构建"互联网+"大数据扶贫开发公共服务平台，完善扶贫开发大数据库，完善精确识别贫困主体、贫困程度、贫困成因、扶贫需求、社会帮扶供给等信息，深入挖掘扶贫开发大数据，分析扶贫供给与需求之间的关系，为科学决策提供依据。

需加快农村电子商务发展，实现农副产品与电子商务平台的有效融合，构建"产、供、销"一体化服务全新链式帮扶生态系统，促进农村特色产业走出农村，走向世界。帮助农村低收入人群搭建电商平台，促进农特产品线上和线下交易，推动农特产品进城。加快农村地区"互联网+"乡镇商贸中心、物资配送中心建设，完善农村电商服务网点和物流网络服务体系，打通农特产品销售"最后一公里"。积极引导电子商务人才"下乡、驻村"，促进农村贫困地区电子商务发展，并与当地有关职业院校合作，定向培养农村电商专业人才。

四、强化信息应用与隐私保护，减小使用鸿沟

信息资源的利用不仅可以降低社会运营成本，而且作为一种生产要素和无形资产，在经济活动中的作用越发明显。因此，需要为信息资源的有效利用创造条件，缩小信息使用鸿沟。

（一）创造信息应用条件

信息资源能否有效使用，关键在于条件的完备程度，包括完善的信息终端设备和具备基本的信息素养能力。

建议由政府筹集资金，向低收入群体提供智能信息终端设备，在农村落后地区普及智能终端设备，提升低收入人群对数字信息和数字知识的可获得性。通过智能终端设备让数字红利惠及低收入群体，低收入人群通过智能设备接入互联网，不仅可以获取农业生产技术、农产品销售等信息，还能改善农业生产和农产品销售方式。深挖降费潜力，开展面向低收入人群的信息网络资费减免和创新服务，切实降低信息服务成本，消除数字技术使用门槛，保障低收入人群有能力使用智能终端设备和负担信息费用。

通过数字网络和远程教育，对农村居民开展手机、计算机和互联网应用技能培训，普及农业信息化知识，提升低收入人群利用现代信息技术促进农业生产、交易农产品的能力，实现农业生产智能化、精细化、产销对接精准化。

（二）加强信息监管与个人隐私保护

帮扶数据注水和扶贫腐败问题，给扶贫开发工作带来巨大的负面影响，计划时多报帮扶对象，冒领扶贫资金；总结时少报帮扶对象，贫困户被脱贫，

提升扶贫政绩。

为确保扶贫项目顺利、高效实施，保障扶贫专项资金安全管理和有效使用，让真正需要帮扶的人群受益，首先必须保证扶贫数据精准，措施得当。通过政府信息公共平台实时公示扶贫进展，接受公众监督，避免数字造假，隐报、瞒报、少报、多报等不实情况发生；公示扶贫项目和财政专项扶贫资金使用推进情况，避免资金挪用、虚报冒领。强化平台信息监管，屏蔽虚假信息，防止不法商贩利用贫困户和驻村干部急于脱贫的心态，利用信息平台发布虚假信息，影响贫困户和驻村干部的选择，减少损失。

通过法律法规和技术手段，强化个人隐私保护。[1] 信息平台不仅带来便利的信息共享通道，也会造成个人信息泄露。由于没有把握好政府信息公开和个人隐私保护的界限，许多个人信息，包括电话号码、身份证等没有经过遮掩或数字脱敏处理，也没有经过用户允许就通过公共信息平台进行公示，导致隐私权被侵犯，给贫困户、低收入群体带来心理压力，甚至带来经济损失。因此，除完善个人隐私保护法律法规外，在对帮扶成效进行公示时，对于涉及个人隐私的信息，需进行数字脱敏处理。

五、加快智慧农村数字乡村建设，发展农村数字经济

数字经济是先进生产力和信息技术结合的产物，是经济社会高质量发展的引擎。发展数字经济是构筑比较优势的基础，是农村实现快速发展的重要条件。以数字经济为抓手，建立和完善脱贫固效长效机制，使数字经济向基层、向落后地区拓展延伸，打开"下沉市场"[2] 空间，挖掘农村经济发展潜力。

---

[1] 茶洪旺、罗廷锦：《大数据助力精准扶贫中的贫困户隐私保护问题研究》，《理论探讨》2020年第3期。

[2] 下沉市场是指的三线以下城市、县镇和农村市场，基本特征是范围大而分散，且服务成本更高。

（一）推动城乡数字经济一体化发展

在网络购物、在线支付、手机外卖等数字化消费已像柴米油盐等普通消费品一样进入城市大众生活时，对于许多边远农村平常百姓来说，这种消费行为还只能是一种奢望。因此，需把智慧农村、数字乡村作为数字化中国建设的重要内容，做大数字经济蛋糕，打通城乡数字经济发展产业链，通过中心城市的"扩散效应"，克服"回波效应"，阻止外围边远农村地区贫困外溢，加速城市富裕地区与农村贫困地区的融合，推动城乡数字经济一体化发展，降低交易成本，打破城乡市场壁垒，实现城乡互联，促进城乡高效、创新、包容性发展。

（二）加快数字经济基础设施建设

建设智慧农村、数字乡村，离不开信息基础设施强有力的支撑，它是发展数字经济的基础。因此，需加快以5G网络、大数据、人工智能、物联网、互联网为代表的农村新基础设施建设，推动农村基础设施数字化转型，提升农村网络基础设施数字化水平。

（三）实现农村生活信息化和数字化

通过数字技术改善服务，为政府和个人提供信息沟通和交互平台，消除信息鸿沟。不断扩大信息库，降低信息成本，实现经济主体间更为完善的组织协作。以信息技术为先导，加快农村行政管理、生活消费和社会资源信息化和数字化，打通农村信息服务"最后一公里"，实现农业现代化和智能化，降低生产成本，提高生产效率，解决农产品"增产不增收"的问题。

（四）完善农村数字化物流集散中心建设

物流通道不畅、集散中心少，高质量农产品运不出，工业产品运不进，已成为阻碍农村落后地区数字经济发展的主要因素。因此，需加速流通服务智能网点建设，每个乡镇至少布局一个数字物流集散中心，完善物流网点基础设施建设，缩短物流供应链。通过数字化物流带动商户数字化，以及上下游产业链数字化，打通上下游供应链，挖掘供应链下游发展潜力，加速上游优质农产品供给，加速农产品流通，拓展农产品销售途径，拓宽特色农产品流通和销售渠道，促进农村数字经济发展。

六、强化信息扶贫与其他扶贫措施融合，巩固脱贫成效

致贫原因存在复杂性、多样性、动态性，仅通过单一扶贫措施很难解决，需要考虑多种措施协同配合，在各种措施的加持下，才能加速贫困问题的解决。

从移动互联网到人工智能，从区块链到大数据，现代信息技术拥有无与伦比的潜力和优势，不仅改善了生产、生活条件，还为经济社会发展注入了新活力，成为改善人类福祉的不竭动力。现代信息技术与其他措施融合，包括产业扶贫、金融扶持、转移就业、医疗救助、教育帮扶、生态移民搬迁等，能够进一步促进生产、生活、服务等行业的信息化，提高扶贫成效，巩固脱贫成果，实现乡村振兴。

（一）信息技术与产业扶贫融合

加快数字技术与产业扶贫融合的广度和深度，加速推进区块链、人工智能、互联网、物联网、5G、生物技术等新一代信息技术与农业融合发展，以产业链、区块链思维推进边远农村落后地区农产品生产、加工、流通和销售等环节信息化、数字化，提升乡镇产业振兴速度，加快形成"双循环"新格局。搭建产业融合发展载体，以市场理念创新数字化产业推广模式，发展数字农业、智慧农业、高端农业等新业态，解决种什么、怎么种、如何种等问题，不仅能够有效保障"菜篮子""米袋子""果盘子"的稳定供应，还能塞

满农民的"钱袋子"。

通过"大数据+产业扶贫"模式,推动各类产业数据互联互通、共享共用。利用大数据精确分析每个产业、每家企业、每种产品、每位农户的实际情况,及时发现他们在发展中存在的问题和困境,提供专业的解决思路、措施和方案参考,精准推动产业结构调整、转型升级,促进企业发展壮大。

(二)信息技术与教育帮扶融合

信息技术与教育培训融合,促进教育公共服务全面现代化、智能化、数字化,为边远农村落后地区培养现代化、信息化、数字化产业人才,加速推动农业产业强镇、乡村产业集群、数字化和智慧化农村建设。

建立帮扶式培训对接机制,将农村劳动力技能培训、服务再就业培训效果与乡村振兴考核挂钩,有的放矢,通过远程教育培训提高农村劳动力文化素养和信息技术技能,为乡村振兴和智慧农村建设服务。

识"真贫",了解贫困学生学业动态变化趋势,实时追踪贫困学生的成长数据,为贫困学生量身定制个性化的教育解决方案。依托数字云服务,综合运用4G、5G、互联网、物联网、大数据、区块链和人工智能等技术,统筹规划建设智能数字教育公共云服务平台,加快智慧校园、智慧课堂建设,构建智慧学习环境,实现物理环境和虚拟环境的融合,实现城乡间优质教育资源互联互通与共享。为低收入家庭的孩子提供移动学习终端,实现移动终端学习常态化。完善网络学习空间,加强师生交流,共享包括课前导学、课堂教学视频、作业辅导等信息资源,提高农村学生学业成绩。

通过"传、帮、带"等方式提高低收入人群的信息技术应用能力,使他们能够利用移动终端和教育App开展远程教育、家校互动和师生交流活动,以及利用信息技术从事生产、生活、消费、服务等活动,加速农村居民向数字公民转变。

（三）信息技术与金融扶持融合

依托云计算、物联网、互联网、大数据、区块链、人工智能等技术，创新金融模式，大力发展云上金融、智能金融、数字金融、科技金融，打通普惠金融"最后一公里"，进行精准营销、用户评价、风险防控等管理，通过三农自助终端、手机银行借款还款、清息业务自助办理，进行扶贫贷款、特色产业贷款精准投放，让农村居民能够享受便捷的普惠金融服务。

通过大数据技术对客户、边远农村落后地区金融服务需求进行分析，了解农村居民贷款需要，提供金融精准服务，满足个人创业需要，促进农村小微企业发展。

（四）信息技术与医疗救助融合

利用医疗 App 和智能电子终端，开展远程会诊，患者无须到医院，医生也能够作出全面、详细的诊断，制订科学合理的治疗方案，解决边远农村地区看病远、看病难的问题。

完善乡镇卫生院信息化系统，将农村乡镇医院信息化系统建设与新型农村合作医疗信息系统建设有机结合，并与国家卫生系统互联，实施新农合业务管理水平的数字化、现代化、信息化，实时监控农村医疗机构经营状况，新农合资金使用情况，实时报销结算，防止农村救命钱被套用、挪用。

构建农村数字医疗卫生系统，健全居民健康档案，关注农村居民身体素质和健康水平变化情况，通过大数据技术分析农村居民健康数据，精确定位边远农村居民健康状况，分析健康问题，及时提供医疗救助服务。

参考文献

Abrigo, Michael R. M., Love, I., "Estimation of Panel Vector Autoregression in Stata: a Package of Programs", *The Stata Journal*, Vol. 16, No. 3 (March 2016).

Ahluwalia, M. S., Carter, N. G., Chenery, B. H., "Growth and Poverty in Developing Countries", *Journal Development Economics*, Vol. 6, No. 2 (March 1979).

Alkire, S. & Foster, J., "Counting and Multidimensional Poverty Measurement", *Journal of Public Economics*, Vol. 95, No. 7/8 (August 2011).

Alkire, S., "Choosing Dimensions: The Capability Approach and Multidimensional Poverty", in *The Many Dimensions of Poverty*, Washington DC: United Nations Development Programme (UNDP), 2007.

Alkire, S., Jindra, C., & Robles-Aguilar, G. R. (eds.), "Multidimensional Poverty Reduction among Countries in Sub-Saharan Africa", in *The OPHI (Oxford Poverty & Human Development Initiative) Working Paper No. 112*, 2017.

Alkire, S., Robles, G., "Multidimensional Poverty Index – Summer 2017: Brief Methodological Note and Results", in *The OPHI Briefing (MPI Methodological Notes 44)*, Oxford Poverty & Human Development Initiative, 2017.

Appadurai, A., "The Capacity to Aspire: Culture and the Terms of Recognition", in *Culture and Public Action*, Palo Alto Ca: Stanford University Press, 2004.

Arellano, M. & Bover, O., "Another Look at the Instrumental Variable Estimation Error Component Models", *Journal of Econometrics*, Vol. 68, No. 1 (July 1995).

Ataguba, J. Ele-Ojo, Ichoku, H. E., William, F. M., "Multidimensional Poverty Assessment: Applying the Capability Approach", *International Journal of Social Economics*, Vol. 40, No. 4 (March 2013).

Atkinson, R. D., Court, R. H., Ward, J. M., *The State New Economy Index*, Washington DC: Progressive Policy Institute, Technology & New Economy Project, 1999.

Bagchi, K. K., "Factors Contributing to Global Digital Divide: Some Empirical Results", *Journal of Global Information Technology Management*, Vol. 8, No. 3 (July 2005).

Barbet, P., Coutinet, N., "Measuring the Digital Economy: State of the Art Developments and Future Prospects", *Communications and Strategies*, Vol. 42, No. 2 (2nd quarter 2001).

Beenstock, M., & Felsenstein, D., "Spatial Vector Autoregressions", *Spatial Economic Analysis*, Vol. 2, No. 2 (February 2007).

Beilock, R., & Dimitrova, V. D., "An Exploratory Model of Inter-Country Internet Diffusion", *Telecommunications Policy*, Vol. 27, No. 3 - 4 (April 2003).

Bérenger, V., "Using Ordinal Variables to Measure Multidimensional Poverty in Egypt and Jordan", Journal of Economic Inequality, Vol. 15, No. 2 (January 2017).

Billon, M., Lera-Lopez, F., Marco, R, "Differences in Digitalization Levels: A Multivariate Analysis Studying the Global Digital Divide", *Review of World Economics*, Vol. 146, No. 1 (April 2010).

Billon, M., Mareo, R., Lera-Lopez, F, "Disparities in ICT Adoption: A Multidimensional Approach to Study the Cross-Country Digital Divide", *Telecommunications Policy*, Vol. 33, No. 10-11 (November – December 2009).

Bird, K., & Shepherd, A., "Livelihoods and Chronic Poverty in Semi-Arid Zimbabwe", World Development, Vol. 31, No 3 (March 2003).

Blonigen, B. A., Davies, R. B., & Waddell, G. R. (eds.), "FDI in Space: Spatial Autoregressive Relationships in Foreign Direct Investment", *European Economic Reviews*, Vol. 51, No. 5 (July 2007).

Bowles, S., Durlauf, S. N., Hoff, K., "Poverty Traps", in *The Handbook of Economic Growth*, Philippe Aghion & Steven Durlauf, Amsterdam: North-Holland, 2005.

Buam, D. L., "Towards Bridging the Digital Divide for All-Round Socio-Economic Development in India of the 21st Century", *Social Responsibility Journal*, Vol. 1, No. 1-2 (January 2005).

Buys, P., Dasgupta, S., & Thomas, T. S. (eds.), "Determinants of a Digital Divide in Sub-Saharan Africa: A Spatial Econometric Analysis of Cell Phone Coverage", *World Development*, Vol. 37, No. 9 (September 2009).

Cecchini, S., Prennushi, G., "Using Information and Communications Technology to Reduce Poverty in Rural India", in *The PREM Notes No. 70*, Washington DC: World Bank, 2002.

Chakravarty, S. R., Mukherjee, D., Ranade, R. R., "On the Family of Subgroup and Factor Decomposable Measures of Multidimensional Poverty", *Research on Economic Inequality*, Vol. 8, No. 1 (January 1998).

Christiaensen, L., Demery, L., Paternostro, S., "Economic Growth and Poverty in Sub-saharan Africa Messages From the 1990s", *World Bank Economic Review*, Vol. 17, No. 3 (March 2003).

Clark, S., Hemming, R., Ulph, D., "On Indices for the Measurement of Poverty", Economic Journal, Vol. 91, No. 362 (January 1981).

Corrocher, N., Ordanini, A., "Measuring the Digital Divide: A Framework for the Analysis of Cross-Country Differences", *Journal of Information Technology*, Vol. 17, No. 1 (March 2002).

Daimon, T., "The Spatial Dimension of Welfare and Poverty: Lessons From a Regional Targeting Programme in Indonesia", *Asian Economic Journal*, Vol. 15, No. 4 (December 2001).

Dasgupta, S., Lall, S., Wheeler, D., "Policy Reform, Economic Growth and the Digital Divide", *Oxford Development Studies*, Vol. 33, No. 2 (January 2005).

Deakin, N., Davis, A., Neil Thomas, *European Foundation. The Public Welfare Services and Social Exclusion: The Development of Consumer Oriented Initiative in the European Union*, Dublin: The European Foundation for the Living and Working Conditions; Luxembourg: Office for Icial Publications of the European Communities (Imprint), 1995.

Dickinson, P., Sciadas, G., "Canadians Connected", *Canadian Economic Observer*, Vol. 17, No. 3 (March 1999).

Dike, S., "La Vida en La Colonia: Oscar Lewis, the Culture of Poverty, and the Struggle for the Meaning of the Puerto Rican Nation", *Centro Journal*, Vol. 26, No. 1 (Spring 2014).

Holtz-Eakin, D., "Testing for Individual Effects in Autoregressive Models", *Journal of Econometrics*, Vol. 39, No. 3 (November 1988).

Holtz-Eakin, D., Newey, W., Rosen, Harvey S, "Estimating Vector Autoregressions with Panel Data", *Journal of Econometrica*, Vol. 56, No. 6 (November 1988).

Easterly, W., *The White Man's Burden*, London: Penguin Press HC, 2006.

Elbadawi, I. A., "Can Africa Export Manufactures? The Role of Endowment, Exchange Rates, and Transaction Costs", in *The World Bank Policy Research Working Paper* 2120, The World Bank Development Research Group Public Economics, Washington DC, 1999.

Elbers, C., Lanjouw, P., "Intersectoral Transfer, Growth, and Inequality in Rural Ecuador", *World Development*, Vol. 29, No. 3 (March 2001).

Elhorst, J. P., "Spatial Panel Models", in *The Handbook of Regional Science*, Manfred M. Fischer & Peter Nijkamp, Berlin Heidelberg: Springer, 2014.

Eurostat (European Commission), *Information Society Statistics - Pocketbook* 2001, Brussels: UN, 2001.

Fairlief, R. W., Chinn, M. D., "The Determinants of the Global Digital Divide: A Cross-Country Analysis of Computer and Internet Penetration", *Oxford Economic Papers*, Vol. 59, No. 1 (January 2007).

Foster, J., Greer, J., Thorbeche, E., "A Class of Decomposable Poverty Measures", *Econometrica*, Vol. 52, No. 3 (May 1984).

Friedman, W. H., "The Digital Divide", in *The Proceedings of the Seventh Americas Conference on the Information Systems* (*AMCIS*), Boston, 2001.

Fuchs, V. R., "Redefining Poverty and Redistributing Income", *The Public Interest*, Vol. 8, No. 4 (Summer 1967).

Gasparini, L., Sosa-Escudero, W., & Marchionni, M. (eds.), "Multidimensional Poverty in Latin America and the Caribbean: New Evidence from the Gallup World Poll", *Journal of Economic Inequality*, Vol. 11, No. 2 (January 2013).

Gore, C., Figueiredo, J. B., *Social Exclusion and Anti-Poverty Strategies: Project on the Patterns and Causes of Social Exclusion and the Design of Policies to Promote Integration; A Synthesis of Findings*, Geneva: International Institute for Labour Studies, 1996.

Goswami, R., De, S. K., Datta, B., "Linguistic Diversity and Information Poverty, in South Asia and Sud-Saharan Africa", *Universal Access in the Information Society*, Vol. 8, No. 2 (February 2009).

Grace, J., Kenny, C., & Zhen, C. (eds.), "Information and Communication Technologies and Broad-Based Development: A Partial Review of Evidence", in *The World Bank Working Paper*, No. 12, World Bank, Washington DC, 2004.

Greene, W. H., *Econometric Analysis (6th Edition)*, Upper Saddle Rive: Pearson Prentice Hall, 2005.

Guillén, M. F., Suárez, S. L., "Developing the Internet: Entrepreneurship and Public Policy in Ireland, Singapore, Argentina, and Spain", *Telecommunications Policy*, Vol. 25, No. 5 (June 2010).

Hagenaars, Aldi J. M., "The Definition and Measurement of Poverty", In *The Economic Inequality and Poverty: International Perspectives*, Lars Osberg, NY: M. E. Sharpe, 1991.

Hagenaars, Aldi J. M., "The Perception of Poverty", *Journal of Economics*, Vol. 47, No. 1 (January 1987).

Haq, M. ul, The Poverty Curtain: Choices for the Third World, New York: Columbia University Press, 1976.

Hargittai, E., "Weaving the Western Web: Explaining Differences in Internet Connectivity among OECD Countries", *Telecommunications Policy*, Vol. 23, No. 10/11 (November/December 1999).

Harris, C. D., "The Market as a Factor in the Localization of Production", *Annuals of the American Geographies*, Vol. 44, No. 4 (December 1954).

Haushofer, J., Fehr, E., "On the Psychology of Poverty", *Science*, Vol. 344, No. 6186 (May 2014).

Heineman, B. W., *Poverty Amid Plenty, the American Paradox: the Report of the President's Commission on Income Maintenance Programs*, Berkeley: University of California Libraries, 1969.

Henry, L., "Digital Divide, Economic Growth and Potential Poverty Reduction: The Case of the English Speaking Caribbean", *Economics*, Vol. 29, No. 1 (March 2004).

Hindman, D. B., "The Urban-Rural Digital Divide", *Journalism & Mass Communication Quarterly*, Vol. 77, No. 3 (Autumn 2000).

Hüsing, T., Selhofer, H., "The Digital Divide Index – A Measure of Social Inequalities in The Adoption of ICT", in *The Conference on Information Systems, Information Systems and the Future of the Digital Economy* (*ECIS* 2002), Gdansk, Poland, (June 2002).

Hye, H. A., *Below the Line: Rural Poverty in Bangladesh*, Dhaka: University Press Limited, 1996.

Jalan, J., Ravallion, M., "Geographic Poverty Traps? A Micro Model of Consumption Growth in Rural China", Journal of Applied Econometrics, Vol. 17, No 4 (July/August 2002).

Kakwani, N., "On A Class of Poverty Measure", *Econometrica*, Vol. 48, No. 2 (March 1980).

Kiiski, S., Pohjola, M., "Cross-Country Diffusion of the Internet", *Information Economics and Policy*, Vol. 14, No. 2 (January 2002).

Kirkman, G. S., Cornelius, P. K., & Sachs, J. D. (eds.), *The Global*

Information Technology Report 2001-2002: *Readiness for the Networked World*, Oxford: Oxford University Press, 2002.

Komar, B., "Race, Poverty and the Digital Divide", *Poverty & Race*, Vol. 12, No. 1 (January 2003).

Kraemer, K. L., Ganley, D., Dewan, S., "Across the Digital Divide: A Cross-Country Multi-Technology Analysis of the Determinants of IT Penetration", *Journal of the Association for Information Systems*, Vol. 6, No. 12 (December 2005).

Kvasny, L., Keil, M., "The Challenges of Redressing the Digital Divide: A Tale of Two US Cities", *Information Systems Journal*, Vol. 16, No. 1 (January 2002).

Lesage, J. P., Pace, R. K., *Introduction to Spatial Econometrics*, New York: CRC Press, 2009.

Livingstone, S., Helsper, E., "Gradations in Digital Inclusion: Children, Young People and the Digital Divide", *New Media & Society*, Vol. 9, No. 4 (August 2007).

Love, I., Zicchino, L., "Financial Development and Dynamic Investment Behavior: Evidence from Panel VAR", *Quarterly Review of Economics & Finance*, Vol. 46, No. 2 (May 2006).

Anselin L., *Spatial Econometrics: Methods and Model*, Dordrecht: Kluwer Academic Publishers, 1988.

MacPherson, S., Silburn, R., "The Meaning and Measurement of Poverty", In *Poverty*, J. Dixon and D. Macarov, New York: Routledge, 1998.

Mani, A., Mullainathan, S., & Shafir, E. (eds.), "Poverty Impedes Cognitive Function", *Science*, Vol. 314, No. 6149 (August 2013).

Manuel, C., "The Internet Galaxy: Reflections on Internet, Business and

Society", Research Policy, Vol. 32, No. 2 (February 2001).

Matthew, G., "Web of Poverty: Why the Digital Divide Matters", *Business Mexico*, Vol. 11, No. 4 (April 2001).

Miller, S. M., Roby, P., "Poverty: Changing Social Stratification", in "The Poverty or Deprivation?", T. H. Marshall, *Journal of Social Policy*, Vol. 10, No. 1 (January 1981).

Mohanty, P. C., "Bridging Digital Divide: The Role of ICT for Rural Development in India", in *The 2008 International Symposium on Information Technology*, Kuala Lumpur, Malaysia, September 2008.

Montiel, J. M. Mecinas, "The Digital Divide in Mexico: A Mirror of Poverty", *Mexican Law Review*, Vol. 9, No. 1 (July - December 2016).

Morris, M. D., *Measuring the Condition of the World's Poor: the Physical Quality of Life Index*, New York: Pergamon Press, 1979.

Mossberger, K, "Race, Concentrated Poverty and the Digital Divide", in *The Midwestern Political Science Association*, Chicago Conference Papers, 2005.

Moyo, D., *Dead Aid: Why Aid Is Not Working and How There Is a Better Way for Africa*, London: Allen Lane, 2009.

Muellbauer, J., *Professor Sen on the Standard of Living*, New York: Cambridge University Press, 1985.

Mujahid, Y. H., "Digital Opportunity Initiative for Pakistan", *The Pakistan Development Review*, Vol. 40, No. 4 (December 2001).

Murphy, A. K. & Allard, S. W., "The Changing Geography of Poverty", *Focus*, Vol. 32, No. 1 (January 2015).

Myrdal, G., *Economic Theory and Under-Developed Regions*, London: Gerald Duckworth & Co. Ltd, 1957.

Narayan, G., Nerurkar, A. N., "Value - Proposition of E - Governance

Services: Bridging Rural – Urban Divide in Developing Countries", *International Journal of Education and Development Using Information and Communication Technology*, Vol. 2, No. 3 (2008).

Norris, P., "The Global Divide: Information Poverty and Internet Access Worldwide", in *The Internet Conference at the International Political Science World Congress in Quebec City*, August 2000.

NTIA (National Telecommunications and Information Administration), *Falling Through the Net II: New Data on the Digital Divide*, Washington DC: National Telecommunications and Information Administration, 1998.

NTIA (National Telecommunications and Information Administration), *Falling Through the Net: Defining the Digital Divide*, Washington DC: National Telecommunications and Information Administration, 1999.

NTIA (National Telecommunications and Information Administration), *Falling Through the Net: Toward Digital Inclusion*, Washington DC: National Telecommunications and Information Administration, 2000.

OECD (Organization for Economic Co-Operation and Development), *Understanding the Digital Divide*, Paris: Progressive Policy Institute, 2001.

Omamo, S. W., "Transport Costs and Smallholder Cropping Choices: An Application to Siaya District, Kenya", *American Journal of Agricultural Economics*, Vol. 80, No. 1 (February 1998).

Oppenheim, C., Harker, L., *Poverty: The Fact*, London: Child Poverty Action Group, 1993.

Oyelaran-Oyeyinka, B., Lal, K., "Internet Diffusion in Sub-Saharan Africa: A Cross – Country Analysis", *Telecommunications Policy*, Vol. 29, No. 7 (August 2005).

Pitroda, S., "Development, Democracy and the Village Telephone", *Har-

vard Business Review, Vol. 71, No. 6 (November/December 1993).

Puma, M., Chaplin, D., Pape, A., *E-Rate and the Digital Divide: A Preliminary Analysis from the Integrated Studies of Educational Technology*, Washington DC: The Urban Institute, 2000.

Quibria, M. G., Ahmed, S. N., Tschang, T., "Digital Divide: Determinants and Policies with Special Reference to Asia", *Journal of Asian Economics*, Vol. 13, No. 6 (January 2003).

Ragnael, A., "Technology and Social Inclusion: Rethinking the Digital Divide", *Journal of Documentation*, Vol. 62, No. 2 (January 2006).

Rahman, M. H., Naz, R., "Digital Divide within Society: An Account of Poverty, Community and E-Governance in Fiji", *E - Learning*, Vol. 3, No. 3 (September 2006).

Rank, M. R., Yoon, Hong-Sik, Hirschl, T. A., "American Poverty as a Structural Failing: Evidence and Arguments", *Journal of Sociology & Social Welfare*, Vol. 30, No. 4 (March 2003).

Ravallion, M., Wodon, Q., "Poor Areas, or Only Poor People?", *Journal of Regional Science*, Vol. 39, No. 4 (November 1999).

Ray, D., *Aspirations, Poverty, and Economic Change*, Oxford: Oxford University Press, 2006.

Ricci, A., "Measuring Information Society Dynamics of European Data on Usage of Information and Communication Technologies in Europe Since 1995", *Telematics and Information*, Vol. 17, No. 1-2 (February-May 2000).

Ritzhaupt, A. D., Liu, F., & Dawson, K. (eds.), "Differences in Student Information and Communication Technology Literacy Based on Socio-Economic Status, Ethnicity, and Gender: Evidence of a Digital Divide in Florida Schools", *Journal of Research on Technology in Education*, Vol. 45, No. 4 (February 2013).

Rowntree, S., *Poverty: A Study of Town Life*, London: Macmillan, 1901.

Rowsell, J., Morrell, E., Alvermann, D. E., "Confronting the Digital Divide: Debunking Brave New World Discourses", *Reading Teacher*, Vol. 71, No. 2 (September 2017).

Runciman, W. G., *Relative Deprivation and Social Justice*, London: Routledge & Kegan Paul, 1966.

Rupasingha, A., Goetzbc, S. J., "Social and Political Forces as Determinants of Poverty: A Spatial Analysis", *The Journal of Socio-Economics*, Vol. 36, No. 4 (August 2007).

Sachs, J., *The End of Poverty: Economic Possibilities for Our Time*, London: Penguin Press, 2005.

Samuelson, P. A., Nordhaus, W. D., *Economics (Nineteenth Edition)*, Douglas: Douglas Reiner, 2010.

Sato, Aki-Hiro, *Applied Data-Centric Social Sciences: Concepts, Data, Computation and Theory*, Japan: Springer, 2014.

Sen, A., "Poverty: An Ordinal Approach to Measurement", Econometrica, Vol. 44, No 2 (March 1976).

Sen, A., *Development as Freedom*, New York: Anchor, 1999.

Sen, A., *The Standard of Living: Lecture II, Lives and Capabilities*, Cambridge: Cambridge University Press, 1987.

Hüsing, T. H., Selhofer, H., Korte, W. B., "Measuring the Digital Divide: A Proposal for a New Index", in *The 3rd IST Conference*, Düsseldorf, Germany, 2001.

Smith, A., *Wealth of Nations (Volume 2)*, Oxford: Clarendon Press, 1976.

Stone, D., *Policy Paradox: The Art of Political Decision Making*, New

York: W. W. Norton & Co Inc, 1997.

Streeten, P., "Beyond the Six Veils: Conceptualizing and Measuring Poverty", *Journal of International Affairs*, Vol. 52, No. 1 (Fall 1998).

Strobel, P., "From Poverty to Exclusion: A Wage-Earning Society to a Society of Human Rights", *International Social Science Journal*, Vol. 48, No. 2 (January 1996).

Takayama, N., "Poverty, Income Inequality and Their Measures: Professor Sen's Axiomatic Approach Reconsidered", *Econometrica*, Vol. 47, No. 3 (May 1979).

Thon, D., "On Measuring Poverty", *Review of Income and Wealth*, Vol. 25, No. 4 (December 1979).

Tiene, D., "Addressing the Global Digital Divide and Its Impact on Education Opportunity", *Education Media International*, Vol. 39, No. 3-4 (September 2002).

Tobler, W. R., "A Computer Movie Simulating Urban Growth in the Detroit Region", *Economic Geography*, Vol. 46, No. 2 (January 1970).

Townsend, P., *Poverty in the United Kingdom: A Survey of Household Resources and Standards of Living*, California: University of California Press, 1979.

Townsend, P., *The Concept of Poverty*, London: Heineman Educ, 1970.

Tsui, Kai-yuen, "Multidimensional Poverty Indices", *Social Choice and Welfare*, Vol. 19, No. 1 (January 2002).

U. S. Dept. of Commerce, *Falling Through the Net: A Survey of the "Have Nots" in Rural and Urban America*, US Department of Commerce, National Telecommunications and Information Administration in United States, 1995.

Udombana, N. J., "The Information Society, Poverty and Development: An African Perspective", *Revue Québécoise De Droit International*, Vol. 18, No. 1

(January 2005).

Umali, C. L., "Digital Divide and its Economic Implications in Asia", *Keiei To Keizai*, Vol. 83, No. 3 (December 2003).

UNCF (United Nations Children's Fund), *The State of the World's Children 2017: Children in a Digital World*, New York: UNICEF Division of Communication, 2017.

UNDP (United Nations Development Programme), *Human Development Report 2001: Making New Technologies Work for Human Development*, Oxford: Oxford University Press, 2001.

UNDP (United Nations Development Programme), *Human Development Report 2010: The Real Wealth of Nations – Pathways to Human Development*, New York: United Nations Development Programme, 2011.

UNDP (United Nations Development Programme), *Human Development Report 1997: Human Development to Eradicate Poverty*, Oxford: Oxford University Press, 1997.

UNDP (United Nations Development Programme), *United Nations Development Programme Poverty Report 2000: Overcoming Human Poverty*, New York: United Nations Development Programme, 2000.

US Department of Commerce, *Falling Through the Net: Toward Digital Inclusion*, Washington DC: BiblioGov, 2000.

UT G8, *Digital Opportunities for All: Meeting the Challenge, Report of the Digital Opportunity Task Force (DOT Force) including a Proposal for a Genoa Plan of Action*, University of Toronto unless Otherwise Stated, 2001.

Velaga, N. R., Beecroft, M., & Nelson, J. D. (eds.), "Transport Poverty Meets the Digital Divide: Accessibility and Connectivity in Rural Communities", *Journal of Transport Geography*, Vol. 21 (March 2012).

Wagle, U. R., "The Counting-Based Measurement of Multidimensional Poverty: The Focus on Economic Resources, Inner Capabilities, and Relational Resources in the United States", *Social Indicators Research*, Vol. 115, No. 1 (January 2014).

Wong, Poh-Kam, "ICT Production and Diffusion in Asia: Digital Dividends or Digital Divide?", *Information Economics and Policy*, Vol. 14, No. 2 (January 2002).

World Bank, *World Development Report* 1990: *Poverty*, Oxford: Oxford University Press, 1990.

World Bank, *World Development Report* 2000/2001: *Attacking Poverty*, Oxford: Oxford University Press, 2001.

World bank, *World Development Report* 2015: *Mind, Society, and Behavior*, Washington DC: World Bank, 2015.

World Bank, *World Development Report* 2016: *Digital Dividends*, Washington DC: The World Bank, 2016.

Yang, K. H., Park, S. K., & Yoon, S. N. (eds.), "Measurement of the Digital Inequality in Remote Rural Areas: Case of South Korea", *Information Technology and Management*, Vol. 9, No. 2 (March 2010).

Yartey, C. A., "Financial Development, the Structure of Capital Markets and the Global Digital Divide", in *The IMF Working Paper No. WP/06/258*, 2006.

Young, J. R., "Does the Digital Divide Rhetoric Do More Harm Than Good?", *Chronicle of Higher Education*, Vol. 48, No. 11 (November 2001).

[巴西] 约绪·德·卡斯特罗:《饥饿地理》,黄秉镛译,生活·读书·新知三联书店1995年版。

[荷兰] J. 保罗·埃尔霍斯特:《空间计量经济学:空间计量经济学从横

截面数据到空间面板》,肖光恩译,中国人民大学出版 2015 年版。

[美] M. P. 托达罗:《第三世界的经济发展》,于同申等译,中国人民大学出版社 1988 年版。

[美] 阿瑟·奥肯:《平等与效率——重大的抉择》,王奔洲译,华夏出版社 2010 年版。

[美] 保罗·A. 缪尔森、威廉·D. 诺德豪:《经济学》(第 16 版),萧琛等译,华夏出版社 1999 年版。

[美] 保罗·萨缪尔森:《经济分析基础》,甘华鸣译,北京经济学院出版社 1990 年版。

[美] 杰弗里·萨克斯:《贫穷的终结:我们时代的经济可能》,邹光译,上海人民出版社 2007 年版。

[美] 坎贝尔·麦克康耐尔、斯坦利·布鲁伊:《经济学:原理、问题和政策》,陈晓译,北京大学出版社 2000 年版。

[美] 劳埃德·雷诺兹:《微观经济学:分析和政策》,马宾译,商务印书馆 1982 年版。

[美] 罗格纳·纳克斯:《不发达国家的资本形成》,谨斋译,商务印书馆 1966 年版。

[美] 马尔科姆·吉利斯、德怀特·H. 波金斯、迈克尔·罗默、唐纳德·R. 斯诺德格拉斯:《发展经济学》,李荣昌等译,经济科学出版社 1989 年版。

[美] 塞缪尔·P. 亨廷顿:《变动社会的政治秩序》,张岱云等译,上海译文出版社 1989 年版。

[美] 瑟夫·A. 熊彼特:《经济发展理论:对利润、资本、信贷、利息和经济周期的探究》,中国社会科学出版社 2009 年版。

[美] 威廉·阿瑟·刘易斯:《二元经济论》,施炜等译,北京经济学院出版社 1989 年版。

[美] 威廉·埃斯特利:《在增长的迷雾中求索:经济学家在欠发达国家

的探险与失败》，姜世明译，中信出版社 2004 年版。

[美] 乌德亚·瓦格尔、刘亚秋：《贫困再思考：定义和衡量》，《国际社会科学杂志》2003 年第 1 期。

[美] 西奥多·W. 舒尔茨：《论人力资本投资》，吴珍华译，北京经济学院出版社 1990 年版。

[孟] 穆罕默德·尤劳斯：《穷人的银行——小额贷款与抗击世界性贫困之战》，生活·读书·新知三联书店 2006 年版。

[日] 速水佑次郎：《发展经济学——从贫困到富裕》，李周译，中国科学文献出版社 2003 年版。

[瑞典] 冈纳·缪尔达尔、[美] 赛思·金：《亚洲的戏剧——南亚国家贫困问题研究》，方福前译，商务印书馆 2015 年版。

[瑞典] 冈纳·缪尔达尔：《世界贫困的挑战——世界反贫困大纲》，顾朝阳等译，北京经济学院出版社 1991 年版。

[印] 阿比吉特·班纳吉、[法] 埃斯特·迪弗洛：《贫穷的本质：我们为什么摆脱不了贫穷》，景芳译，中信出版社 2013 年版。

[印] 阿玛蒂亚·森：《贫困与饥荒——论权利与剥夺》，王宇、王文玉译，商务印书馆 2001 年版。

[印] 阿玛蒂亚·森：《以自由看待发展》，任赜、于真译，中国人民大学出版社 2002 年版。

[印] 苏米特拉·杜塔、[法] 布鲁诺·朗万编：《世界经济论坛 2002—2003 年全球信息技术报告》，邱仲潘等译，机械工业出版社 2003 年版。

[英] 安东尼·吉登斯：《全球时代的欧洲》，潘华凌译，上海译文出版社 2015 年版。

[英] 杰拉德．迈耶：《发展经济学前沿：未来展望》，中国财政经济出版社 2003 年版。

[英] 亚当·斯密：《国富论》，胡长明译，人民日报出版社 2009 年版。

《毛泽东著作选读（甲种本）》，人民出版社1966年版。

《习近平的扶贫故事》，《经济日报》2020年5月12日。

曾晓玲、傅文奇：《构建和谐社会中的城乡信息鸿沟问题探讨》，《情报探索》2006年第9期。

茶洪旺、胡江华：《中国数字鸿沟与贫困问题研究》，《北京邮电大学学报》（社会科学版）2012年第1期。

茶洪旺、罗廷锦：《大数据助力精准扶贫中的贫困户隐私保护问题研究》，《理论探讨》2020年第3期。

茶洪旺：《〈贫困测度与政策评估〉评价》，《经济学动态》2011年第12期。

陈端计：《构建社会主义和谐社会中的中国剩余贫困问题研究》，人民出版社2006年版。

陈建龙、胡磊、潘晓丽：《国内外数字鸿沟测度基本指标计算方法比较研究》，《情报杂志》2009年第9期。

陈晋：《电视专题片〈人民的小康〉：全面建成小康社会的壮丽画卷》，《求是网》2021年8月16日。

陈强：《高级计量经济学及Stata应用》，高等教育出版社2010年版。

陈全功、程蹊：《空间贫困及其政策含义》，《贵州社会科学》2010年第8期。

陈昕：《反贫困理论与政策研究综述》，《价值工程》2010年第28期。

丁建军、冷志明：《区域贫困的地理学分析》，《地理学报》2018年第2期。

董辅礽：《中国经济纵横谈》，经济科学出版社1996年版。

方迎风、周辰雨：《健康的长期减贫效应——基于中国新型农村合作医疗政策的评价》，《当代经济科学》2020年第4期。

高远东、温涛、王小华：《中国财政金融支农政策减贫效应的空间计量研究》,《经济科学》2013年第1期。

郭君平、宁爱照、曲颂、夏英:《绝对贫困和主观贫困抑制还是激发农民政治参与?》,《西北农林科技大学学报》(社会科学版)2018年第1期。

郭来喜、姜德华:《中国贫困地区环境类型研究》,《地理研究》1995年第2期。

郭熙保、罗知:《论贫困概念的演进》,《江西社会科学》2005年第11期。

郭熙保、周强:《长期多维贫困、不平等与致贫因素》,《经济研究》2016年第6期。

郭熙保:《论贫困概念的内涵》,《山东社会科学》2002年第12期。

国家统计局农调总队:《中国农村贫困标准研究报告》,中国统计出版社1989年版。

国家统计局住户调查办公室:《2020中国农村贫困监测报告》,中国统计出版社2020年版。

韩路宾:《浅析我国城乡数字鸿沟的成因的影响及对策》,《中国集体经济》2012年第7期。

韩民春:《从数字鸿沟看世界经济发展与贫富差距》,《太平洋学报》2001年第1期。

何承金、赵学董:《论我国的贫困状况与发展农业区域经济》,《四川大学学报》1991年第1期。

侯道健:《空间计量经济学的研究范式与最新进展》,《商情》2017年第5期。

胡鞍钢:《新的全球贫富差距:日益扩大的数字鸿沟》,《中国社会科学》2002年第3期。

黄承伟、刘欣:《"十二五"时期我国反贫困理论研究述评》,《云南民族大学学报》(哲学社会科学版)2016年第2期。

黄金、沈妙妙、唐海波：《国家间数字鸿沟测评指标体系及实证研究》，《上海电机学院学报》2015年第5期。

纪宏、阮敬：《中国反贫困测度理论》，《中国数量经济学年会》，2007年。

江亮演：《社会救助的理论与实务》，台北桂冠图书公司1990年版。

姜磊、柏玲：《空间面板模型的进展：一篇文献综述》，《广西财经学院学报》2014年第6期。

金春枝、李伦：《我国互联网数字鸿沟空间分异格局研究》，《经济地理》2016年第8期。

景勇淇、马润平：《贫困连片地区贫困减缓效应评估——基于六盘山贫困连片地区实证研究》，《兰州财经大学学报》2020年第1期。

康晓光：《中国贫困与反贫困理论》，广西人民出版社1995年版。

李福泉：《开发性金融对广西贫困地区的减贫效应与路径优化——基于双重差分法的实证分析》，《开发性金融研究》2021年第1期。

李锦：《数字鸿沟与信息扶贫》，《现代情报》2006年第3期。

李强：《绝对贫困与相对贫困》，《社会工作》1996年第5期。

李绍平、李帆、董永庆：《集中连片特困地区减贫政策效应评估：基于PSM-DID方法的检验》，《改革》2018年第12期。

李实：《中国城市中的三种贫困类型》，《经济研究》2002年第10期。

李潇：《我国区域数字鸿沟影响因素测度及政策建议》，北京邮电大学博士学位论文，2010年。

李永红、刘小鹏、裴银宝等：《六盘山集中连片特困区村域空间贫困及分异研究——以宁夏泾源县为例》，《宁夏大学学报》（自然科学版）2017年第3期。

廖文梅、童婷、彭泰中、李道和：《生态补偿政策与减贫效应研究：综述与展望》，《林业经济》2019年第6期。

林萍：《福建精准扶贫政策的减贫效应研究——以确定省级扶贫开发工作重点县为例》，《福建论坛》（人文社会科学版）2020年第5期。

刘汉成、陶建平：《倾斜性医疗保险扶贫政策的减贫效应与路径优化》，《社会保障研究》2020年第4期。

刘小鹏、苏胜亮、王亚娟等：《集中连片特殊困难地区村域空间贫困测度指标体系研究》，《地理科学》2014年第4期。

刘芸：《国际数字鸿沟的经济发散效应》，《经济论坛》2007年第3期。

罗本考：《反贫困的社会学思考》，《社会学研究》1991年第4期。

罗庆、李小建：《国外农村贫困地理研究进展》，《经济地理》2014年第6期。

罗遐：《1980年代中期以来中国贫困问题研究综述》，《学术界》2007年第6期。

马春文、张东辉：《发展经济学》（第4版），高等教育出版社2016年版。

孟照海：《教育扶贫政策的理论依据及实现条件——国际经验与本土思考》，《教育研究》2016年第11期。

农业部农业机械化司编：《中国农业机械化财务管理文件汇编》，机械工业出版社1991年版。

农业部人民公社管理局：《1977～1979年全国穷县情况》，《农业经济丛刊》1981年第1期。

青连斌：《贫困的概念与类型》，《人民日报》2006年6月8日。

屈锡华、左齐：《贫困与反贫困——定义、度量与目标》，《社会学研究》1997年第3期。

任贵生、李一军：《欧盟缩小数字鸿沟的策略及对我们的启示》，《管理世界》2006年第7期。

沈茂英：《新时期川滇连片特困藏区扶贫路径研究——基于空间贫困视角的分析》，《决策咨询》2016年第3期。

孙德林、王晓玲、蔡晓阳等：《贫困地区发展数字经济与缩小数字鸿沟的战略探讨》，《价格月刊》2005年第2期。

孙久文、姚鹏：《空间计量经济学的研究范式与最新进展》，《经济学家》2014年第7期。

孙立芳、李月：《城乡数字鸿沟的微观测度及比较分析——基于对大学新生的调查》，《经济论坛》2008年第14期。

谈世中、赵丽红：《数字鸿沟与最不发达国家的贫困化、边缘化》，《求是》2003年第11期。

谭崇台：《初论快速增长与"丰裕中贫困"》，《经济学动态》2002年第11期。

谭崇台：《发展经济学》，山西经济出版社2001年版。

谭崇台：《发展经济学概论》（第2版），武汉大学出版社2012年版。

佟大建、应瑞瑶：《扶贫政策的减贫效应及其可持续性——基于贫困县名单调整的准自然试验》，《改革》2019第11期。

童星、林闽钢：《我国的农村贫困标准线研究》，《中国社会科学》1994年第3期。

汪三贵：《贫困问题与经济发展政策》，农村读物出版社1994年版。

汪向东：《中国面对互联网时代的"新经济"》，生活·读书·新知三联书店2003年版。

王春超、叶琴：《中国农民工多维贫困的演进——基于收入与教育维度的考察》，《经济研究》2014年第12期。

王汉杰、温涛、韩佳丽：《贫困地区农村金融减贫的财政政策协同效应研究》，《财经理论与实践》2020年第1期。

王俊松、李诚：《我国数字鸿沟的空间表现及原因分析》，《情报科学》2006年第11期。

王立勇、许明：《中国精准扶贫政策的减贫效应研究：来自准自然实验的经验证据》，《统计研究》2019年第12期。

王仁发：《论发展性贫困及破解之路》，《重庆社会科学》2005年第

10 期。

王文略、管睿、加贺爪优等：《陕西南部生态移民减贫效应研究》，《资源科学》2018 年第 8 期。

王文略、刘旋、余劲：《风险与机会视角下生态移民决策影响因素与多维减贫效应——基于陕西南部 1032 户农户的面板数据》，《农业技术经济》2018 年第 12 期。

王小林、Sabina Alkire：《中国多维贫困测量：估计和政策含义》，《中国农村经济》2009 年第 12 期。

王云生：《数字鸿沟的内涵、成因及其对策探讨》，《河南图书馆学刊》2007 年第 4 期。

王长银：《英国反贫困政策和落后地区开发》，《经济开发论坛》1988 年第 7 期。

王兆萍：《贫困文化结构探论》，《求是》2007 年第 2 期。

吴国宝：《扶贫贴息贷款政策讨论·中国扶贫论文精粹》，中国经济出版社 2001 年版。

吴玉鸣：《空间计量经济模型在省域研发与创新中的应用研究》，《数量经济技术经济研究》2006 年第 5 期。

吴振信、李林鹏、刘亚清等：《技术差距、资本深化与中国区域经济差距——来自面板数据 VAR 模型的证据》，《工业技术经济》2015 年第 8 期。

吴忠：《贫困与反贫困的理论探讨》（上），《开发研究》1991 年第 4 期。

西桂权：《我国数字鸿沟与经济鸿沟之间关系的研究》，北京邮电大学博士学位论文，2013 年。

谢俊贵、陈军：《数字鸿沟——贫富分化及其调控》，《湖南社会科学》2003 年第 6 期。

徐盈之、赵明：《中国区域数字鸿沟的经验分析——基于非平稳面板数据模型》，《情报杂志》2009 年第 6 期。

薛伟贤、刘俊:《基于技术扩散模型的区域数字鸿沟演变阶段划分》,《系统工程》2011 年第 1 期。

杨雍哲:《反贫困:中国政府的努力——在菲律宾"亚太地区缓解贫困讨论会"上的发言》,《中国农村经济》1990 年第 8 期。

尹翔硕、刘能华:《经济全球化进程中的数字鸿沟——基于跨国面板数据的分析》,《世界经济文汇》2008 年第 2 期。

尹志超、郭沛瑶、张琳琬:《"为有源头活水来":精准扶贫对农户信贷的影响》,《管理世界》2020 年第 2 期。

袁勤俭、黄奇、朱庆华:《空间位置对美国数字鸿沟影响分析》,《情报杂志》2004 年第 9 期。

袁媛、许学强:《国外综合贫困研究及对我国贫困地理研究的启示》,《世界地理研究》2008 年第 2 期。

原华荣:《人口与贫困》,《社会学研究》1992 年第 5 期。

原华荣:《生产性贫困和社会性贫困》,《社会学研究》1990 年第 6 期。

张彬:《我国区域信息鸿沟测度的实证研究》,《北京邮电大学学报》(社会科学版) 2009 年第 2 期。

张建华、陈立中:《总量贫困测度研究述评》,《经济学》2006 年第 3 期。

张可云、王裕瑾、王婧:《空间权重矩阵的设定方法研究》,《区域经济评论》2017 年第 1 期。

张丽君、董益铭、韩石:《西部民族地区空间贫困陷阱分析》,《民族研究》2015 年第 1 期。

张全红、周强:《中国多维贫困的测度及分解 1989~2009 年》,《数量经济技术经济研究》2014 年第 6 期。

张全红、周强:《转型时期中国贫困的动态多维度测量》,《中南财经政法大学学报》2014 年第 1 期。

张述圣、卢小飞:《"西"地区农业建设有突破》,《人民日报》1985 年 10

月 22 日。

张新红：《中欧数字鸿沟现状与趋势》，《电子政务》2008 年第 11 期。

张秀艳、潘云：《贫困理论与反贫困政策研究进展》，《经济问题》2017 年第 3 期。

张永丽、卢晓：《贫困性质转变下多维贫困及原因的识别——以甘肃省皋兰县六合村为例》，《湖北社会科学》2016 年第 1 期。

赵冬梅等：《数字鸿沟与贫富差距》，《安徽师范大学学报》（人文社会科学版）2005 年第 5 期。

郑宝华、张兰英：《中国农村反贫困词汇释义》，中国发展出版社 2004 年版。

郑长德：《中国少数民族经济发展报告（2014）——集中连片特困民族地区的区域发展与扶贫攻坚》，中国经济出版社 2014 年版。

中共中央党史和文献研究院编：《习近平扶贫论述摘编》，中国文献出版社 2018 年版。

中共中央文献研究室编：《建国以来毛泽东文稿》（第 8 册），中央文献出版社 1993 年版。

中国社会科学院、中央档案馆编：《1958~1965 中华人民共和国经济档案资料选编·金融卷》，中国财政经济出版社 2011 年版。

钟慧笑：《教育扶贫是最有效、最直接的精准扶贫》，《中国民族教育》2016 年第 5 期。

周建、高静、周杨雯：《空间计量经济学模型设定理论及其新进展》，《经济学报》2016 年第 2 期。

周向红：《从数字鸿沟到数字贫困：基本概念和研究框架》，《学海》2016 年第 4 期。

邹薇、方迎风：《关于中国贫困的动态多维度研究》，《中国人口科学》2011 年第 6 期。

后　记

　　本书的结构依然保持博士学位论文的原貌，只是对文中的文献和数据进行了完善、充实和更新，并对数据检验结果进行了修正。主要是它见证了我的学术成长历程，即从亲身体验贫困生活的艰辛，到克服贫困的艰难，再到跨越专业鸿沟研究贫困获得博士学位的痛苦过程。贫困是一个历史命题，但它更具有时代性，不同的历史时期，致贫原因和所采取的脱贫对策可能完全不一样。

　　我非常庆幸能够成为张培刚教授的徒孙、茶洪旺博士的弟子。正是他们的指导才使我从教育技术学专业转向发展经济学的研究。回首往事，上博士之前，我和导师茶洪旺博士曾经做了近10年的同事，他热爱教育事业，不仅具有出色的管理能力，而且还具有出色的科研能力和深厚的学术功底。他热心帮助同事，给予了我最大的支持、启迪和帮助，使我不断拓展知识面，拓宽眼界，逐步走上学术研究的道路。俗话说"男怕入错行，女怕嫁错郎"，并不是我原来的教育技术学专业有多差，也或者是我有多不喜欢原来的教育技术学专业，而是因为他说，可以把教育技术学和经济学结合起来，利用我已有的技术优势，拓展知识面，另辟蹊径，把教育技术学中的绩效技术与发展经济学结合起来，不仅能充实自我，还能解决现实中的实际问题，为社会服务。在他的鼓励下，在好奇心的驱使下，我花费四年的时间，从学习高等数学开始,逐步完成经济与管理类基础知识的学习,终于在 2014 年考上了北京邮电大学的博士,真正成为茶洪旺博士的学生。曾经的同事关系变成如今的师生关系,不仅仅是身份的改变,而是知识的不断充实和心灵的快速升华。六年的朝夕相处,让我得以重新认识导师,他爱国忧民、光明磊落、淡泊名利、胸怀坦荡的道德情操和治学严谨、诲人不倦、厚德载物的学术品格深深影响着我,指引着我一步步迈入学术的殿堂。

回味六年的求学经历,使我深刻领悟到作为一个老师的真谛——无私奉献,他是大自然中最敬业、乐业的奉献者,用大爱、真爱、深爱去培育着一代又一代祖国的接班人,也促使我要热爱本职工作,励志要成为一名合格的大学教师。

对贫穷的亲身体验让我无比珍惜今天的美好生活,也让我对贫困有了更多的了解。母亲用实际行动证明,通过自身的不懈努力和接受良好教育,能让贫困成为历史。而导师的悉心指导让我改变了对贫困原有表象的看法,引导我去分析家乡贫困的深层次原因,探索贫困的本质,深挖贫困背后的故事。

曾经的放牛娃,吃了上顿没下顿的生活在我心里留下了深深的印记,母亲常为一家七口人的一日三餐而犯愁。虽然贫穷不是农村生活故事的主线,但它却是一个无法抹去的背影,一个无法回避的古老而又现代的话题。拿破仑曾经说过:"真正的征服,唯一不使人遗憾的征服,就是对无知的征服。"正是看到贫穷限制了人们的想象,认识到知识改变命运背后隐藏的故事,只能通过颜色和纸张大小辨识钱的母亲义无反顾的把五个孩子都送到了学校。我也曾经想辍学回家务农,以此来减轻家里的负担,然而,母亲却生气地对我说:"你们的未来不属于贫困"。正是她的先见之明、无私付出、不懈支持和适时地鼓励给予了我们前进的动力,使我们得以摆脱持续已久的贫困桎梏。文盲无法掩盖母亲的伟大,艰辛的生活尤现母亲的善良,再贫困也要让孩子接受良好教育凸显母亲的智慧,"谁言寸草心,报得三春晖。"无以为报,谨把此书献给母亲。

"师者，传道授业解惑也。"虽然自己对贫困有切身的体验，难以磨灭的记忆，但真正思考导致的原因，是投入导师门下才开始的。导师的引导和鞭策让我思考利用所学对家乡做点什么，以快速改善许多人正在经历的我曾经经历过的痛苦。时代不同，感受不同，致贫原因不同，但贫困的本质未变。也许我不可能做出惊人的成就，但一定会铭记导师的谆谆教诲，学有所用，为巩固脱贫攻坚成果，实现乡村振兴奉献自己的绵薄之力。

妻子王岸丽忠贞不渝的支持和关爱，是我保持对生活和学术执着追求、完成博士学业的主要动力。当我离开昆明前往北京攻读博士学位之时，儿子只有三岁，她不仅要操持家务，看护孩子，照顾父母，还要在精神和生活上给予我最大的支持。对于她的默默付出，我能做的，就是不辜负她的期望，保持对她永恒的爱和忠诚。感谢岳父岳母的关心、关爱和对儿子的照顾，使我减少了对儿子的担心和挂念，专心完成学业。

感谢天明师兄、常军师兄和鹏飞、昌菊、付伟等师弟师妹对我完成博士学业所给予的帮助和支持。感谢王军院长、曹鲲副院长、包广宽老师对本书出版所提供的无私帮助和支持。

本书能够顺利出版，我要特别感谢人民出版社邵永忠编审，他提出了很多建议和实实在在的帮助，同时感谢人民出版社的编辑们，谢谢您们的辛勤工作。

罗廷锦

2022 年金秋九月于昆明

责任编辑:邵永忠
封面设计:黄桂月

图书在版编目(CIP)数据

缩小数字鸿沟与反贫困实践研究/罗廷锦 著. —北京：人民出版社,2023.4
ISBN 978-7-01-025336-7

Ⅰ.①缩…　Ⅱ.①罗…　Ⅲ.①信息技术-影响-扶贫-中国　Ⅳ.①F126-39

中国版本图书馆 CIP 数据核字(2022)第 258210 号

缩小数字鸿沟与反贫困实践研究

SUOXIAO SHUZI HONGGOU YU FANPINKUN SHIJIAN YANJIU

罗廷锦　著

人民出版社 出版发行
(100706　北京市东城区隆福寺街 99 号)

北京中科印刷有限公司印刷　新华书店经销
2023 年 4 月第 1 版　2023 年 4 月北京第 1 次印刷
开本:710 毫米×1000 毫米 1/16　印张:18.5　字数:300 千字
ISBN 978-7-01-025336-7　定价:65.00 元

邮购地址　100706　北京市东城区隆福寺街 99 号
人民东方图书销售中心　电话　(010)65250042　65289539

版权所有·侵权必究
凡购买本社图书,如有印制质量问题,我社负责调换。
服务电话:(010)65250042